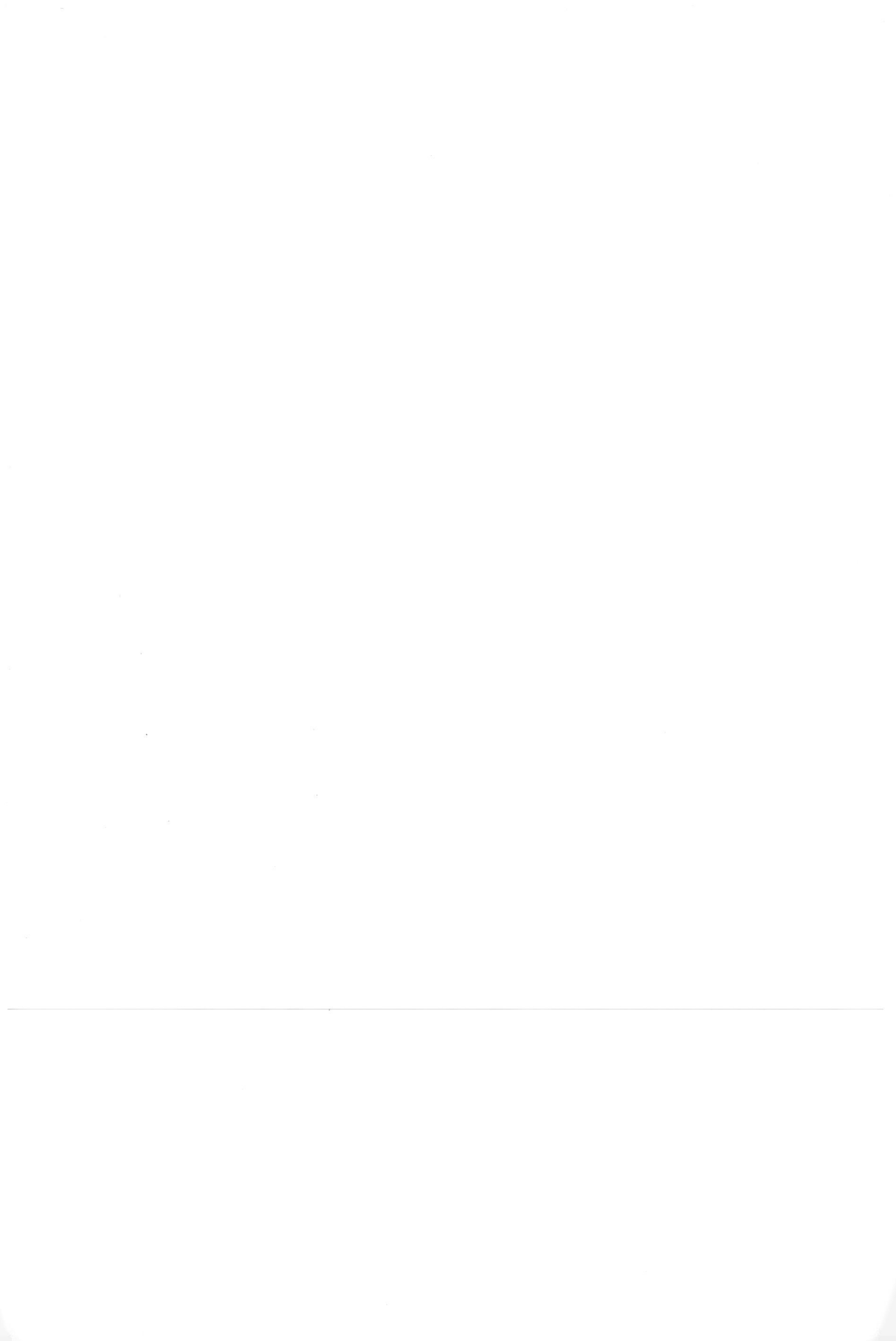

* 增订版 *

差异即对话

Dialogical Difference

金惠敏 著

中国社会科学出版社

图书在版编目（CIP）数据

差异即对话 / 金惠敏著 . —增订版 . —北京：中国社会科学出版社，2024.4
ISBN 978-7-5227-3183-4

Ⅰ.①差… Ⅱ.①金… Ⅲ.①比较文化—研究 Ⅳ.①G04

中国国家版本馆 CIP 数据核字（2024）第 048941 号

出 版 人	赵剑英
责任编辑	刘志兵
责任校对	周　昊
责任印制	李寡寡

出　　版	中国社会科学出版社
社　　址	北京鼓楼西大街甲 158 号
邮　　编	100720
网　　址	http://www.csspw.cn
发 行 部	010-84083685
门 市 部	010-84029450
经　　销	新华书店及其他书店
印刷装订	北京君升印刷有限公司
版　　次	2024 年 4 月第 1 版
印　　次	2024 年 4 月第 1 次印刷
开　　本	710×1000　1/16
印　　张	17.25
字　　数	225 千字
定　　价	128.00 元

凡购买中国社会科学出版社图书，如有质量问题请与本社营销中心联系调换
电话：010-84083683
版权所有　侵权必究

目　录

自　序 ………………………………………………………（1）

上　编

差异即对话
　　——一份研究纲领 ………………………………（3）
价值星丛
　　——突破中西二元对立思维的一种理论出路 …（21）
全球化时代的真理与方法
　　——期待方法间性或方法互鉴 …………………（32）
后殖民与全球化时代的中国
　　——序罗如春《后殖民身份认同话语研究》 …（40）
中西二元对立与全球化时代的文化自信
　　——《中国图书评论》栏目主持人语 …………（47）
当代世界问题与三种对话主义
　　——在洛阳"二程理学现代价值"高端论坛上的发言 ……（50）
让质料说话
　　——张宝贵低碳雕塑的生态主义哲学和美学 …（61）
当代国际对话理论与比较文学体系重构 …………（73）

中 编

什么是文化研究？
　　——商务印书馆《文化研究丛书》总序 ……………（97）
文化研究不等于研究文化，而是文化地研究
　　——《视像·媒介·文化权力丛书》总序 …………（100）
文化研究与美学复兴
　　——20世纪西方美学的"文化研究转向"与美学研究的
　　前景问题 …………………………………………（104）
汉学文化理论
　　——一个有待开发的学术领域 …………………（111）
理解媒介的延伸
　　——纪念麦克卢汉《理解媒介：人的延伸》发表
　　50周年 ……………………………………………（123）
作为一个美学概念的"地球村"
　　——"麦克卢汉：媒介与美学"专题主持人语 ……（133）
开辟"媒介美学"新学科
　　——"麦克卢汉与媒介生态学研究"栏目主持人语 …（137）
麦克卢汉与审美后现代派
　　——"现代性研究与媒介生态学"栏目主持人语 …（140）
新闻原本就是一种形式的文学
　　——序宋立民先生《新闻评论视域中的"鲁迅风"》……（144）

下 编

论"内通"非"通感"
　　——道家通感论与钱锺书的误读 ………………（149）

黑格尔主张"为艺术而艺术"吗？
　　——兼朱光潜先生迻疏之商榷 ………………………（163）
民间文学与现代性的建构和反思
　　——读户晓辉先生《现代性与民间文学》……………（181）
回不去的乡村美学
　　——"天福"、《返乡》与"在"乡 ……………………（189）
时间、自然与现代性工程
　　——于会见绘画艺术的生态对话主义 …………………（195）
审美现代性及其相关理论研究的三个误区 ………………（203）
文学文化学要略
　　——兼及文学本质主义和文化本质主义的迷误 ………（209）

附　录

走向消费伦理
　　——致金惠敏（2007年9月21日） …… 迈克·费瑟斯通（227）
再现·后结构主义·文化研究
　　——克莱尔·科尔布鲁克教授访谈录 …………………（234）
美学：从现代到后现代
　　——《国际美学前沿译丛》总序 ………………………（246）
对话自我理论：反对西方与非西方
　　二元之争 ……………………………… 赫伯特·赫尔曼斯（253）

增订版后记………………………………………………（263）

自　　序

　　洛杉矶丁子江教授在和我一起策划这套"国际新比较学派文库"时建议我也编辑一本进来。我有些犹豫，但结果还是被他说服了。我的顾虑在于文库拟选收的这些作者都是在欧美大学做教学和研究的，而我的主要根据地还是在中国，话题与立场基本上都是中国特色，但知晓他的"新比较主义"宗旨乃"关注普遍性下的相同性与差异性"之后，即刻感觉到：这不正是我所宣传的"全球对话主义""文化星丛""差异即对话""他者间性""间性自我""间性文化自信""对话自我""从特殊性向普遍性过渡"等等概念或理论的题中之义吗?! 新比较主义与我关于对话理论的新阐释和新掘进看起来还是有不少不谋而合之处的，尽管这绝不意味着我在每一方面，甚至在若干主要方面就完全同步或止步于他的观点。例如，我一直反对将普遍性神秘化、先验化、宏大叙事化，认为它不过就是寻常的彼此看见、彼此容纳、相互衔接，而非彼此一致、叠合、雷同。套用哈贝马斯的术语"交往理性"，我们或可称普遍性为"交往普遍性"，没有任何一方能够代表普遍性，普遍性是一种在交往实践中所出现的"间性状态"。以间性理论观之，长期争论不休的"世界文学"概念说的就不是一种普遍性，比如文学观念和趣味同质化，而是既"各美其美"又能"美人之美"的彼此承认、欣赏，是文学的"民族间性"或"地方间性",当然这种彼此间性并不一定导致或要求"美美与共",甚至"天下大同",除非将"与共"理解为"分享",将"大同"阐释为"和同"即"和而不同"(correspondence in differences)或者霍尔的概念"在异之同"(common in difference)。为避同质化之嫌,方立天先生曾提议用"和而不同"来替换费孝通先生以之为终极境界的"天下大同"。① 对此,笔者深以为然。"天下"不等于"大同",天下之大无"奇"不有,而"奇"就是说与我不同、彼此有别。同样道理,如果"世界主义"(cosmopolitanism)不能将其所内涵的"大全"(cosmos)观念建构在地方性、民族性之相互链接之上,而是奉之为普世主义的天理、绝对理性或绝对权威,亦将难逃"同一"(sameness)之嫌。"同一"从来都是暴力性的、强制性的,甚至以同一为目标的对话也一样地隐含着暴力和强制:在此意义上,列维纳斯要求"责任先于对话",深信"一种存在唯其对另一种存在负责,方可进入与后者的对话"。② 其所谓的"责任"是一种行动,回应(response),牵挂(Fürsorge),投身从事(commitment),而非对于行动的反思(reflection)、再现(representation)、主题概括(thematization),因而乃一种对他者和无限的谦卑和礼敬。

本书主推"差异即对话"命题,一方面意在反对某些后现代和后殖民理论家之固执于绝对的不可言说、绝对的他者,以文化差异和特色拒绝异质文化的进入,拒绝文明互鉴、文明对话,另一方面也是为了解构价值观上的西方霸权主义,将西方价值地方

---

① 参见方立天《"和而不同":作为一种文化观的意义和价值》,《中国社会科学院研究生院学报》2003年第1期。
② Emmanuel Levinas, *The Levinas Reader*, ed. Seán Hand, Oxford: Basil Blackwell, 1989, pp. 101, 66.

自 序

化、语境化、文化化,而最终目标则是期以形成"价值星丛"或"文化星丛"。在这方面,我是很难认可季羡林先生20世纪末的"河东河西论"的,它是先前"东风西风论"的文化版,我也不赞成新儒家诸公将"中华民族伟大复兴"简单地等同于"中华文化伟大复兴",二者之间并无必然之联系,未来的文化无论是在中国还是世界其他地方都将是混合性,既是当地的,亦兼具远方元素,立足于其本身的物质生活需要。还是丁子江先生讲得好:"西方中心主义与东方中心主义都不可能完全成为独自垄断世界的'一元文明'。"中国文化不相信"一元",任何事物都至少是由"二元"构成的,如说"一阴一阳之谓道",如说"和实生物,同则不继",等等。中国文化的真髓是"和谐",和成百物,和成天下,而"和谐"则意味着差异和他者的独在(singularity)和共在(Mitsein),意味着与"主体间性"概念不同的个体间性。主体间性如果不是个体间性的话,其作为一个术语便没有存在的必要。

这些是上编所处理的核心论题,侧重于宏观。中编则转向文化研究和文化理论于学科层面上的一些重要问题,如什么是文化、什么是文化研究、汉学文化理论和媒介美学等之作为新的学科方向、麦克卢汉媒介研究的美学意蕴等。下编继续沉降,具体到我的老本行文艺理论和美学研究的一些问题了,如通感、"为艺术而艺术"、文学性与民间性、审美现代性、文学解释学,等等。如同我过去的做法,本书每篇文章也都给添加了阅读提示,或相当于内容摘要,或只是希望读者关注的某些论断,所以在此我也就不再做更具体的介绍了。

交稿之际,恰逢改革开放40周年以及新中国成立70周年。踩在这两个时间节点上,由不得向自己发问:这期间中国文论和美学都讨论了哪些重要问题?有哪些值得继续探索的问题?未来还需要研究什么新的问题?粗犷地回答,40年和70年的

※※ 差异即对话

学术问题不过是内与外两大问题：内是中国社会的现代化问题，外是中国与世界的关系问题。而设若现代化不是中国传统本有并延续下来的问题，那它就一定同时表现为中国与世界的关系问题。应当虚心承认，现代性在中国具有外源性，它首先就是西方性，而后才可以说是中国特色的现代性。后殖民主义之宣称"复数现代性"或"多元现代性"（埃森施塔特）[①] 以及"我们的现代性"（查特吉）不仅不能否认西方现代性的地位和影响，倒是它先已承认了其本土现代性的后发性和次生性。现代性是西方贡献给人类的一笔物质的和精神的财富，尽管其以"政治正确"为标志的极端化正在使这笔财富急剧地贬值。中国文化的世界性价值不在于西方现代性，恰恰相反，在于对西方现代性的批判和校正，在于其后现代性。攀龙附凤、曲学以阿世/时的现代性儒学，即以对传统儒学的再诠释而攀附西方价值观，早该让位于批判性和对话性的后现代儒学。[②] 新世纪的"新时代"是自信和对话的时代！当今的"文化自信"反对任何一种形式的崇洋媚外，直接的（如"全盘西化论"）抑或间接的（如现代新儒家一类）。

本书并非预先构思、规划的成果，而是笔者本人学术运思过程的一个客观记录，其中有不少被动的部分（如应邀作序之类），但多数篇章大体上都不出以上两大主题，虽不能说对这两个主题有多大贡献，但敢说还是积极地参与了其历史进程的，尤其是以全球化和新媒介为中心的相关论争。在目前来看，关于这两大主题的研究还将无限期持续下去，直到中国与世界充分地融

---

① 参见 Elsje Fourie（2012），"A Future for the Theory of Multiple Modernities: Insights from the New Modernization Theory", *Social Science Information* 51（1），pp. 52 – 69。注意：我是在一种扩大意义上使用"后殖民"一语的，大体指"后殖民"立场、倾向、情结等。

② 参见金惠敏《后儒学转向》，河南大学出版社 2008 年版。

自　序

入对方的那一天。我曾半开玩笑地告诉过朋友，研究中西文化关系，研究文化自信，这种文化间性选题应该50年都不会过时。

　　需要说明，收进本书的论文基本上都是短章，那些较长篇幅的著述早已或独立成书（专著形式），或结集出版（文集形式）了。此书作为短章集，这于我本人的理论创构或许意义不大，但对于那些不喜欢长篇大论、锱铢必较、佶屈聱牙、密林迂回的读者而言，也许翻阅此书倒不失为一种捷径，可以迅速抓住我的主要观点。当然我个人也是偏爱这类含有性灵的文字的，因为有长期积累和详细论述在先，那么转身到短章这种文体形式，便感觉不妨放开一些，气象、气势一些，甚至干净利索武断一些，也不妨喜怒哀乐抒情一些。作为人文科学，理论研究其实是我们的生命体验（Erlebnis）而非单纯的思想演绎和履历（Erfahrung）。研究成果的表述应该允许使用各种不同的形式，论文专著是一种表达形式，而短章、随笔、书信或格言也应该有其生存权，帕斯卡尔、尼采、维特根斯坦、本雅明、麦克卢汉等并不因其表达之碎片化而在思想史上比其他人逊色多少。此外，即便同一位作者，如马克思、海德格尔、弗洛伊德、杜威、毛泽东等人，也是"十八般武艺"变着花样使用，让其承担不同的言说功能。该论则论，该赋则赋，该诗则诗，该小令则小令，不一而足，我们没有必要迂愚地为某一体裁守节。在学术研究中，如果有什么值得为之守节的话，那一定是真理，是心得，是人类福祉，至于用什么形式述说还真的不是一个问题。最后，我再借用一下经典给自己壮壮胆儿。大家都熟悉，马克思说过，真理是普遍的，但真理占有了我，因而我对真理的表达必然具有个人风格，于是他发出如下强有力的反诘："你们赞美大自然令人赏心悦目的千姿百态和无穷无尽的丰富宝藏，你们并不要求玫瑰花散发出和紫罗兰一样的芳香，但你们为什么却要求世界上最丰富的东西——精神只能

※※ 差异即对话

有一种存在形式呢?"① 我不是形式主义者,我对各种体裁一视同仁,关键是看它是否揭示了真理。体裁不论,奢望我这个短章集也能揭示一星半点儿真理;夫若是,则于愿足矣!

是为序。

金惠敏

2019年2月11日（农历正月初七）于长沙松雅湖畔

---

① ［德］马克思:《评普鲁士最近的书报检查令》,《马克思恩格斯全集》第1卷,人民出版社1995年版,第111页。

上 编

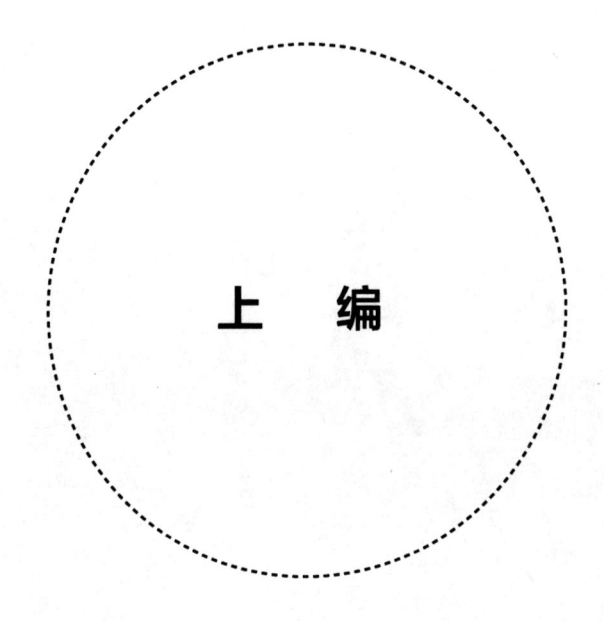

差异即对话

——一份研究纲领

  阅读提示：通过对思想史上尤其是20世纪西方差异话语的梳理、分析和批判，并结合对这些差异话语在当代政治场景中的运用及其作用的观察，本文提出"差异即对话"的判断或命题。任何对差异的标举，无论在理论上或实践上都属于对话，以对话为目的，以对话为前提。

  在反抗资本主义规训和帝国主义霸权的各种社会运动与政治革命之中，差异性话语无疑是被规训者和被宰制者等弱势群落使用最频繁或许也是最为奏效的理论武器。然而，在对话主义看来，任何差异性的抗争终究不过是对话的一种形式。差异在本质上就是对话。

  我们曾经说过，全球化就是对话[①]，这不难理解，那么作为反全球化的差异化何以也归属于对话呢？对此，本文将通过对差异的思想史旅程尤其是20世纪西方差异话语的梳理、分析和批

[①] 参见金惠敏《全球化就是对话——从当代哲学家伽达默尔谈开去》，《紫光阁》2005年第12期；《走向全球对话主义——超越"文化帝国主义"及其批判者》，《文学评论》2011年第1期。

判，并结合对这些差异话语在当代政治场景中的运用及其作用的观察，予以大纲式的理论回答。

一 差异的思想史旅程

对"差异"的关注和思考在中外思想文化史上可谓源远流长。如果说其"主文本"是同一和主体，那么差异和他者则构成了其"副文本"（subtext，亦可译为"潜文本"）。[①] 前者的历史有多久，后者的历史就有多久。它们一生俱生，一亡俱亡，因为任何主体性或主体意识的诞生都必须以他者性为其食粮，为其镜像。在这个意义上，我们也可以反过来说，没有他者就没有主体。

我们先来梳理和品鉴一下中国的"差异"思想史。孔子早说过："夷狄之有君，不如诸夏之亡（无）也。"（《论语·八佾》）。其后，孟子更明确、更坚定地申谓："吾闻用夏变夷者，未闻变于夷者也。"（《孟子·滕文公上》）至汉代《春秋公羊传》则形成一个所谓"内其国而外诸夏，内诸夏而外夷狄"的结构或模式。这就是在中国思想史上极为著名的"夷夏之辩"。应该说，中国自古便有"差异的政治学"或"差异的文化政治学"，在"差异化"中构建和强化自己的身份、地位。

如今"夷夏之辩"并非烟消云散，与我们不再相关。实际的情况是，它自1840年的鸦片战争起摇身一变为"中西二元对立"思维，深入骨髓，沉淀为我们基本的思维定式和文化无意识。但大相径庭的是，如果说从前的"夷夏之辩"洋溢着华夏民

[①] 参见 Douglas L. Donkel, "Introduction", in Douglas L. Donkel (ed.), *The Theory of Difference: Readings in Contemporary Continental Thought*, Albany: State University of New York Press, 2001, p.1。

族的中心感和优越感，那么"中西二元对立"（如中学西学之辩）思维则更多地包蕴着在西方列强面前的挫败感以及受挫之后的奋起抗争，但这抗争的极限也不过是达到"夷夏二分天下"的地步。是可忍，孰不可忍？！在孟老夫子眼中，这不啻"变于夷"，而非"用夏变夷"，因为"用夏变夷"意味着"夷"被同化进"夏"，二元变为一元，"大一统也"。悲乎，我们今人是早已失掉了孟子那浩然之气和文化自信的！然而这也许不能算是绝对的坏事！我们确实需要重新思考、定位中西关系，包括政治、经济和文化上的！客观上说，这是自鸦片战争已经开始而今仍未完成的思想研究任务，因而也是百余年来中国思想文化发展不绝如缕的主线。从前我们被告知，"启蒙与救亡的双重变奏"（李泽厚）是现代思想史的主线，但倘使置其于一个更阔大的框架，就是说，将其与"中西二元对立"模式相比论，那么它不过就是后者的一个变奏曲，或者，一个非常皮相的说法，因为启蒙也好，救亡也好，实质上都是一个中国在思想上、行动上如何对待西方（文化、经济和政治）的问题。中西关系是清季以降数代政治家、思想家挥之不去的情结："玉户帘中卷不去，捣衣砧上拂还来！"本文不也是纠结于这一关系吗？！

中西关系研究的核心是"差异"，是关于如何对待"差异"的诸多话语。我们暂不谈政治和哲学思想上的论争情况，单在文学研究和理论领域略事浏览，已足以让我们感到研究"差异"问题的重要性和紧迫性。它是一个元问题！围绕着它有许许多多的派生性问题，如颇受部分作家青睐的口号"越是民族的就越是世界的"（刘绍棠等）以及针锋相对的反驳（阿来等），如对于中国文学发展史上"边缘的活力"的关注（杨义等），如文论界对于"失语症"的恐惧（曹顺庆等），如关于"世界诗学"的构想（王宁等），如新近涌现的对于建构中国文论话语体系的热忱以及对西方文论霸权话语的批判（如张江等），甚至比较文学学科

❋❋ 差异即对话

在中国的兴起亦可作如是观，诸如此类，不一而足，它们均可还原为如何处理中西方文学关系或者说如何对待文化"差异"的问题。但惋惜的是，在这一问题上，主流的观点仍然守持着陈旧的"中西二元对立"范型，迄无认真的反思和校验。

随着中国作为全球政治经济大国的崛起，以及中国文化在全球范围的传播，体现为目前正在强力推进的"一带一路"倡议，这种"中西二元对立"的思维和行事方式已显得老态龙钟、举步维艰。究竟如何与时俱进地修正这一陈旧的思维？笔者认为，一个重要的策略是对当代各种主张"差异"的话语进行归类研究、深入分析，考验其在理论上、实际生活中、政治后果方面的得失，以寻求一种新的理论可能。也许我们很难找到一种有效的理论能够引领我们走出现实的困境，但对于造成如此困境的某些理论则还是很容易指认出来的，而这将是走出困境的第一步。批评未必是建构，但无批评便根本不可能起而去建构。建构总是起于对于建构的"需要"，我们知道，"需要"是因为"短缺"。

现在我们再来检视一下西方的情况。与中国相类似，"差异"话语在西方也是源远流长。根据美国学者萨克森豪斯研究，古希腊人"惧怕差异"，作为这一情绪的思想表现有前苏格拉底哲人对逻各斯的尊崇，同时对感官的贬抑，因为后者只会使人看到现象的杂多，前者则使人能够把握整体、获得知识。至于后来的柏拉图，其"理念论"固然体大虑精，不像前苏格拉底们那么简单、零散，但往其深处探查，则仍不过是这一人类原始的恐惧情绪的表现，或者，尝试克服此情绪的努力。或许萨克森豪斯讲得不错，即便哲学本身的诞生也都是"恐惧差异"的结果。她引用亚里士多德的说法——哲学始于"好奇"——认为此"好奇"（to thuamazein）还有"恐惧"的意思："哲学不仅始于好奇心，还始于某种恐惧，惧怕外部世界的浩瀚莫测将人吞没。哲学作为一种工具出现，我们可以用它掌控天地万物，让世界服从我们的

— 6 —

理性，给那些看上去杂乱无章的东西安排秩序……正是世界的差异唤醒了我们的好奇与恐惧。"① 如果我们相信怀特海的话，整个西方哲学史无非柏拉图的注脚，那么我们或许可以接着说，西方哲学自始以来一直缘于对"多"的恐惧而永不消停地解决其与"一"的关系问题。哲学不是被公认为研究最一般的自然与社会的规律吗？这个最一般的规律就是所谓的"一"，能够将纷纭万象的世界统而为"一"便是认识和抓住了这个世界的根本。中国有成语"心安理得"，它并非说"心安"与"理得"相互平行，而是说，"理得"而后"心安"，理不得则心难安，而"理"就是"万物一理"。

启蒙运动以来，现代精神高歌猛进，所向披靡，"我思故我在"（笛卡尔），外部世界被人的理性能力所整合（康德），被纳入"绝对精神"的范畴（黑格尔），如吉登斯所看到的，现代化就是消灭差异和他者，让芜杂的、异质的世界服从于认识的训诫。但是作为现代化进程的反进程，作为现代性文化的反文化，对差异和他者的伸张与建构也同样云谲波诡、摧嗺而成观。茨维坦·托多罗夫20世纪80年代的著作《我们与他人：关于人类多样性的法兰西思考》阅览和评点了18世纪初至20世纪初两百年间法国15位思想家关于普遍主义、相对主义、种族、民族、异国情调以及人文主义的论述和主张，其核心论题就是如何处理我们与他人之间的关系。该书属于思想史一类的著作，但由于作者认为思想的本质是个体的，故而本书也是作者与前人之鲜活灵动的思想对话，即作者在陈列他人学说的同时也在表达自己的话语和立场。借自巴赫金的"对话"既是本书的写作方法——他让同一思想家的不同观点对话，也在不同的作者之间建立对话，以及

---

① ［美］萨克森豪斯：《惧怕差异：古希腊思想中政治科学的诞生》，曹聪译，华夏出版社2010年版，第24页。

他本人以对话的方式介入和穿梭于这些对话之间——也是作者在面对文化多样性和差异性时所坚持的基本原则。也许本书的理论原创点还有待历史浪潮的磨洗和显露，但至少有一点值得我们即刻的注意和寻摸：作者托多罗夫是以一位文学理论家著称于世的，一位文学理论家何以有如此巨大的、持久的热忱献身于文化理论或文化政治学研究？我们知道，除本书之外，其同样主题的著作还有《征服美洲：他人的问题》《对野蛮的恐惧》等。这种外表的不协调和越界是否意味着，文学是他者得以植根和生长的一片沃土？！克里斯蒂娃曾经说过，文学本质上是女性的。如果说女性乃传统之所谓的他者，那么我们可以推断说，文学与差异具有天然的联系。

二　20世纪西方差异思想的四大板块

除却列维-斯特劳斯，托多罗夫书中没有讲述20世纪的差异思想家，其实这才是差异思想云蒸霞蔚、气象万千的世纪。其间出现了以海德格尔、德里达、德勒兹、利奥塔、梅洛-庞蒂、利科、列维纳斯、布伯、西苏、伊丽格蕾、哈贝马斯、南希、霍尔以及拉鲁埃尔（F. Laruelle）等为代表的一流思想家。对其差异思想的研究也日见其多，如《重审差异》（Tod May，1999），《列维纳斯与布伯：对话与差异》（Peter Atterton等所编文集，2004），《拉鲁埃尔的差异哲学》（Rocco Gangle，2013），以及一些专题读本如《差异哲学：当代大陆思想读本》（Douglas L. Donkel选编，2001），等等。当然，"差异"也顺理成章地进入各种当代术语词典或术语研究丛书，而且日益流行："其他的术语来来去去，而差异却总在那儿。与其他术语限于某一特殊的批评视角或方法不同，差异被应用于几乎所有的文学研究部类，而且更重要的是，它还超出了文学研究领域。"①

借鉴学术界已有的观察，我们认为，20世纪西方最值得研究的差异性话语有四大板块：法国后结构主义的差异话语，受后结构主义影响的英美后殖民主义差异话语，德国企图消弭差异和他者的主体间性话语，90年代以来全球化研究中的差异话语。此外，还有两个重要的板块——女性主义和消费主义（如波德里亚的差异性消费话语体系也不容忽视）。以下拟从对话主义的角度对前三个板块予以简单的述论。

反对"对话"、将"差异"推入极端的理论主要是法国后结构主义理论家：德里达、利奥塔、德勒兹、列维纳斯、伊丽格蕾等。德里达使用"延异"概念，将意义永远地放逐在时间和空间之外，虽然有人如伊格尔顿和杰姆逊辩护说，德里达的解构仍有一个所指的设定，但由于其永远是无限远的，故而指意或所指在他终究是不可能的。其对阐释和对话的怀疑尖锐地表现在1981年他与伽达默尔在巴黎歌德学院的相遇和所谓的"论争"上。利奥塔在对"歧异"和康德"崇高"概念的论说中，认为思维、宏大叙事不可能呈现"事件"（已经发生的事情）、"差异"和"异质"，它们均超出了"描述"的界限。德勒兹在其《差异与重复》（1968）中认为，"重复"不是西方哲学传统中的"同一性"，而是"差异"自身的差异化活动，是事物自身的绽开，是他者的生成，是自我的"解辖域化"，也就是说，"差异"逃避了理性的规约，在其之外独立运行。列维纳斯的"他者"是绝对的他者，是不可理喻的绝对存在，我们人类之间固然可以"面对面"，但我们无法深入交流、彼此分享。伊丽格蕾反对在男女二元对立中理解女性的差异和特殊性，那样的差异和特殊性不过男性普遍性的补充和强化，是男性话语的"他者"；她要求的是绝

---

① Mark Currie, *Difference*, London & New York: Routledge, 2004, p. 1.

※※　差异即对话

对的、独立存在的差异和特殊性，以此为基础建构女性自己的主体性。这些都是拒绝对话的理论，然而并非毫无道理，它们特别突出了对话各方作为个体存在的不可穷尽性，对话总是有所隐蔽、有所保留的，也正因为这一点，对话就总是处在未完成状态即动态之中。

如果说20世纪德国哲学不是对话主义所可概括的，但也至少可以说其主流是支持对话理论的，包括海德格尔的"本体论差异"、伽达默尔的对话解释学、胡塞尔和哈贝马斯的主体间性理论等。海德格尔"本体论差异"首先说的是存在与存在物之间的差异。存在是无差异的，当存在**发生**为存在物时，差异便出现了。质言之，**差异即发生**。其次，人是存在物的一种，人之作为存在物的差异，不但是相对于作为其本源的存在，更来自与其他存在物之间的关系，这就是海德格尔关键词"此在"（Dasein）的本义：

> 人的此在将其规定为那样一种存在物，它存在于［其他］存在物之间，作为这样一种存在物而关系于［其他］存在物，并作为这一与［其他］存在物的关系在其自身的存在之中被规定为本质上不同于所有在其此在中绽露开来的其他存在物。①

而如果说"存在物作为**如此的**存在物与存在的**区别**依然是被遮蔽的话"，那么"人本身在其他存在物之中［则］**出显**为一个存在物"。②

---

① Martin Heidegger, *Kant und das Problem der Metaphysik*, *Gesamtausgabe*, Band 3, Frankfurt am Main: Vittorio Klostermann, 1991, S. 234.

② Martin Heidegger, *Kant und das Problem der Metaphysik*, *Gesamtausgabe*, Band 3, S. 235. 黑体为引者所加。

差异即对话

没有与其他存在物的关系，人之作为存在物就不可能独具并**出显**其差异。这也就是说，**差异即关系**。"但是"，海德格尔旋即警告，"此在"即"这一'在世之在'原初上并非主客体之间的关系"①，它意指一种本体论的关系，而非传统上所以为的认识论关系，因而关系上的差异亦当归入"本体论差异"。② 正是在这一意义上，深得海德格尔真传的伽达默尔不说"我们对话"，而说"我们是对话"，因为对话是我们的本体存在。伽达默尔主张我们与他者对话。文本在**存在的意义**上与我们自己相通，而它同时又是一种异在。阅读一个文本就是同一个陌生人打交道。文本的他者既是"真理"，也是"方法"。他者具有不可穷尽的神秘性，而另一方面**通过**与他者相遇，我们自己被认识、被扩大、被更新。伽达默尔将语言作为解释学的一个核心论题，甚至在他也可以说，语言的就是解释学的，因为语言的本性就是对经验的共享，就是对对话的预设；更进一步，我们原本就是语言，或者反过来，语言即我们的存在。胡塞尔和哈贝马斯的主体间性理论可以理解为一种对话理论，而如果说海德格尔和伽达默尔范式的对话是本体论对话，那么胡塞尔和哈贝马斯的范式则是认识论的。但是，无论是本体论对话抑或认识论对话，都忽视了为法国后结

---

① Martin Heidegger, *Kant und das Problem der Metaphysik*, *Gesamtausgabe*, Band 3, S. 235.

② 一般认为海德格尔的"本体论差异"仅仅指发生于存在和存在物之间的差异，如海德格尔《康德与形而上学问题》英译者（Richard Taft）指出的："存在与存在物之间的这一差异通常被叫作本体论差异，是贯穿海德格尔著作的一个突出特征。参见，例如，《存在与时间》导论。"（Martin Heidegger, *Kant and the Problem of Metaphysics*, trans. Richard Taft, Bloomington & Indianapolis: Indiana University Press, 1997, 5th edition, enlarged, p. 232, Part Four, note 16）但根据我们的观察，海德格尔的"本体论差异"还应包括存在物与存在物之间的差异，即本文所称的"差异即关系"，这种关系为本体论的"差异即发生"所规定，因而也必然归类于"本体论差异"。

构主义视为畏途的对话，在后者看来，完全的对话是不可能的。我们的对话理论将是对德法两种范式的综合和超越。

后殖民理论最有力的武器是差异性话语。后殖民批评与全球化研究几乎同步兴起于20世纪80年代后期，因而全球化的本质及其后果也是后殖民主义批评家的主要研究对象之一。他们多从文化帝国主义、压迫和剥削、同质化等角度理解全球化，因而他们赋予自己为他者、弱势群体发声和代言的神圣使命。霍米·巴巴关注全球化所带来的移民、难民、非法打工者现象，推举"本土世界主义"概念（奈保尔），反对"全球世界主义"。斯皮瓦克在东西冲突中凸显印度贱民、妇女所遭受的苦难，声张异质文化所独有的书写方式，并试图用"星球性"纠正和取代"全球化"。帕沙·查特吉要从普世现代性中独立出"我们的现代性"，坚持本土现代性的特殊道路。萨义德在其对东方学话语的批判中表达了对于本真东方的期盼，其对欧洲中心论和西方霸权不懈的批判成就其作为知识分子中的斗士形象。但对于这些后殖民批评家来说，如何超越东西方二元对立，如何正确地界定差异、异质和他者，进一步地，如何将西方也纳入、整合进一个更高级别的框架，这些如果不是他们的盲点，也是他们的弱点。

需要声明，当我们批评法国理论以及后殖民理论缺乏对话维度时，我们并不是说在他们的理论中根本找不出对话的因子，或者，对同一简直视而不见，他们撕开给我们看的是对话和同一的深度困窘与无奈。以德里达的"延异"概念为例，它既是无限的差异化过程，也是无限的追逐同一即同一化的运动，没有同一的声声召唤，差异便会失去其差异化的动力。再如，当德勒兹宣布差异乃事物自身的差异化展开时，他无异于先已假定了事物自身的原初上的同一，假定了自我同一的神的存在。与德里达的差异相映成趣的是，如果说德里达的同一在遥远的未来，那么德勒兹的同一则在遥远的过去。同一是德勒兹以及德里达无法解构的形而上学。复如，斯皮瓦克虽然意识到"知识必然压抑了差异和延异，一个完全公正的世界是不可能的，它被永远延宕并与我们的设想不同"，但她依然坚持"我们必须冒险认为我们可以听见他者"。① 言说他者，即使言说的是他者的不可言说性，也已经将他者带入言说、带入对话，由此他者便不再是纯粹的他者了。

三 差异的政治学：抵抗与对话

学术界之所以着迷于"差异"，其原因主要是它不仅是一个迷人的学术和学术史论题，而且还是一个与当代政治场景密切相关的问题。在西方民主国家或共同体内部，"差异"首先与因资本主义社会的当代发展——在未有更好的术语之前，我们姑且以"晚期资本主义"或"历史的终结"或"意识形态的终结"描述它吧！这些术语并非如某些人想象的不过是空洞无物的纯辞藻——而衍生的认同（身份）政治有关。应当注意，这种"认同政治"已大大不同于从前的政治认同。如本哈比所注意到的，如果说19世纪至20世纪上半叶的政治是资产阶级与工人阶级围绕着财富、政治地位和机会的斗争，那么现在的政治斗争则是围绕着堕胎和同性恋权利，生态和新医药技术之后果，以及种族、语言和族群尊严等而展开，这就是说：**运动政治取代了政党政治，妇女积极分子、有色人群、同性恋者和利益相关之公民的松散联合体取代了严密的组织。**② 换言之，认同（身份）政治取代了阶级政治，以至于我们不能说"阶级认同（身份）"，尽管其意

---

① ［印度］佳亚特里·斯皮瓦克：《后殖民理性批判：正在消失的当下的历史》，严蓓雯译，译林出版社2014年版，第209页。

② ［美］塞拉·本哈比：《导论：民主的时代与差异的问题》，载其所编《民主与差异：挑战政治的边界》，黄相怀、严海兵等译，中央编译出版社2009年版，第2页。

并非不通:"阶级"与"认同"代表着不同时代对人群的不同划分。在西方,在发达资本主义社会,这种由阶级向认同(身份)的转换如上所说是一个发生已久的现象,且已为许多社会学家及时地捕捉到,如哈贝马斯早在20世纪60年代初期就看到:由于整个社会物质生活水平的大幅提高,人们"对于社会解放的兴趣"已经不再表现在经济的诉求上,"异化失去了它的经济上显而易见的贫困的形态。异化劳动的贫困症出现在异化的自由时间中",因而"无产阶级,**作为无产阶级自行消失了。……阶级意识,尤其是革命的意识,今天,即使在工人阶级的核心阶层中也难以得到确认。在这种情况下,任何革命的理论都失去了它的接受人**"。① 面对这一新的情境,哈贝马斯并非不再相信"作为批判的马克思主义"及其效能,在此他只是提请注意马克思主义的传统批判对象即资本主义的统治和异化已经改变了其旧有的形式而被赋予更加微妙的如心理的特征,于是,这也就向马克思主义的批判理论提出了新的任务和策略。或许如果坚称认同政治取代了阶级政治有失武断的话,那么根据守持马克思主义的批判精髓的哈贝马斯,即便加以修正,我们仍是可以最低限度地说,如今理解认同政治必须参照阶级政治的新变化,即认同政治诞生于阶级政治的消长盈虚之中。

本哈比和哈贝马斯以上所描述的诚然是西方发达资本主义社会的政治图景,在中国这类"运动政治"尽管近些年亦有所萌动,并与西方开始有所呼应,但毕竟对于多数国人来说还是显得过于奢华、奢侈、奢靡了。我们的差异政治有更紧迫的议事日程,即如何看待和处理中西方之间在政治、经济、文化和价值等方面的关系问题。在我们这里,差异政治主要不是拘于民主国家

---

① [德]尤尔根·哈贝马斯:《理论与实践》,郭官义、李黎译,社会科学文献出版社2010年版,第173—174页。

或共同体内部事务的"认同政治",而是国家之间、意识形态之间、经济体制之间、文化之间、文明之间的宏大政治,是中国在全球化过程中为争取外部世界之承认的政治。当前的中国集现代与后现代特征于一身,因而在差异政治上,要想将中国的目标与西方的议程截然分开也是不可能的。

以"差异"相号召、相鼓舞的"运动政治",其本质是什么呢?本哈比指出:"在此语境中(即在运动政治的语境中——引注),'差异'这个词就变成了两个问题之交汇点:它既是一种对启蒙主义运动类型的理性主义、本体论和普世主义的哲学批判,对那些强调变易(alterity)、他者性、异质性、不协调和抗拒的人来说,又是文化抗争性呐喊。当今的西方自由民主体制已受到那些强调不可被同化之差异的团体的挑战,这些团体想利用他们的差异性之事实剥除理性主义的神圣性,破除民主自由的幻觉。"[①] 用我们的话说,"差异"具有后现代的指向,即以不可被理性约简的非理性发起对启蒙理性及其普世化的批判,而理性又总是通向规范和霸权,至少说常常为后者所使用。与本哈比的观察异曲同工,杰姆逊在研究"奇异性"(singularity)[②] 及其社会政治内涵时也发现:"反抗普遍性原理就是反抗规范的霸权和体

[①] [美]塞拉·本哈比:《导论:民主的时代与差异的问题》,载其所编《民主与差异:挑战政治的边界》,第4页。

[②] 杰姆逊所理解的"奇异性"与本哈比所提到的"变易(alterity)、他者性、异质性、不协调和抗拒"等同义。他从中世纪哲学的唯名论而进入该词的含义:"与普遍原理相关的不是具体性而是奇异性问题,这在中世纪的唯名论讨论里就成为核心内容,这些讨论强调,普遍性的东西是种抽象的语词,在个体存在的世界里找不到现实对应物。现实是个奇异性世界,在其中的个体拒绝被普遍化(更不用说被整体化了);也就是说,奇异性这个概念本身就是奇异的,它不含任何普遍性内容,而仅仅作为一个语义,描述一切与抽象和普遍框架相对抗的个体事物。"(弗雷德里克·杰姆逊:《奇异性美学》,蒋晖译,《文艺理论与批评》2013年第1期)简言之,"奇异性"是指个别事物的绝对个别性,而非与普遍性相关并可能被普遍性所规整的"具体性"。

※※ 差异即对话

制的价值，不管是在文化还是法律意义上说的。后现代主张可以概括为相信普遍的必然是规范的，规范的必然是压迫性的，并最终实施到个人和少数群体身上。换言之，这些普遍性原理直接或间接地设立了规范，根据这些规范，反常的行为就可以被发现，个人或集体的变态就可以被谴责。于是废除这些规范就成就了如火如荼的批判运动，如我们在身份政治、独立主义和边缘或被压迫文化运动所看到的。他们相信，规范霸权走到极端就会带来种族清洗和大屠杀。"值得特别关注，杰姆逊继续指出："吊诡的是，文化和民族的自我肯定也同样构成了对帝国主义、标准化和由全球化引发的民族特性的消亡的抵抗。"① 在此杰姆逊差不多是已经在说，本哈比以及他本人如上原则性附议的两个问题实则为一个问题，而且民主与差异虽然分别为相互不同乃至相互对抗的团体所使用，但也是同根所生：在个人层面上的自由民主放大到集体层面上就是对基于差异的族群、国族的独立自决权及其他各项权益的主张。以世界现代史而论，没有"民主"，何来"脱殖"（民族独立运动）？！中国的差异政治同样也有针对西方将其民主制度神圣化、普世化的指谓，但另一方面它又何尝未受到远道而来的德赛二位先生的启蒙和洗礼？！就前者而言，中国是后现代的；而就后者而言，中国又是现代的。与前述各种"运动政治"一样，中国的后现代也是用现代性来对抗现代性，换言之，用（西方的）普遍性拆解（西方的）普遍性，因而所有的后现代性政治最终都不过是依然腾挪在现代性的自家庭院之内。正是在这一点上，如杰姆逊所看到的，美国女性主义为享受普遍人权的斗争，在非西方国家的女性看来，"不过是一个文化事件，并成为美国帝国主义压迫的一个内在的组成部分。美国女性主义确实已为美国外交政策服务"，因为从理论上说，"普遍人权本身就是普遍性原理，暗

---

① ［美］弗雷德里克·杰姆逊：《奇异性美学》，《文艺理论与批评》2013 年第 1 期。

示了本质主义倾向"。① 对待后殖民理论，我们亦应如是观：后殖民理论不仅属于被压迫的人民，也同样属于来自西方的压迫者。民主与差异没有本质性的对立！福山那被以为浅薄的"历史终结论"其实也没想象的那么浅薄！哈贝马斯的"未完成的现代性计划"对现代性的执着也不是如多数人批评的那么盲视！我们可以修正它，完善它，重新界定它，创造出我们自己的现代性，但现代性无论如何都将是现代社会的不二选择。

就此而言，除了袭用后结构主义以及后殖民理论而外，我们中国读者假使能够虚心倾听一下哈贝马斯这位现代性价值的铁杆拥趸应是专意写给我们的如下一段话，将不会毫无裨益，它至少会促使我们去寻思哈贝马斯何以对现代性价值的信念是如此坚韧不拔——他兴许有他片面的道理呢，我们猜测，我们需要在此方向上的猜测：

> 诚然，资本主义的现代化，随着全球化的推进，达到了一个新阶段，并且，再一次加强了社会的整合性。即使世界性的社会的特殊整合性，内含着全力反抗政治形态的诸种协同尝试，但民主和人权始终是社会权力和政治权力文明化的诸种力量的唯一指导方向。②

哈贝马斯恐怕不是在挑衅我们的特色文化，他不反对差异，差异的反抗，差异政治，认同政治，这是今天西方社会所谓"政治正确"的一项基本要求，但是，在他看来，任何差异、认同都意味

---

① ［美］弗雷德里克·杰姆逊：《奇异性美学》，《文艺理论与批评》2013 年第 1 期。

② ［德］尤尔根·哈贝马斯：《致中国读者——〈理论与实践〉中文版前言》，《理论与实践》，第 4 页。

※※ 差异即对话

着与同一、与作为同一或普遍性的民主的对话和协商关系。他提出，对话具有双重的职能，一是寻求自己的身份，我是谁，我要成为什么样的人，即"得到关于自身的清晰理解"，二是确定"如何对待他人，如何对待少数人群和边缘群体"。对话就是知己知彼，了解自己与他人之间的关系，但更重要的是，对话还假定，此关系不是伦理性的，不是善良的意愿，在其本质上，它是交往理性，是协商性的和有程序来保证的。这样的对话理论归结为理性，归结为话语，并由此而通向主体间的"共识"以及社会的"团结"。①哈贝马斯的对话理论具有鲜明的实践指向，它是一种政治哲学，不，毋宁说，它是一种哲学的政治学！在这种对话理论内部，不是不存在差异，而是所有的差异都被理性、语言、共识、程序②所同化、消化。对于一个社会来说，差异无足轻重，重要的是统一、同一，是以"民主和人权"为标志的普遍性。我们中国人可以批评哈贝马斯理性主义的自负，批评其对话理论仅仅漂浮在话语层面，但对于常常执迷于中国文化的不可言传和"奇异性"的我们来说，哈贝马斯还是有值得我们学习的方面。例如，我们可以将他的"自负"转化为我们自己的文化自信，不是用差异拒绝对话，而是将差异作为对话的起点。再例如，中西文化的不同并不只是空间性的，它同时还是时间性的，是传统与现代的对立，因而所谓的"中西对立"常常就是传统与现代的对立。如果说中方在这种对立之中有时不占优势，那是因

---

① 参见［德］哈贝马斯《三种规范性民主模型》，载塞拉·本哈比编《民主与差异：挑战政治的边界》，第24—26页。

② "理性""语言""共识"以及"理解"等在哈贝马斯的对话理论中基本上就是同义语，如在下面一段话中所透露的："维特根斯坦（L. Wittgenstein）指出，理解的概念存在于**语言**的概念中。我们只能在一种**自我解释**的意义上说语言的交往'服务于'**理解**，正如我们所说的，任何理解都表现在一种**理性的**共识中，否则这种理解就不是'真正的'理解。"又如说："这种共识可以被认为是理性的。"（尤尔根·哈贝马斯：《理论与实践》，"新版导论"，第14、15页）

— 18 —

为中国也不再那么传统，它早已进入现代；而如果说中方仍具有不可取代的价值，那是因为现代化需要为其所丢弃的传统付出代价。完美的现代化需要中西方的互补、合作。

　　回到本文所主张的"差异即对话"的命题上来，前面已经说过，在理论上，言说差异就是将差异带入对话，差异性话语就是渴望对话的话语；现在在读过杰姆逊以及哈贝马斯的差异政治学之后，从实践的角度看，我们发现，结论同样如此，而且还更好理解一些：在所有的"运动政治"以及其他各种差异政治中，高举差异的旗帜无非是为了更有效地获取对方的承认，是为承认而斗争，为在一种关系中寻找其满意的位置而斗争，此绝非如德勒兹所苦心孤诣的，独自地差异下去，独自地"生成"开来。差异总就是为了进入对话的差异！不存在为差异而差异的斗争！

　　再从"认同"这方面看。虽然如本哈比所揭示的，"认同政治（identity politics）总是并且必然是一种产生差异的政治"，即相信"只有消除差异和他者性（otherness）认同才能得以维持和保存"①，似乎认同与差异相成而相反，但这样的认同其实也不过就是被唯我独尊地提炼了或被赋予特权的差异，如极端的德意志民族主义，如希特勒为之癫狂的种族优越论。在此语境中，认同无非是差异的一种强形式。有强者的差异，那是优越感、优胜感、杰出感；有弱者的差异，那是为尊严和权利而进行的抗争。在一定条件下，两种差异是可以转化的：当弱势不再是弱势或转变为强势时，其差异就变成卓异、卓越了；同样，当强势不再是强势或转变为弱势时，其差异则流于怪异、怪诞，如退化为今日的旅游消费中的"景观"。在此需要注意，我们一般不会将强者的差异称作差异，差异是弱者的专属权利。对弱者而言，差异总

---

　　① ［美］塞拉·本哈比：《导论：民主的时代与差异的问题》，载其所编《民主与差异：挑战政治的边界》，第2页。

※※ 差异即对话

是一种斗争策略，但差异总是隐含着对话的愿望：斗争是一种极端形式的对话。

结语　差异即对话

通过以上走马观花似的巡礼，我们权且提出以下几个有待继续考量的评论：第一，差异或许有本体论的根据，但只要有人尝试指出两个事物之间的差异，这时差异就已经进入差异性话语了。正如同一是先已假定了差异一样，差异也是先已假定了同一。第二，一切差异性话语，无论其如何标榜其"奇异性"（singularity）、不可通约性，但都是先已进入对话，都是为了更有效地对话，而非将自己封闭起来，同时也拒绝外部世界和他者世界。第三，全球化宣布了差异性话语在理论和实践上的重重困难，我们必须与时俱进地从差异转入对话。但是，第四，对话并不是要放弃差异，而是将差异置于对话主义的"星丛"，在其中差异既是话语性的，也是本体性的。一句话概括本文的观点，差异即对话！

我们之所以选择对话主义，乃是因为单独从同一或者差异出发，都无法解决全球化时代的现实和理论难题。

价值星丛

——突破中西二元对立思维的一种理论出路

阅读提示：民族主义本质上是一种二元对立思维，在中国是中西二元对立，它坚持中国文化的特殊性和不可通约性，而拒斥、抵抗西方的文化和文化霸权。这种思维方式如果说从前有其必然性与合理性，因为弱者的强大在于其特殊，强调弱者不可整合的特殊性是打破普遍性专制的不二法门，那么在全球化的今天，在中国日益成为全球性大国的新时代，它则变得不仅有悖情理，而且实践上非常有害：它将中国绑缚在弱势、另类和边缘的位置上，使其无缘、无分于国际话语体系的建构，从而在国际斗争中出师未捷"理"先输。作为对二元对立思维的一种替代方案，"价值星丛"理论将各种价值符号之间的关系视作一种动态的对话，它们彼此界定、阐释、探照而绝无压制和臣服。在价值星丛中，各民族的利益将获取最充分的实现，其文化特殊性亦将得到最充分的展现。

"全球化"，顾名思义，就是全球在政治、经济和文化方面的融合、整合乃至统一。但这似乎经不起推敲，与此针锋相对的一

✳✳ 差异即对话

种观点是，全球化并非带来文化的同质化，而是国家的独立、民族的解放、文明冲突的加剧、文化身份的凸显和强化，等等，如果不是世界的分崩离析的话。有无数的事实支持这一点。欧美的动向不说它，伊斯兰世界最新的变化也不去管它，以中国为例，仅以中国近来所发生的一些事件和围绕着它们的争议为例，我们就能深深地感觉到为全球化所引发并被愈益激化的民族意识、民族文化意识、民族审美意识、民族价值观，一言以蔽之曰，"民族主义"。近期较为吸引眼球的论争有两场：一是关于北京大学开办燕京学堂，二是关于传播西方价值观的教材是否可以在中国学校使用。前一论争主要涉及中国学术能否用外语讲授，激进的批评者坚持中国学问只能用中文讲授，这种说法在学术层面上还真不好说错：翻译对于原文几乎就是一场浩劫，如本雅明所看到的。后一论争的焦点是社会主义核心价值与西方价值究竟是一种怎样的关系。在这些喧闹的论战中，民族主义无疑是其中的最强音，至少其情绪最显慷慨激烈。

笔者不拟在技术层面上评判这样的论争，更不拟选边站队，因为无论全球主义、世界主义抑或地方主义、民族主义都是有待重新考量和界定的概念，而是抱着同情、理解的态度肯定双方观点的合理性，将它们整合起来，并尝试提出一种超越其对立以至于对抗的新的理论可能。

一 民族主义：利益与想象的可见连结

首先来谈民族主义的合理性。本尼迪克特·安德森将民族、国家作为"想象共同体"，此话有一定道理。的确，民族、国家是靠认同和表述（意识形态的、价值的、文化的）等观念性的东西而连结起来的。相距遥远、互不走动的人们之所以认为彼此属于同一个国家或民族，靠的也是一种意识上的认同连结。在这方面我们不能不佩服意识形态的"表接"（articulation，意为"话语的表述性连接"）或曰"霸权"的力量，借着这样的力量，甚至入侵者最终都能够与被入侵者融合为一个国家、一个民族、一种文化。但是，"想象"是有边界、有约制的，就是说，"想象"需要在地检验，需要利益的切实保证，尽管利益总是那被意识到的因而也总是被模糊了的利益，而且也需要在想象力所可企及的范围之内。利益有眼前的和长远的之分，越是长远的、宏大的利益，越是需要想象，因为过多的中间环节会遮蔽普通人的视界。一种想象若是不能通过如此的检验，甚至通过即刻的检验，登时就会被作为"虚假意识"，作为欺骗性宣传。例如，宗教在当代社会的衰落，一个重要的原因是其所允诺的前景太过遥远，太过远离当下的生活，人们看不到其被兑现的希望。耶稣、孔子等一切悲剧英雄之所以是悲剧英雄乃是由于其作为和学说超越了世人、时人的想象地平线。画饼虽好，但不能充饥！

就利益与想象之间的距离看，有初级的想象共同体，如邻里街坊、乡里乡亲、学校、公司、政府机构的局部认同，位于最高端的是宗教共同体或信仰共同体，而民族则是居间的想象共同体。它是想象与利益不远不近的恰好相接。它既连结着可见的利益，又应和着人们对崇高的冲动，崇高也是恰好的崇高，不远不近。民族主义的魅力和生命力在于它向人们所承诺的共同利益，虽不一定就在眼前，但不难想象得到。

二 世界主义：利益与想象的遥远连结

世界主义企图将民族主义向人们图画的利益连结到一个更大的范围，一个更遥远的空间。民族主义并非没有对其他民族的意识，恰恰相反，民族主义诞生于对其他民族的发现，其问题只在于它将民族的利益想象在一个民族内部或一个国家内部，而超出这个范围则就是魔鬼、异类，或用萨义德的比喻说，"一根扎在'我们'肉中的可怕的尖刺"。有学者在考察过现代欧洲民族史后不无悲观地发现："根据其本质，由民族国家构成的世界必定是一个充满冲突和矛盾的系统。"尽管"内部或外部政治妥协的方案可能会偶尔成功达成，但从整体来看，民族主义即民族国家的自私本质却从未被彻底驯服"。不同于民族的自私自利和目光短浅，世界主义不仅将他者纳入视野，更意识到在国家间日益密切交往的时代，一国利益的实现有赖于与其他国家的关系，而这自然也将带出对国际共同利益乃至人类共同利益的想象。

不过，相对于民族主义，世界主义亦有其尴尬之处，即它所许诺的利益太过遥远，既非立等可取，亦非尚可期待，超出了普通民众的耐心和信心。世界主义有近乎乌托邦的性质和特点。在全球经济发展不平衡的情况下，局限于民族利益的民族主义必然与放眼于全人类的、长远的利益的世界主义发生矛盾和冲突。为民族主义所主导的民众对世界主义充满了憎恨，因为世界主义限制了他们近在眼前的生存和发展，如气候变化公约若是限制发展中国家的碳排放，势必危及其国民的就业和温饱，但长远地看，限制碳排放对于发展中国家的未来也必然是有益处的。世界主义不是无关利益，它只是将利益提升至单个民族的利益之上，将单个民族的利益推向未来，推向与其他各个民族利益的动态的、不确定的关系之中。

三　世界主义是难的

在中国，目前对西方价值的批判，如前述两个例子所显露的，都是民族主义的一个表征。在当代国际政治舞台上，民族主义是弱小或弱势民族的一个必然选项，其特点通常是用民族的特殊性抵抗发达国家所推行的普遍性。例如说，你讲"单数的现代性",我就应对以"复数的现代性";你讲"普遍的现代性",我就瓦解以"我们的现代性";你标举"世界文学",我就祭出"民族文学";你高扬"人权",我就坚持以"发展权"。的确,只要特殊性在那儿,普遍性便是残缺的和有缝隙的。特殊性是普遍性永远不能愈合的创口。唯一的办法是将它们置于新的语境,做出新的界定。

需要注意,对民族特殊性也有不同的讲法。一种是如上后殖民主义的讲法或某些汉学家如谢阁兰等人的讲法,它能够将特殊性一直讲到与普遍性毫无关联,其特殊性是绝对的特殊性,其他者是绝对的他者。另一种是德意志极端民族主义者的讲法,他们鼓动,德意志人是上帝的选民,世界精神的代言人,颇有天独降大任于斯族之神圣感和使命感。他们能够将其民族特殊性一直讲成其种族的优越性,讲成主宰全世界的帝国主义。从这个意义上看,纳粹的种族清洗似乎是其一个合理的后果。

有学者称德意志极端民族主义为"帝国民族主义",但这种民族主义骨子里仍是以民族利益为本位的民族主义,从中是决然生长不出"世界主义"的。"帝国主义"不是"世界主义",它诚然具有世界主义的外在特征,即对民族疆界的破除,或者也可能带来些许的天下一家的感受和思想,但根本上则是为着其一个民族的利益,是一种放大了的民族主义、越界了的民族主义。

真正的世界主义是一种境界、气度、胸怀,是对他者的尊重、关切,甚至是自我牺牲和奉献。但这美好的境界不仅对弱势民族是难的,对于强势民族也同样是难的,应该说,对于整个人类都是难的。遥远的利益,间接的利益,对多数人来说根本就不是利益,与他们毫无关系。利益喜欢当前性,喜欢直接性,至少在可预计的时间内能够被兑付!

四 价值是一种符号，其所指是现实

民族主义在中国的一个错误是将传统与现代的对立当作中西对立，用空间思维代替时间思维。每一个时代都有其自身的价值，如果没有，它也一定会创造出来。西方价值如自由、平等、博爱是适应现代资本主义生产方式的价值，而服从、等级和仁爱（等级之爱）是中国传统社会即农业社会的价值。随着中国社会由传统向现代的转型，借鉴西方核心价值从而创造新的适应当代社会现实需要的价值将会是大势所趋。

中国社会主义核心价值观不是对传统价值的复制，也不是对西方价值的移植；相对于中国社会现实的需要，中国传统价值和西方价值只是打造这一新的价值的原材料罢了。鲁迅有著名的"拿来主义"之论，其底气不是来自现在常说的"文化自信"，而是那种强烈、强大、鲸吞一切的现实需求，是"需求自信""生命自信"。一种价值的合理性不在于它从哪里来，而在于它是否能够满足当前在地生活的需要。价值面向的是生活，而非价值。价值不重要，重要的是人们怎样去生活。当人们的生活被现代化、全球化时，固守民族主义的价值不过是一种空想。没有人会为了一种价值而不是为了生活得更美好、更有意义而去奋斗、战斗。

价值是一种符号系统，其所指是社会现实。建立一种合理的价值规范，应充分注意当代社会现实的新变化。我们之所以容易将西方价值当作普遍价值，主要原因不过是发源于西方的现代技术与资本主义对当代社会的形塑。一个不争的事实是，如今中西方的差异远小于传统与现代的差异，因而与其说中国社会被西方化了，不如说它被现代化了。西方价值作为重建当代中国价值的资源具有现实的合理性。可以认为，西方价值不是西方的价值，它是现实的价值、现代的价值。换言之，它不是地理学的，而是时间学的。从时间学的角度说，"现实"不过是被时间所钩织的实在。现实在其本质上是时间性的即流动的。随着现实的发展和变化，随着"现代"变得不再现代，西方价值必将不再是那曾经的西方价值。

一个在中国后殖民主义学者那里颇为流行的概念"翻译现代性"，可以在此顺带纠正。它具有误导性，似乎中国现代性是外源性的，而非内发性的；是空间性的，而非时间性的；是移植的，而非自生的。我们不拟从中国明清以来的历史驳斥费正清的命题即中国现代化为刺激—反应模式，而是希望指出，不是任何刺激都能带来相同或相近的反应，反应来自一个能够反应从而修改刺激的主体！中国之所以能够现代化，乃是因为中国自身具有现代化的内在需求和理性认识。列强的殖民化或"翻译现代性"不过是中国现代性发生的一种契机而已！或者，它们只是中国现代化的一种表现形式！

五　价值星丛

在价值上，民族主义与世界主义的关系就像单个的星星与星丛之间的关系。星丛是本雅明、阿多诺、麦克卢汉都使用过的一个比喻，但阿多诺的概念似乎更宜于说明民族主义和世界主义之间的关系：

> 不经过否定之否定，但也无需托身于作为最高原则的抽象，统一的时刻便可存活下来。其原因在于，不存在由诸多概念逐级攀升到一个综合的高等概念的过程，相反，这些概念进入了一个星丛（Konstellation）。此星丛照亮了对象的特殊性，而对于分类程序而言，特殊性既可以忽略不计，也可

※※　差异即对话

以是一件重负。①

按照我们的解读，阿多诺不否认价值符号之间的"统一的时刻"，但这种统一不是一种价值符号凌驾于其他价值符号之上，而是各种价值符号共同进入一个星丛，在其中各种价值符号相互作用、相互界定。阿多诺坚持没有涵括一切的概念，这于世界主义也就是说，没有涵括一切民族价值的超级价值，世界主义只是意味着一种"价值星丛"，在此星丛之中，民族主义价值不是要臣服于一个"最高原则"的宰制，而是进入与其他价值的一种对话性关系。

进一步说，在此星丛之中，民族价值符号所指涉的利益仍然存在，只是不再是自以为的独立存在，而是与其他各种利益的共同存在，是互惠互利，是"利益"的古老意义的复归，所谓"inter/est"，来自拉丁文，或写作 inter/esse，它原本上就意味着相互依存，从对方的存在之中取得自身的存在。对于"利益"的这一意义，威廉斯似乎有隐约的察觉：它指涉"一种自然的分享或共同的关切"。就此而言，星丛没有给予我们新的意义，它只是复归和重申了"利益"的本来意义。

利益并不总是一个贬义词，关键是如何看待利益，如何实现利益。孔子曰："富与贵，是人之所欲也；不以其道得之，不处也。"（《论语·里仁》）中国圣人从不排斥人对利益的追求，那是人的天性，但要求将此追求置于"道"上，此"道"在儒家即天地秩序及其所保证的人间秩序。用我们的话说，当利益进入利益或利益符号的星丛，利益便获得了其正当性。

不仅如此，当利益进入利益或利益符号的星丛，利益也获得

---

① Theodor W. Adorno, *Negative Dialektik*, Frankfurt a. Main: Suhrkamp, 1966, S. 162.

价值星丛

其显现和实现。阿多诺断言"星丛照亮了对象的特殊性",这完全可以读之为对前述德意志"帝国民族主义"的批判和纠正。"帝国民族主义"要强力打造一个纯粹的、单一的民族性,而其他民族的特殊性,其特殊的利益和价值,对于这个帝国主义计划来说,不是无关痛痒、郊下无讥,就是一种沉重的负担,或如前谓,"尖刺"在肉。与此相反,阿多诺的"星丛"概念则喻示,民族的特殊性将被民族之间的关联和互动所彰显与伸张。不错,"星丛"意味着"统一的时刻",然此"统一的时刻"是"统"而不"一"。这也就是说,传统形而上学意义上的"统一的时刻"为"星丛"的"统一的时刻"或就是"星丛"这一新的理念所置换。星丛是世界主义的思想图像,但这世界主义可不是乌尔里希·贝克那个罔顾或系统地清除了民族及其特殊性的大全。记住阿多诺的话,"星丛照亮了对象的特殊性"!在此,其一,"照亮"(belichtet)不是西方形而上学的"分类程序",不是对特殊性的消磁或脱水处理,毋宁说,它是对链接的召唤,而链接仅仅意味着一种关系的形成。其二,被星丛所照亮的"对象的特殊性"亦不再是对象之不可穿透的存在,对象之作为"物自体"的存在,一言以蔽之,"单个性"(singularity,有译"奇异性"),而是进入与其他星球之对话性关系的"特殊性",一种特殊的文化身份。"照亮"原则上归属于"星丛"!"照亮"的光源来自"星丛"而非"理性"或"工具理性",因为前者表示关系,而后者则是关系的终结,是克服了差异和特殊性的综合。

游笔至此,忽然想起斯皮瓦克曾要以"星球"(planet)涂改"全球"(globe)或"全球化"(globalization)。在她的心目中,"全球化"不过是将同一交换原则强制推行到任何地方,是资本政治借助计算机技术对世界的拆解和控制,而"星球"则意味着未经分割的"自然的"空间,意味着在别一系统运行着的"他异"(alterity),以及对"他者"(other)超验的或伦理的顾念和责任。据此划分，她断定，比较文学将死于"全球化"，即翻译文学、美国霸权和学术市场化，将复活于"星球"，即跨界、集体性和他者。不知斯皮瓦克是否学习过阿多诺的星丛理论？应该没有吧？否则她就不至于将"全球"与"星球"那么简单地对立、对抗起来，视若仇雠，分外眼红。她或许不想这么做，但对于究竟应该如何去做，在她尚未形成一个清晰的指导性概念。其实，依照星丛理论，"全球"并不能吞噬"星球"，它只是为诸星球营造一种关系场，其中即便在某一时刻有宰制的力量，但它也会与其他力量一样，瞬间变成一种关系。不过，转变为关系的力量也不会因此而耗尽、枯竭，失去其自身之存在，故此弗洛伊德才会从容不迫地说到从"das Heimliche"（家园感）到"das Unheimliche"（非家园感）的同一物（Heim，家园）的陡然变脸或者"被压抑者的复现"（something repressed which recurs）。此变脸，或曰"复现"，既是"被压抑者"自身，又标志着"被压抑者"对自身的超越、对关系的追寻，在关系中得到释解，或用拉康的术语，与"象征秩序"的妥协。迥异于后殖民理论，星丛在其每每看到压制与抵抗的地方发现了关系或向关系的转变。也许用不着特意去校正，后殖民理论站在"被压抑者"立场对全球化所进行的讨伐，看起来不共戴天，但实际上业已将自身带入与后者的关联及其生产性之中。睡狮已然觉醒，尽管它并未觉醒到其觉醒。斯皮瓦克期待"一种新的比较文学"，但其中并无"新"可言，因为它早就蕴含在"比较"之中。考虑到后殖民理论与全球化讨论在20世纪90年代之同步出现，我们完全可以认为，后殖民理论的崛起和风靡本身就是全球化的一个后果，并以某种方式汇流全球话语。以其思维方式而言，"星球"无法取代"全球"，倒是相反，"星球"将被"星丛"意义上的"全球"所取代。

价值星丛 ✳✳

结　语

　　价值星丛不会取代民族价值，它取代的是民族"主义"价值，是中西二元对立桎梏中的价值观；价值星丛也不会无视民族利益，它揭示各种利益的相关性，并认定利益由此而得以表现和实现。利益从来就是相互存在（共生）、相互利益。

　　从价值星丛的视角看，回到本文开头的问题，中国学术是可以用外语讲授的；外语讲授不是要替代中国学术，而是将中国学术带入与其他学术的关联之中，使中国学术成为世界学术的一个有机部分。其实，中国人应该是尝到这种穿越性链接的甜头的：汉语翻译文学没有用汉语文学取代西方文学，而是将西方文学置于与中国文学的连接之中，从而催生了作为世界文学的中国现代文学。自汉唐以来的域外文学翻译史，其间自然包含着域外价值，但这些域外价值不是取代了中国价值，而是将中国价值带入与其他价值的互动之中，从而生产出满足中国人需要的新的价值。没有什么所谓的"中国价值"，而只有符合中国人实际需要的价值，因为"中国价值"总是处在中国人的实际需要的永恒变动之中！

　　验证于中国的翻译效果史，于西方也一样，本雅明、斯皮瓦克基本上就是错误的。翻译既非遮蔽，亦非敞开，而是译者与其所译之一道步入星丛，在此，那种非此即彼的二元对立思维不再有效。

全球化时代的真理与方法

——期待方法间性或方法互鉴

阅读提示：不存在什么内在的方法，一切方法都是外在的。以为中国传统的理论内在于中国文学不过是一种错觉。在此意义上，西方的方法与中国本土的方法在作用上、价值上是可以等而视之的，其与对象的距离无乃五十步与百步之别耳。或许我们更需要为西方的方法做一些辩解，因为方法的反对者既反对西方的方法，也反对中国本土的方法；而西方的方法还会遭到另一重的反对，即中国方法守持者的反对。

北京师范大学李春青教授在给我的约稿函中写道："在我们这样所谓'后发现代性'语境中究竟应该如何做学术研究？我们借用了西方理论观点或方法进行研究，我们的研究成果是否就成了西方理论的'翻版'？比如王国维的'意境'说，究竟应该如何定位？我们应该采取怎样的态度对待西方理论？"[①] 李教授的

[①] 也见李春青《略论"意境说"的理论定位问题——兼谈中国文论话语建构的可能路径》，《文学评论》2013年第5期。

这些问题,可以归结为新时期以来中国文艺学界基本上一直都在纠结的一个重大问题,即中国和西方的关系问题,它因各种不同的机缘、话题而被不断地激起、被不断地重新质询。我所谓"被不断地重新质询"是说,似乎每一次讨论都要从头来过,然后争吵一阵子便归于沉寂,等待下一次的机缘,如此循环往复,而问题本身却依旧在那儿晾着。

这个问题"本身",如果从哲学上说,就是真理与方法的关系。以为真理会自己呈现是一种十分幼稚的想象。真理之自行"解蔽"(aletheia)、"自生"(Ereignis)是海德格尔对胡塞尔现象学的革故鼎新,也是海德格尔存在论的软肋,因为任何显现均先已假定了意识的存在,换言之,显现均为在意识中的显现,它无法脱离与主体的干系。具体于真理与方法的关系问题,这也就是说,真理难脱与方法的干系。那么,真理与方法是一种什么样的关系呢?

许多思想家认为,方法即真理。尼采早就声言:"没有事实,只有解释!"[1] 尼采的意思是没有赤裸的真理,只有被阐释的真理。在此"阐释"即"方法"。在电子传媒时代,麦克卢汉发布了一则读若天书的格言:"媒介即信息。"[2] 对此,波兹曼形象地解释说:"在手握榔头的人看来,任什么都像是钉子。……在端着相机的人看来,任什么都像是图像。在拥有计算机的人看来,任什么都像是数据。"[3] 这就是说,工具即视角,媒介作为工具也是一种视角;通过何种媒介看世界便会有该媒介视角所给予的

---

[1] [德]尼采:《权力意志——重估一切价值的尝试》,张念东、凌素心译,商务印书馆1991年版,第683页(原编号为第481节)。

[2] Marshall McLuhan, *Understanding Media: The Extensions of Man*, New York: McGraw-Hill Book Company, 1965 [1964], p. 7.

[3] Neil Postman, *Technology: The Surrender of Culture to Technology*, New York: Vantages Books, 1993 [1992], pp. 13 – 14.

※※　差异即对话

那种世界。在这一意义上，麦克卢汉和人类学家卡彭特都喜欢援引诗人布莱克在其《耶路撒冷》中反复吟诵的一个名句："他们成为他们之所见。"① 根据布莱克，一是看的方式，二是以此方式所看到的内容，构成了人的基本存在。单纯的自然界不是人的存在，人的理性能力也不是人的存在，只有人与自然的关系才是人的存在，而此关系是由一定的媒介来承担的。由此，我们不妨说，媒介即真理。

如果说以上思想太过人文气的话，那么量子物理学家海森伯则从科学实验方面证明方法即真理。他发现："想以任何一种事先规定的精确度来同时描述一个原子粒子的位置和速度，是不可能的。我们只能做到要么十分精确地测出原子的位置，这时观测工具的作用模糊了我们对速度的认识，要么精确地测定速度而放弃对其位置的知识。"② 这就是被后现代主义者哈桑所津津乐道的那一著名的测不准原理。③ 从此原理出发，海森伯断言："即使在科学中，研究的对象也不再是自然本身，而是人对自然的探索。这里，人所面对着的又仅仅是他自己。""换言之，方法与对象不再能够分开。"④ 海森伯虽然不是主观唯心主义者，但其测不准原理无疑突显了方法对于真理的决定性意义。真理诚然不同于方法，但方法则是真理之呈现于人类意识的限度。我们能够

---

① William Blake, *The Complete Poetry and Prose of William Blake*, ed. by David V. Erdman, Berkley, CA: University of California Press, 2008, pp. 177ff. 卡彭特将这句话用作他一本著作的名字。

② [德] 海森伯：《物理学家的自然观》，吴忠译，商务印书馆1990年版，第20页。凡出自该书的引文均核校过其英文底本（Werner Heisenberg, *The Physicist's Conception of Nature*, trans. by Arnold J. Pomerans, New York: Harcourt, Brace, and Company, 1958）。除特殊情况外，改动处不做说明。

③ 参见 Ihab Hassen, *The Postmodern Turn: Essays in Postmodern Theory and Culture*, Columbus, Ohio: The Ohio State University Press, 1987, pp. 55 – 63。

④ [德] 海森伯：《物理学家的自然观》，第11、13—14页。

接触到的真理就是我们的方法允许我们接触到的真理,简言之,方法即真理。

我们不能不经方法而达到真理,然而,一旦经由方法,真理便不再是真理,而成为方法。这都是常识了。且不提德里达流传甚广的"文本之外无一物"(Il n'y pas de hors-texte)①,就说我们的老祖宗公孙龙吧,他早就教导我们说:"物莫非指,而指非指。"这翻译成现代汉语就是:凡物莫不呈现于我们的指称之中,而在指称中的物却并非我们所意指的那个物。此物非彼物啊!②

记住这一点,我们就不会简单地抱怨王国维之使用方法这件事本身了。我们甚至也不能抱怨王国维的方法是西方的,外在于中国对象、中国经验,因为所有的方法对于对象而言都是外在的。事物本身与方法无关。方法是人的宿命,包括使用方法的人和反对方法的人。反对方法的人没有意识到自己在使用方法,因为其方法经习得而来,方法淹没在其对世界的认知和表达之中。这就像牙牙学语的幼儿,尽管没有语法意识,但他在学话中便掌握了语法。伊格尔顿说得好:"敌视理论通常意味着对他人理论的反对和对自己理论的健忘。"③ 如此说来,即使中国文论家如王国维不使用德国理论,那他也会使用别的理论如中国自身的理论资源,只要他尝试去认识,去概括中国文学这个对象。认识从来是带着方法的认识。甚至也可以说,认识本身就是方法。

于是,问题当只在于理论或方法与对象之间的切合程度。伽达默尔的"效果史"(Wirkungsgeschichte)概念试图在真理与方法之间做调和:它首先肯定了方法之必然,这根本上取决于任何

---

① Jacques Derrida, *De la grammatologie*, Paris: Minuit, 1967, p. 227.
② 王琯:《公孙龙子悬解》,中华书局2003年版,第48—50页。
③ [英]特雷·伊格尔顿:《二十世纪西方文学理论》,伍晓明译,陕西师范大学出版社1987年版,"序"第2页。

※※ 差异即对话

认识必然带着"前见",或明或暗的"前见"。理解必须是有能力去理解,而"有能力"则是说具备理解所需要的知识,且这种知识多半会转化为一种不自觉的习惯。举例说,你要读懂《红楼梦》,你必须有关于《红楼梦》的历史知识,一定的文学素养,一定的鉴赏能力,等等。这就是说,你已经具备阅读《红楼梦》的方法了。你的理解可能带有主观偏见,而"效果史"概念则强调理解必须是文本的**自性**展开、**自性**发生作用,你的理解因而便是你的"前见"与文本自性的对话、协商。伽达默尔要求:"一种实事求是的解释学应当在理解本身中揭示出历史的真实性(Wirklichkeit)。"[1] 此话是要求在方法中让真理如其本身地呈现出来。在伽达默尔,完美的理解就是方法与真理的合二为一,这时方法便不再是那种他所深恶痛绝的科学主义的方法。但我们要警惕,真理与方法的完美切合永远是一个解释学的梦想;不存在完美的切合,裂缝从来存在,也永远不会全部弥合;而这也恰恰是继续阐释的动力。我们要学会接受争论,接受歧见。争论和歧见将显露出各自方法或视角的局限,从而扩大各自的视野。何乐而不为呢?

不存在内在的方法,一切方法都是外在的。以为中国传统的理论内在于中国文学不过是一种错觉。在此意义上,西方的方法与中国本土的方法在作用上、价值上是可以等而视之的。这里或许更需要为西方的方法做一些辩解,因为方法的反对者既反对西方的方法,也反对中国本土的方法;而西方的方法还会遭到另一重的反对,即中国方法守持者的反对。

第一,中国的文学尽管有其独特的存在,我们不会把《诗

---

[1] Hans-Georg Gadamer, *Hermeneutik I*, *Wahrheit und Methode*, *Gesammelte Werke*, Band 1, Tübingen: J. C. B. Mohr (Paul Siebeck), 1986, S. 305. 请注意:德国人总是在"效果"中理解"真实性"(Wirklichkeit)。

经》混同于《荷马史诗》，把关汉卿混同于莎士比亚，把曹雪芹混同于托尔斯泰，等等，但就其文学的基本要素如抒情、叙事、虚构、陌生化等而言，其间又是有一些共同之处的。这涉及共同的人性、共同的需求、共同的审美经验。这种共同性既存在于显性的话语层面，也存在于隐性的本体层面。否认这种共同性将无法解释古往今来实际发生着的各民族（或部落）之间的交往和对话，无法解释文学作品何以被跨界阅读和接受。中国作家莫言获得西方诺贝尔文学奖就是一个明证：通过西方的眼睛是可以阅读并欣赏中国文学作品的。

第二，使用方法的中国文学研究者如王国维并非一纯粹的西方学者，当其使用西方之方法时，他先已是有意无意地做过中西方法之间的对话了的，因为王国维作为一位训练有素的中国文学专家有对中国文学的"前见"。在本质上，西方汉学家与王国维并无不同，只是他们是从自己的西方"前见"与中国方法（他们或者学习过中国文论，或者已在对中国文学作品的研习中产生了一些抽象）进行对话的，出发点不同而已。因此，我们可以断言，王国维的"境界"概念绝非仅仅一个西方视角之所见，完全与中国传统理论无关。学界早已举证，在对"境界"概念（或与之相通的"意境"概念）的使用上，王国维并非开天辟地第一人。[①] 王国维的文学"前见"应该是既有来自西方的，也有上承中国传统的，两种方法在对话中协同作用于中国文学实际，而后"境界"出矣。

第三，文化从来是复合结构的。一种文化固然有一种文化的特色，如说西方文化是理性的文化，中国文化是德性的文化，但这只是就其突出特色或主导性力量而言的，那些不突出的、被抑

---

① 参见周锡山《人间词话汇编汇校汇评》，北岳文艺出版社 2004 年版，第 6 页。

※※ 差异即对话

制的、在冰山之下的要素也共存于一种文化的结构之中。我们不能认为，中国文化没有理性，西方文化没有德性，其区别只在于理性或德性在两种文化各自的结构中位置不同而已。这于是就根本上决定了方法的普适性，就是说，任何一种方法都会在任何一种对象中发现它能够发现或发掘的东西。不是只有西方作为研究中国的方法，中国也可以作为研究西方的方法。每一种方法都能照亮在一种文化中被其突出特色所掩盖着的方面。就此而言，方法是促使一种文化发生变革甚至于革命的力量。

第四，在历史上，我们有异域方法与本土经验成功对接和融合的范例。季羡林和汤一介等学者鼓吹"大国学"，欲将佛学这种西来之学纳入"国学"范畴。这听来似乎有些荒诞，但案之于中国历史实际，还确乎是有道理的。在中国这个"地方"的思想学术不是单一的儒学、单一的汉学，而是儒释道共存，各民族思想文化共存。而在这样一个"大国学"的形成过程中，不言而喻，是一定存在着儒释道互释、各民族思想文化互释的。所谓"互释"意味着各以其方法丈量对方之真理。在中国文论发展史上，以佛学这种泰西之学、泰西之方法来阐释中国文学经验的例子不胜枚举，且硕果累累，成为中国文论一笔弥足珍贵的遗产。非经特别提示，有谁会意识到今日我们许多学术用语与佛学的渊源关系呢？诸如"悲观""本性""本体""意识""顿悟""观照""因果""不即不离""不立文字"，等等，它们已进入"国学"的基藏书库，没有谁目其为"非我族类"。

由此说来，未来某一天，柏拉图或柏拉图的汉译也不是没有可能加盟我们"国学"大家庭的，不过那时将不再有中学西学之分，人们只是谈"古"论"今"，其心中只有古今之分。在全球化时代，人们将不再谈论"国学"，因为严格地说，"国学"是建立在中西二元划分基础上的一个概念。相对于历史长河而言，"国学"，甚至"大国学"，只是一个暂时的现象。仿照一个马克思的说法，民族的"国学"终将为"世界文学"所取代。

我们早已进入一个全球化时代，这个时代的特点是对话，是彼此的方法基于彼此的真理的对话。对话将改写各自的"真理"，如果我们不是把"真理"理解为纯粹的物理性存在，而是社会性存在的话。一切社会性存在都是话语与实在——也可以说是方法与真理——的动态对话的结果。海德格尔把"争辩"称为"实事"，阿尔都塞把"意识形态"落实为"意识形态国家机器"，威廉斯把"文化"下沉到"日常生活"，古英语以"思"（think）为"事"（thing），等等。依照这样的思想，任何对话将在方法和真理两个层面上同时展开。

在自我与他者的相互对话中，伽达默尔提醒我们，切记避开一种"危险"，即"在理解中'占有'他者并由此而无视其他者性"。[①] 也许对那些认真的阐释者，这提醒是多余的，因为他们知道应该对对象的陌生和差异抱着谨慎而谦虚的态度，否则对象在主体性逼视的目光中会恐惧得遁迹无形。

一个研究者如果具备了这种虚席以待他者出现的态度，那么对他来说便是不再有错误的解释而只有不同的解释了。"不同"在此没有正误之分，它只是意味着在方法与真理之间所建立的一种真实的历史性关系。这种关系向变化开放，但这变化绝不意味着今是而昨非，而是在新的存在处境中与阐释对象之间的关系调整。如果不变化，那倒真是一个错误了。

---

① Hans-Georg Gadamer, *Hermeneutik I*, *Wahrheit und Methode*, *Gesammelte Werke*, Band 1, S. 305.

后殖民与全球化时代的中国

——序罗如春《后殖民身份认同话语研究》

阅读提示：阿多诺早就指出，特殊性唯在"星丛"即关系中才能浮现出来。一切后殖民理论和实践对各种差异的强调，无论看似多么决绝，但其实都是以极端的方式拴牢与主控世界的联系。差异从不属于事物自身！离开事物之间的关系，差异便无从谈起。因而也可以说，差异即关系。

如春教授书成嘱我作序，我犹豫良久。我曾是他的半个老师，他在中国社会科学院做过博士后，我是他的合作导师，合作关系大于师生关系，所以说只能算是半个老师。我经常听他高谈阔论、臧否人物、辩难析疑，如老柏拉图，癫狂于真理的追索与发现，从中我不仅学得不少，也每每大受感染。由于这层半师生关系，道义上我必须为他的新著写点什么，且君子成人之美嘛！但又思忖着，现在学界都是术业有专攻，不独隔行如隔山，即便不同专案之间，对起话来亦十分不易。于后殖民理论，如春沉浸经年，是资深专家了，而我则是偶有所及，知识不成系统，理解也难说准确，怕给如春大著序引不成，反倒拖了后腿。几番求饶不得，终于鼓起勇气，写下如下的话，如春和读者诸君若是觉得卑之无甚高论，那就权当是我"捧个人场"了！

我以前对后殖民不感兴趣，看它就是一个纯粹的知识，与中国现实和当前的思想任务关系不大，且我们也没有与之呼应的后殖民体验，早一天晚一天了解它都无大碍。后与郑州画家于会见先生结识，使我终于认识到：后殖民绝非无关痛痒的海外奇谈，它真的就是我们自鸦片战争以来迄至当今的历史、现实和经历。于先生多次批评艺术界同行的后殖民画风，简单说，就是神秘化、他者化乃至妖魔化中国的历史和现实，为西方主体提供其"凝视"和消费的奇观拟像，而他本人则是站立在中国的大地上，直面中国的现代化进程及其后果（多为负面的后果），在热辣辣的现实中寻找灵感和美学。虽然我们未必在他和同行之间辨出个谁是谁非来，但两条路线则是泾渭分明地摆在那儿，容不得漠视。

许多人都接受，鸦片战争以来的中国社会性质是"半封建半殖民地"。但对于这种社会的文化特点的认识就远没有对前者那么一致了。我认为，这个特点就是中西二元对立思维。无论流行的文化自大主义，抑或文化自卑主义，其实都深陷在这个二元对立的框框中不可自拔。前者盲目自信，坐井观天，后者全盘西化，望洋兴叹，说来说去，反正都是在在不离于什么中国的、外国的。进入21世纪，情况变了，全球化来了，中国崛起了，然而，似乎两种"主义"仍在做拉锯战，从不消停，也间或杀得天昏地暗、日月无光的。由于所有的后殖民理论都以"二元对立思维"为其特征，即使其关于全球化的论述也充满着这种根深蒂固的思维定式，如萨义德、霍米·巴巴、斯皮瓦克、查特吉等无不如此，所以，我又称其为"后殖民情结"，这是说，它已经深入无意识的心理层面了。这种情结会不时地以这样或那样的方式冒出泡来，如原教旨主义国学、文化民族主义、极端爱国主义，其特点是不变的理论和此起彼伏的情绪。

我们已经进入全球共同体，进入全球秩序，在践行着包括政治、经济等方面的"全球治理"，甚至还展望着"人类命运共同

✳✳ 差异即对话

体"。如果我们要对这个正在形成的共同体有所贡献,从中求得生存和更好的发展,那就不能总是将自己定位在弱势、他者、另类、特殊、边缘、女性的位置上吧?! 老莎士比亚的台词言犹在耳:弱者,你的名字是女人! 弱者与女人通(同)义。全球化需要对话主义,而对话则需要平等! 全球化不是西方化或美国化,不是同质化、制式化,全球化本身就是对话,是作用与反作用,是赫尔德所谓的"相互对接"(interconnectedness)[1],是哈贝马斯的"交往理性"和"后民族星丛"(虽然在他只有话语的层次)。我们尽可以强调、强化自己的文化身份、文化差异、文化特色,但那总是为了更好地对话,在对话中取得最佳位置。阿多诺早就指出,特殊性唯在"星丛"即关系中才能浮现出来。一切后殖民理论和实践对各种差异的强调,无论看似多么决绝,但其实都是以极端的方式拴牢与主控世界的联系。差异从不属于事物自身! 离开事物之间的关系,差异便无从谈起。因而也可以说,差异即关系。[2]

我们感到特别欣喜:目前官方层面已经号召中国哲学社会科学家要"提供解决人类问题的中国方案"。这是一个重大的历史转向! 众所周知,过去我们一直奉行的是一把钥匙开一把锁,我们反对拿西方那把钥匙来开中国的锁,我们自己也坚持锻造中国自己的钥匙,解决中国自己的问题,从没想过大老远去触碰人家

---

[1] David Held et al., *Global Transformations: Politics, Economics, and Culture*, Cambridge: Polity, 1999, pp. 27 - 28. "相互对接"这一看似颇为稳妥的全球化定义暗含着与乌尔里希·贝克"世界主义"的重大分歧:虽然它表明了国家之间日益增强的相互联系和相互依存,但仍然是以国家疆域为单元的思维方式,因而仍然未能摆脱"方法论的民族主义",而"世界主义"则企图将所有民族或国家整合在一个框架之内(参见 Ulrich Beck, *Cosmopolitan Vision*, trans. Ciaran Cronin, Cambridge: Polity, 2006, pp. 79 - 80)。

[2] 参见金惠敏《差异即对话:一份研究纲领》,《中国比较文学》2016 年第 4 期。

西方的什么问题。今天我们变得自信了，不仅经济自信，而且还"文化自信"、"制度自信"、主义自信，等等！以"解决人类问题"为鹄的，这当然不是要抛弃自己的传统，不是摆脱自己的现实，而是在研究中国问题时，胸怀世界、宇宙、人类，将我们中国人特殊的经验汇入人类经验的辽阔海洋，实现由特殊性向普遍性的过渡，让"中国史"成为马克思所谓"世界史"的一个部分，让"中国"成为"全球"的一个部分。站在全球化的历史制高点上，检视我们过去的被殖民创伤，而非只是抚摸和心绪难平，并超越殖民与被殖民的二元对立，化开百余年来郁结在心的"后殖民情结"，窃以为，唯其如此，中华民族才能不仅在经济上复兴，同时也才能在精神、文化层面复兴。

如春大著研究西方后殖民的身份建构，对于中国来说，当是一面镜子，从中我们能够忆起我们自己屈辱和反抗的历史，但更重要的是，我们还能看到在全球化的新格局中后殖民怨恨、后殖民复仇、后殖民抗争在现今时代的不合时宜、自小气象和自我捆绑。我们需要从全球化中获得超脱、超越和升华！我们当然不会放弃爱国主义，但我们的爱国主义是全球爱国主义，是世界爱国主义。如今学界时兴的关键词"世界主义"（cosmopolitanism）本就包含着世界与城邦（国家）两方面的内容，由此而言，全球化时代的爱国主义不得不是"全球爱国主义"，或者"世界爱国主义"，就是说，将爱国主义置于沃勒斯坦的"世界体系"之中。全球化在事实层面是必然，在理论上、态度上就是应当了！顺带说，时下的英国脱欧，形形色色的保护主义的喧闹，以及恐怖主义活动的日益猖獗，并非意味着全球化就要终结了，那是全球化的波动、波折，是全球化的再调整。

诚然，也有人主张后殖民的全球化，揭露全球化所造成的新的剥削、压迫，新的权力关系，新的边缘群体和垃圾人口，如哈维、阿明和鲍曼所观察的，因而全球化也就是全球资本主义，但那是另外一个问题，如果要求我们必须不绕圈子立即回答的话，

❋❋ 差异即对话

我们可以非常马克思地说，全球资本主义必然导致全球共产主义。作为一种理论，"后殖民全球化"是从后殖民角度理解全球化，它是对资本主义的一个继续批判，但与全球化的本质全然无关：全球化是一种交往形式，即相互联系，由于这种新的或者被增强的交往形式才引发交往内容的变化。全球化无关乎全球化的内容。可以有资本主义的全球化，但也可以有共产主义的全球化，或者其他任何主义或"装置"的全球化，所谓"全球化"只是说让所有原本独立存在的个体、民族、文化、制度、信仰等走进一个统一场，在此统一场中，在此相互存在中，它们变得相互依存起来，从而便不再依然故我，其自身都要发生或多或少的改变。资本主义不会长驱直入这个统一场，它必然会遇到坚如磐石的他异、地方，后者会迫使前者在某种程度上放弃自身。罗伯森曾力推一个怪词"球域化"（glocalization）来描述全球化过程，其潜台词就是全球化最终是要被地方化的，无论主动（作为一种营销策略）或被动，结果都一样。目前资本主义在全球化基本上是一枝独秀，因为在它之外尚不存在能够与之抗衡的已经成熟的共产主义，也就是说，迄今尚未发生共产主义的全球化，如果说有的话，那是苏维埃，但它的全球共产主义宏大工程一度失败，因而要战胜资本主义的全球化，后殖民无疑是可依赖的一种主要的力量。但反过来说，如果后殖民只是盯着眼前的一隅之方、一族之民、一己之私，与殖民者一般见识，甚或睚眦必报、冤冤相报，他东"方"化你，你就西"方"化他，如查卡拉巴提的"省区化欧洲"（provincializing Europe）[1]，而不能够放眼人类之

---

[1] 查卡拉巴提尝试证明那些声称或被认为普遍有效的现代欧洲观念或范式其实不过是欧洲那独一无二的历史和传统的产物，先天地便赋有其语境的性质和特色（参见 Dipesh Chakrabarty, "Preface to the 2007 Edition", *Provincializing Europe: Postcolonial Thought and Historical Difference*, Princeton: Princeton University Press, 2008, pp. xii - xiii）。

整体及其未来,那将不过是用一种地方的资本主义去代替另一种资本主义而已,因为虽然历史是否终结可以悬置,但后殖民并未想象出一种不同于资本主义或现代性的什么主义来,而且后殖民与它所反对的资本主义还享有共同的理论资源,即自由、平等、博爱——这些启蒙价值都有其无可逃避的"辩证法"。就像中国历史上的农民起义,其结果无非改良、改朝换代而已,变不出什么新的思想和制度来,后殖民的抵抗也只能在资本主义体系之内打转转,不仅不会颠覆资本主义,相反,通过敲敲打打、修修补补,让资本主义显得更加万寿无疆。不过,我们还不能说后殖民的抵抗毫无意义,哪里有压迫,哪里就有反抗,此乃一个亘古不变的定律,但它仅仅是一个起点,而全球化则可能昭示它的未来。我们不仅要从后殖民认知全球化,也必须从全球化角度体察后殖民,不文饰其狭隘局促之处。后殖民眼中的全球化不是全球化,精准言之,它只是全球化的一个维度,即现代性,其另一维度是后现代性,因为全球化内在于现代性,如布罗代尔在"长时段"中所考察的,资本主义一开始就是越界的。

全球化的视角对西方后殖民知识分子可能显得有些奢侈和邈远,但于中国人来说,则是我们当前亟须迈出的一步。中国必须告别后殖民,而后才能成为世界民族大家庭中堂堂正正的一员。这当然也是西方后殖民的愿景了,虽然比我们要稍微迁延一些。这是我们中国人小小的"文化自信"。但必须指出,这不是后殖民的"文化自信",不是原教旨主义国学或文化民族主义的"文化自信",而是全球化(时代)的"文化自信",是敢于对话和侧身"星丛"的"文化自信"!

说些不相关的话,算我交差了!如春恕我!是为序二[①],错

[①] 序一为金元浦先生所作。金元浦先生为罗如春的博士生导师。

※※ 差异即对话

了，是二序。想想，"二"好！"二"是不循常规、自出机杼的意思。

2016年8月9日草于北京西三旗

中西二元对立与
全球化时代的文化自信

——《中国图书评论》栏目主持人语*

阅读提示：在全球化的世界里没有孤立的存在，没有绝对的本质，一切都为关系所界定，一切都在关系中构型。由此观之，当前举国上下都在谈论的"文化自信"也必然不再是"夷夏之辨"时代的唯我独尊，而是经历了"文化自觉"知识洗礼之后的自信，是与他者建立了"和而不同"关系的自信。

李泽厚先生曾经将20世纪中国思想发展的主线表述为启蒙与救亡的双重变奏，这表面上看没有什么错误，但也仅仅是表面上如此而已。往深处究去，启蒙是学习西方现代思想，救亡是抵抗西方列强的侵略和殖民，因而无论启蒙抑或救亡根本上说的都是中西方关系。中国自鸦片战争以来的核心问题是中西方的关系问题，是中西方的相遇、相撞和相识。从清季魏源的"师夷长技以制夷"、张之洞的"中体西用"、薛福成的"西学中源"等到

---

* 本栏目开设于《中国图书评论》2017年第7期。

※※ 差异即对话

五四运动之与传统文化的彻底决裂,再到共产党人的马克思主义理论与中国革命实际相结合,无不交织着中西方关系和对于这一关系不断的定位与阐释。如今,意识形态的东西方冷战已经结束,虽然据亨廷顿说,取而代之的成了文明或文化的冲突,但依然是西方与非西方之间的冲突。而在这一框架下,中国的一切问题最终也仍是要归结为中西方关系问题的。

于是,可以认为,鸦片战争以来的中国思想史就是对西方的认识史,是对中国文化的再确认史,是对其是否适应于现代化工程的重估史,合而言之,就是中西文化的冲突与融合史。或许是由于其间淤积了太多的心理创伤,蓄养了太多的仇恨,在对待中西方文化关系上,我们一直坚持一种二元对立性思维,它甚至沉淀为一种民族无意识:在19世纪我们的目的是"制夷"、"西用"(用西),在20世纪是"反帝";我们以"第三世界"自居,我们期盼"三十年河东,三十年河西",我们笃信传言中的"中国世纪",等等。但在一个全球化时代,在以脱欧和川普民粹—民族主义为标志的逆全球化将中国推到一个经济全球化领导者位置的新时代,曾经具有某种历史必然性与合理性的中西文化二元对立思维便愈益成为中国之更好地参与全球治理的绊脚石了。

习近平总书记在哲学社会科学工作座谈会上号召我们总结好中国经验,为解决世界性问题提供思路和办法,实现"由特殊性到普遍性"的思维转换。中西文化二元对立思维是一种将中华文化仅仅限制在特殊性层次上的思维,而不知道既往的中华文化既是民族的也是世界的,既是历史的也是当代的,就是说,不知道中华文化既是特殊的也是普遍的,是全人类的共同财富。中西文化二元对立思维是自我矮化的思维,不仅妨碍中华文化的世界性作用的发挥,也阻碍我们生活于其中并不断对之加以创新的当代文化对全球文化的建构。是时候该辨明二元对立思维的是非春秋了!

中西二元对立与全球化时代的文化自信

本栏目是本人邀请学界同仁对中西文化二元对立思维的一次学理分析和价值重估。虽然文章各有理路和关切，但它们共同开启了一种全球化思维：将中国置于世界，从而中国既是中国的中国，也是世界的中国；同样，将西方置于世界，西方既是西方的西方，也是世界的西方。这样意义上的世界不再是一种抽象之物，而是一种"国际"（黑尔德），一种"星丛"（阿多诺），一种"之间"（朱利安）状态，一种永远变动着的"表接"（articulation）关系。在全球化的世界里没有孤立的存在，没有绝对的本质，一切都为关系所界定，一切都在关系中构型。由此观之，当前举国上下都在谈论的"文化自信"也必然不再是"夷夏之辨"时代的唯我独尊，而是经历了"文化自觉"知识洗礼之后的自信，是与他者建立了"和而不同"关系的自信。如果说自我不是自我的肉身，而是自我的思想，如笛卡尔所设想的，那么这也就自然意味着，自我是结构的产物，因为思想总是借道语言的思想。仿照拉康的句式，自我像语言那样被结构。文化自信亦不例外。没有关起门来的自信。自信总是接通了自身以外的世界。自信在环境之中发生。自信是"在世之在"（In-der-Welt-Sein）。

当代世界问题与三种对话主义

——在洛阳"二程理学现代价值"高端论坛上的发言*

阅读提示：当今至少有三大问题在纠缠着我们：一是中国与西方的问题，二是人与自然的问题，三是天理与人欲的问题。因应这三大问题，本文提出全球对话主义、环境对话主义和德性对话主义。所谓"对话"首先是鼓励介入对话过程的各方充分发声，其次是提倡各方之间的相互倾听。对话的哲学前提是承认各方有不可通约的生命存在及其本真性，同时对话又是向异己让渡本己的空间，是诚意的邀请和虚席以待。在充满各种利益冲突的时代，只有高扬对话精神，我们才可能获得一个和谐的世界。

我今天想讲的题目是：对话主义与当今世界的主要问题。我曾在国内学术界较早地提出过"后儒学"概念。2002 年，我提出从后现代主义这个角度研究儒学，发表了长篇论文《孔子与后

---

* 本文为作者 2013 年 9 月 17 日在洛阳"二程理学现代价值"高端论坛上的发言，现整理修改发表，以期更加深入和广泛地探讨。

现代主义》，在此基础上，2008年出版了一本小册子叫《后儒学转向》，在序言中论证了儒学这种古老的中国思想学术何以与后现代息息相关的问题。从后现代主义角度研究儒学，我是受了夏威夷大学郝大卫（David Hall）教授的启发。当然，这在国外已经形成了一个流派，不止郝大卫，也包括英国汉学家葛瑞汉，咱们程德祥教授翻译了他的著作《中国的两位哲学家：二程兄弟的新儒学》，以及芬格莱特等。但是，在国内算来，我是比较早地从后现代角度研究儒家思想的，且也得到了业界的承认和谬奖。比如中国台湾的《孔孟学报》、辅仁大学的《哲学与文化月刊》、大陆的《哲学研究》都发表了我的研究成果。这些著述的中心思想是：儒学的当代价值就是它的后现代价值。

我的主要工作是研究西方哲学，德国哲学、法国哲学、英国的文化理论等欧洲思想。我常常回头看一看，阅读一下中国古典思想，可以说，总有惊艳之感。最近高有鹏教授邀请我参加这次论坛，我就赶快顺着这一条线来学习，发现二程哲学非常伟大，对我内心的触动也很大。

首先讲一下我的一些基本的评价。中国哲学有三个高峰：第一个高峰是诸子百家，以老庄孔孟为代表；第二个高峰是魏晋玄学，以王弼和郭象为代表；第三个高峰就是程氏家族这两位大思想家所开创的宋明理学。那么，有没有第四个高峰呢？我认为，第四个高峰尚未到来。为什么呢？因为程朱理学支撑着人们的思想观念一直到民国时期，从民国时期我们开始进入现代社会，现代社会我们需要现代的哲学、现代的意识形态，但我觉得还未经历到在程朱理学之后符合我们现代社会的理论高峰，所以，程朱理学是高山，我们是仰止，她是日月，我们只是被其影响，借其光芒。我们的任务一方面是景仰、怀念这两位伟大的哲学家，另一方面也肩负着发展二程哲学思想的重任，以满足我们时代的需要。前面几位领导的发言非常精彩，我很赞同，二程不仅是程氏

✳✳ 差异即对话

家族的遗产，也是中华民族的遗产、世界的文化遗产，乃至全人类的经典。二程哲学一度是"正典"（canonical），现在变成了"经典"（classical）。黑格尔曾说过：什么是经典？经典就是越过时代仍然能够跟我们对话。现在就请聆听一下古老的、经典的二程从宋代对我们今天的人们讲了什么。这是我讲的第一点，二程是第三次高峰，此后便没有高峰，因为在中国的现代社会还没有建立起来我们所需要的现代哲学。

第二点，二程理学让我感到惊艳或震撼的是，它把儒学推向一个新的高峰。任继愈先生讲，二程哲学非常丰富，虽然直接上承孔孟，但是，比孔孟的原始思想要丰富得多。我觉得这个评价还不够到位，因为如果没有二程的继承和发展，孔子是被西方人瞧不起的。黑格尔讲中国哲学的时候，说它不过是一些人生的智慧和做事方式的庸常之谈，他认为，中国人没有哲学。但是，我想黑格尔应该没有读过二程哲学，或者说仅是听说过，没有读进去。不然，他就会避免对孔孟等原始儒学的错误认识。在哪一点上二程做出了巨大的贡献把中国儒学推向了哲学的高度？我认为，就在于二程理学找到了"天理"，以天理为基石构建起来的包括本体论、认识论、伦理学的一个庞大的哲学体系。

孔子讲"天何言哉"，其潜台词就是说，我们就不要管天说什么了，天讲什么不管用。孔子讲命，也是把它悬置起来。他的一个学生生病了，他去看望，说："命矣夫。"这就是命，我们就不要去管它了。对于那些神秘的超乎我们想象的东西，孔子的态度也是如所描绘的"子不语怪力乱神"。孟子讲"恻隐之心"。康德说过，有两样东西让他感觉非常奇妙：一个是头顶上的星空，一个是我们心中的道德律，这样一个解释不清楚的东西就是孟子说的恻隐之心。二程首创地把心与理结合起来，发展成一个很完善的哲学体系，而这都是孔孟所没有讲清楚的。

第三个对二程哲学的印象。过去我们对二程哲学有些漫画化，因为五四以来二程哲学代表了封建礼教，吃人的礼教。"饿死事极小，失节事极大"，这是对妇女的束缚，这是对道德规范强调过多而扼杀了人的欲望、生命、个体的追求。过去普遍认为，二程理学是吃人的礼教，必须抛弃。而今天当我们经历了上百年的现代化的历程，我们会发现"饿死事极小，失节事极大"这样一个过去听起来极荒谬的道理，现在看来倒是切中时弊的。大家通常都说我们现在所处的时代道德滑坡，我说这不是道德滑坡，也不是斯文扫地，这是道德崩溃，土崩瓦解了。二程认为，伦理、道德、良心是高于一切的，难道我们不应该用二程哲学反思一下我们政治、经济、文化价值方面受西方影响、有违我们中国国情的东西吗？即使二程哲学被极端丑化了的思想在今天看来也不见得是完全没有道理的。

这是我对二程的基本感受，下面我要讲一下当代世界的主要问题。我认为，有三个问题很重要：

第一，中国与世界的问题，民族与民族话语权的问题。

第二，人与自然的问题。

第三，天理与人欲的问题。

这三个问题跟二程哲学都有关系。第一个问题是中国与世界的问题。随着全球化过程的日益推进，我们应如何迎接全球化，如何与全球化相处？我提出了一个理论：全球对话主义。这是我在研究西方当代文化理论时感受到的一个结果。这个理论的基础是法国后结构主义。其思想源自索绪尔的语言学，认为语言符号所指的东西永远无法指向一个真实存在的东西，而只能是一个语词指向另外一个语词，一个概念指向另外一个概念，这就是说，语言永远是不及物的。用中国人的话讲，就是"言不尽意"，如庄子说的"言之而非"。一个我们所意想的东西一旦讲出来就不再是我们的本意，这个魏晋玄学讲得比较多。对话主义第一点要强调在话语层次的对话，第二点要讲特殊性。这个特殊性与"他

❋❋ 差异即对话

者性"根连，是我们不可被转译出来的、不能够被讲述出来的本体性存在。在世界上讲全球文化、全球价值的时候，这些都是可以讲出来的，可以沟通，可以传达，而我们自身的存在、自身的特殊性有时则无法讲出来。对话主义在这两者之间寻找一种和谐和均衡。英国伯明翰学派讲日常生活和话语，但是，他们所讲的日常生活必须进入一种程序、一种话语，然后才能叫作"日常生活"，英语叫 ordinary，这个词里的 order 是一种道理、天理、文化秩序，进入文化秩序以后这个生活才能存在。所以，在英国文化研究里讲生活方式的时候，这个方式是一种道路，凭此我们从日常生活里走出来。日常生活的方式引导我们如何组织我们的生活、组织我们的社会，所以日常生活、日用伦理和天理就结合在一起了，而这一点二程哲学讲得很清楚，英国人没有想清楚。关于这一点，我写了一本书《积极受众论》，这本书在欧洲出版，由哥伦比亚大学出版社在北美英语世界发行。我当时还没有看到二程思想，现在学习之后，我心里更有底气来谈论话语与日常生活的关系问题。对于中国来说，我提出这个全球对话主义可能与流行的一些理论不太一致，因为我发现全球对话主义主要面对中国当代思想文化界的一个症结，我把它归纳为"中国后殖民主义情结"。后殖民主义是西方舶来品，过去在外国文学界有很多的研究，但是，我们一直是把它当作一种知识，没有当作我们中国人自己的对于中国现代社会的一种体验，我们没有达到这个层级。后殖民主义的根本特点是强调二元对立、强调自己的差异性。当我把批判这种差异性的理论跟一位任职于加利福尼亚州立大学的华裔教授谈起的时候，夫子愀然变色，义正词严地说后殖民主义是我们美国学者所取得的最高成果，你现在来批判中国的后殖民主义，我们不能接受。过去我们没有认识到，实际上我们有政治中的后殖民主义、文化中的后殖民主义、艺术中的后殖民主义、文学中的后殖民主义，等等。简单来说，后殖民主义就是

当代世界问题与三种对话主义

强调自己绝对的差异性，这个差异性不能被世界全球文化所整合，不能够进入全球文化体系。阿根廷汉学家石保罗在《中国社会科学报》上发表过一篇文章，我读了之后印象很深刻。他介绍说：在阿根廷，我们如果讲西方、讲中世纪的话，前来的听众会说这个是丰富我们的经验、反思我们所走过的道路，但是如果讲中国文化，那对他们是天方奇谭，纯粹是为了一种好奇心的满足。中国文化不具有普遍的意义，因而也不能触动拉美人的日常生活。这是汉学、中国研究的一个宿疾，而这些年轻的汉学家已经意识到讲汉学不是要讲它的特殊性，而是讲它对世界文化的贡献及普遍价值。我们一直讲特色，讲中国文化的独特性，这就出现了一个严重后果，我们拱手把普遍价值让给西方，让给西方列强们，而我们自己则处于道德和文化的弱势、边缘，好像我们都是非常另类、东方闲情、东方异类。这是自我矮化啊！自毁门庭！自毁前程！今天我们必须采取一种理论，也就是全球对话主义，要把我们的文化、我们的遗产转变为像古希腊罗马那样能在当代社会发生作用的历史遗产，让它对我们这个时代说话。取之不尽，用之不竭。对于咱们这个论坛，我虽然不是做这个领域的，但是我觉得这个题目起得非常好——"现代价值"。二程越过900多年的时空面对我们今天还能讲出些什么？我的《全球对话主义》这本书的核心论文已经被翻译成德语并发表在《文化研究的未来》这本书里，在里面我也提到了一些中国的包括古典文化在内的东西，主要是对西方理论进行批判。我的"全球对话主义"英文版也被美国一家杂志《空间与文化》接受，年底发行。中文版在前年的《文学评论》上已经发表。我现在觉得我们这个时代需要讲全球对话主义，而不是自绝于这个世界体系之外。而二程的思想讲天理，什么都包括了。我们不是要把二程局限在中国，局限在古代，那样就太有负二程哲学的初衷，我们就愧对二程了。

※※ 差异即对话

　　第二点我要讲的是人与自然的问题。随着经济的发展，自然被破坏，如现在备受争议的三峡大坝，问题究竟出现在哪儿？三峡大坝究竟是人工的还是自然的，如果浅显地理解，那一定是人工的。生态哲学的核心是回归自然，二程哲学也被用来阐释当代所需要的生态哲学。程颢在"识仁篇"里讲过"仁者，浑然与物同体"，愿望是好的，但是何为物？这就是一个问题。德国哲学家康德讲事物，英语叫 Thing-in-itself，康德的术语翻译成中文就是物自体、事物本身、自在之物，有这么几种讲法。我在东欧访学时，听到东欧人英语发音比较怪异，比如说北京，他不叫 Beijing，而叫 Beijing 克，于是我想到物（thing）与思（think）在西语中具有同源性。我在新加坡开会的时候，曾和牛津、剑桥的教授们探讨过，他们说你这个思路很特殊，但是，我们确实不知道这两者之间有什么必然联系。后来偶然看到美国比较文学学会会长乔纳森·卡勒在一本书中说，思与物在古英语中具有一致性。这个观点非常后现代，思想怎么能与物取得一种统一性呢？其实这在德语、法语里是非常一致的。法语"事物"是 affaire，其中 faire 是做事，我做的事跟人有关才是事物，这就是说，事物不是一个单独的存在。在德文里，如在《关于费尔巴哈的提纲》里，马克思讲的话"在其现实性上"（In seiner Wirklichkeit），英文翻译是 In its reality，从英文里根本看不到它跟人文有什么关系，但是在德文里，"其现实性"，Wirklichkeit，就是发生作用。我们回到德国哲学的一个重要开拓者康德，他讲"自然应当指事物自身的存在，我们既不能先天地认识它，也不能后天地认识它"。康德的意思是，我们知道的所有的物都是要经过我们的经验，对康德来说，这个经验主要是时空感、空间感和因果关系，而不是我们日常带着直觉性的体验。我们要认识一个物，必须借助一个概念，但这样一来，我们只能认识到另外一个概念，而不能认识到另外一个概念所可能指向的物。回到程颢"识仁篇"的

"仁者浑然与物同体",究竟是与哪个物同体?在这种情况下,如果像他的一个学生谢良佐所说"所谓天理者,自然底道理,无毫发杜撰",这与西方思想是不同的,在西方,天理、自然都是人为的。三峡大坝究竟是人为还是自然?根据西方的思想,我们所说的自然全是我们想象中的自然,我们所认为应当如此这般的自然。

老子有言"万物并作,吾以观复",他是要往回走,越过人为的障碍,回到原始的自然状态。怎么回复到自然状态呢?如果把老子仅仅作为自然主义生态的一种代表,是有问题的,如果有时间的话,我会把对老子的这些体会讲一下。老子说,"人法地,地法天,天法道,道法自然",其中"道法自然"解释不通啊!道已经是最高的,道怎么还要法另外一个东西呢?这样自然就要降一个等级了。古人有云"道性自然",即道的性质是自然。冯友兰先生更明确地说,"道法自然"中的"自然"是形容词,用来描述道的状态。我认为,这种解释太过轻视了老子的写作水平,这本来是一个排比句,外加顶真,我难以想象老子的"道法自然"变了一个句法,变成了"道性自然"。如果对老子比较熟悉的话,老子在讲"道法自然"之前讲过"域中有四大,而人居其一焉","四大"指道、天、地、人,假使人仅仅是法自然的话,跟在自然后面跑,那么人怎么可能成为域中四大呢?"人居其一焉",就是说,人作为域中四大不是必然的、毫无疑问的,人也能在域中四大占据一个位置,这个位置是什么呢?我觉得这个必须参考德国哲学——海德格尔的哲学——才能知其微妙。海德格尔对老子并不陌生,他曾和中国的一个哲学家萧师毅合作翻译《老子》,虽然中途放弃,但他熟谙老子则是无疑的。海德格尔对庄子也非常有研究。有一天,他向朋友炫耀,拿出其中的一段,眉飞色舞地讲了起来。据德国学者考证,海德格尔的哲学偷偷地抄袭了老子的哲学,而他自己又不去明讲,他好多地方我看就是对老子思想的德语白话翻译，所以，理解老庄哲学，海德格尔是一个非常有价值的方法和途径。回到老子这里，域中为什么有四大？人为什么居其一焉？人要想作为域中四大必须法自然，但仅仅法自然是远远不够的，这里面有一个循环，自然法人，自然也有效法的对象，即人。讲一个故事。有一天，海德格尔走出书房去散步，他看到树木很茂盛，花儿都绽放了，他说，这就是我追求的"Ereignis"。搞中国哲学研究的学者把它翻译成"大道"，其实是一个错误的翻译，应该翻译成"自生"，郭象的"自生"（在老子，"自生"有"自恃"这种贬义）。海德格尔反对再现，主张呈现，他看到自然的发生乃自我的呈现，而自然的呈现又以人为典范，所以自然要法人，自然最显赫的呈现就是人，这就是自然法人。最近阅读王阳明，看到他说："人者，天地万物之心也；心者，天地万物之主也。"你可以认为，这就是对人的高度重视，如我们在《哈姆雷特》读到的人是万物的灵长、宇宙的精华，但其实它与后现代哲学有关。只要想到"心"表现为语言、概念，那么王氏的"心外无物"与德里达的"文本之外无一物"讲的就是同一道理，至少他们看到的是同一现象。后现代哲学反对主体性，反对太强调对自然的主导。而这一点我在宋明理学里又找到了根据，我底气更足了一些。既然自然只能出现在我们的经验中而被我们认识，那么我们应该就无法再谈自然本身了。

三峡大坝究竟是自然的还是人为的，过去说人做的都是人为的，但是人出自自然，人做的至少有一部分是自然的行为。人有意识有反思，人有理性，与自然拉开了一段距离，这时人就应该法自然了。比如我们挖一个洞穴，这是自然还是人为呢？钻木取火是自然还是人为？自然没有火，人去钻木才能产生火，这属于人的发明，但人的发明难道都是不自然的吗？同理，对于三峡大坝我们也可以提出，它既是自然的又不是自然的。如何判断在人与自然之间哪一部分是人为的、哪一部分是自然的？在这个论坛上，我提出一个环境对话主义。在我们和自然之间永远存在着一种对话关系，这种对话是说，我们所接触的自然永远是话语的自然，我们的主体性和主体能力所整合的资源，这时候我要说一句很悖论的话：我们要虚心倾听/谛听自然的寂静之音。首先，这是自然对我们说的，然后我们再去想想这是不是自然说的，抑或我们自己的回应。这样我们要在人与自然之间建立一种对话关系，这种对话既是在我们自身层次上的对话，也是我们对自然的倾听。我们实际上是归属于自然的。按照海德格尔所说的，"归属"这个词在德语里是听的意思，当你听一个东西的时候，你就属于那个东西了。海德格尔在玩一个语词游戏，倾听在德语里有成为奴隶的意思。我们倾听它，但我们并不因此而变成它的奴隶。为什么要用环境取代自然呢？因为我们无法去界定自然、判断自然，自然只能进入我们的环境、话语系统，自然于是成为环境的一部分，所以，我们不再提自然主义，而要说自然对话主义，我也想把它转变成"环境对话主义"。我们之所以用环境取代自然，这也是因为在西方的现代性遇到了理论困境，没有办法，所以现在的一个趋势就是，不再讲自然而是讲环境。不再纠结于事物本身，"环境"这个新概念的实质是对话主义。

第三个问题，当代社会所面临的天理和人欲之间的关系。二程理学一开始说食色也属于天理，属于人的自然需求。但是为什么有些人欲是天理，有些却不是？这就存在一个对话，天理与人欲之间要对话，这个对话也就是我一开始说的话语理论，不仅仅是一个在话语层次上的对话，还有一个与自己道德良心的对话，而这种道德良心也就是我们一开始提到的康德所说的无法解释的、让人感到非常奇妙和敬畏的一个东西，这也是我们讲的"恻隐之心"。我们都知道邻家的孩子掉到枯井里我们要赶紧去救，这是天理、良心。康德把这种道德良心叫绝对命令。一看到有人

※※　差异即对话

掉水里，人就马上脱掉衣服，甚至不脱衣服马上跳进去救人，这是一种道德冲动，不假思索，无法解释。但道德良心仍有对话问题的存在。孟子讲"嫂溺援之以手"，男女授受不亲，怎么会出现嫂溺援之以手的情况呢？权也！权就是权变，这意味着天理与人欲之间的对话，道德规范与个人的恻隐之心存在一种对话，而不是要固守一些道德规范。道德良心或许亘古如一，但作为其外化和实践的道德规范总在变化，在对话中变化。

二程哲学在天理基础上建造起庞大的哲学体系，它坚持道与物不可分，形而上者谓之道，形而下者谓之器，但道之外无物，物之外无道，如果毁了人伦、去了四大，岂非与道也远矣？程颐曰："至微者理也，至著者象也。体用一源，显微无间。"他把道与器有机地联系起来，这一点是对儒家的巨大发展和贡献，而对今天来说，道与器的关系还要根据现实情境的变化而做调整。要注意"权"字！"饿死事极小，失节事极大"对当时妇女做了很多约束和规范，这个规范在现代可能要变化，但是重视节操这一点没有过时，所以，我们现在面临的问题是怎么把二程理学有价值的东西与时俱进地阐发出来。

我非常感谢这个论坛给我提供这样的机会让我提出三个对话主义：全球对话主义、环境对话主义和德性对话主义。谢谢大家！

让质料说话

——张宝贵低碳雕塑的生态主义哲学和美学[①]

阅读提示：生态哲学或环境哲学的根本是让质料自身也能够说话，而不是由人类主体或人类意识居高临下地独自设计和安排万事万物之间的生态关系。人类虽有主体意识，但也有身体存在，是后者决定了人类只能是位居生态或环境之内来决定什么是生态的和非生态的、什么是好环境和坏环境。这意味着生态视角内涵和假定了人同时作为主体和自然而与自然及其表象的对话关系。彻底的生态—环境哲学必须是将其言说者、倡导者也纳入生态—环境的哲学。

在这次会议筹备期间，拜读了祝晓风先生发送的有关材料，大体上知道了张宝贵先生在艺术和事业方面的求索和成就。在进入研讨会之前，又参观了宝贵先生大气磅礴的展览馆和美轮美奂的展品，非常惊叹宝贵能够做到既是材料科学家又是艺术家，这个真是非常不易。作为艺术家难得发明这么多新的材料，还取得

---

① 本文原为笔者在张宝贵石艺研讨会（2021 年 7 月 28 日，北京）上的发言，后在会议组织者提供的速记稿上做了修订和扩充，但仍保留了现场讲话的口语风格。

✳✳ 差异即对话

过多项技术专利，而作为科学家又很少有谁有这么一双发现美的眼睛，这么丰富的想象力和卓越的艺术表现力。[①] 钱学森先生应该是少有的二者兼具的人物，20世纪80年代，他谈灵感思维、谈艺术创造[②]，在文论和美学研究界很轰动，传为一时佳话。与钱先生算是类似吧，宝贵先生既是一位建筑材料科学家，也是一位造型艺术家，其多尊雕塑（群）都有很强的视觉冲击力和深厚的文化意蕴。其中有一个我说这不是三星堆那位资深帅哥吗，解说员马上回答说正是，是学了三星堆人物造型，但在那个图像的基础上有新的发明、改造。过去的和传统的文化都活灵活现在宝贵的雕塑中，而且传达出时代的韵味。

一 认识的动力是物质性的

宝贵发明出低碳雕塑材料，推广一种环保理念，这是我们这个时代最先进的理念，但不能说宝贵在"迎合"这个时代。所谓"迎合"，就是说，你在时代之外去迎合一个对象，宝贵这位艺术家他本身就代表了时代潮流，他去迎合谁呢？你不是迎合，你自己就是潮流，别人要来迎合你，我们要来迎合你，谈论你，研究你。宝贵本人代表了历史发展的大趋势，一开始你说那是为了生存、生计，因为如果真正用大理石或金属，那造价太高，不现实，不可行，即使镀金的也是很贵的，财力承担不起。你慢慢发现利用建筑废旧材料，进行再加工，然后就

---

① 参见张宝贵、朱尚熹主编《北京低碳雕塑》，河北美术出版社2019年版；张宝贵《宝贵的廿五年》，辽宁科学技术出版社2015年版［2013年］；《人物专访：造石艺术家张宝贵》，《文艺研究》1998年第2期。
② 参见钱学森《关于形象思维问题的一封信》，《中国社会科学》1980年第6期；《钱学森同志与本刊编辑部座谈科学、思维与文艺问题》，《文艺研究》1985年第1期。

是好材料，具有特殊功能的材料，从而能够完成在特殊条件下其他材料无法承担的任务。再者，这种材料具有特殊的美学风格，不仅在材料上是一场革命，而且也带来了新的材料语言，粗犷而浏亮，古朴而灵动。你不是迎合，你是与时代取得了一种谐振、共鸣。孔子早有区分："君子和而不同"与"小人同而不和"。前者是互动，后者才是迎合、逢迎、媚俗、媚时，没有主体意识。宝贵是"和而不同"，其追求是历史大潮中我们看到的一朵晶莹剔透的浪花。

  这样说不能认为我是在当面奉承宝贵先生。我们要转变一种观念，我们人人都是身处在历史的潮流之中，历史和他人既是我们的认识对象，也是我们的本体关联。即便是小人之"迎合"，如果换个角度看，那也是一种在历史之内的主体活动。人不是不认识，而是在历史之内认识。过去西方哲学要建构一种纯粹的主体性，这样的主体不染尘俗，是纯粹精神性的、意识性的，如康德所说，是范畴性的，为自然立法，这应该是科学研究的态度，不把个人的情感、利益带入对于客体的认识，但在实际的社会活动中，人不可能超然物外，人的认识是发生在世界之内的，是带着传统和个人或群体的利害考虑的，甚至也可以认为，认识的动力是物质性的，是身体在推动我们去认识，而认识自身是没有动力的，没有一种认识会提出要求或有冲动去做进一步的认识，是我们对于某一对象的欲望在驱使我们对它发生兴趣，并付诸行动。知识本身不生产知识，而是作为欲望主体的我们使用知识来生产新的知识。法国哲学家朱利安反对"比较"和"差异"，要代之以"间距"和"之间"，他认为，在"比较"和"差异"的背后暗藏着既定的知识，不是先见之明，是先入之见，这种先在、先验的知识早已规定好了对象将如何呈现，将"是"什么，我们因而不可能从对象那里获得新的知识。对象被知识遮蔽了。① 但是，关于知识，朱利安只说对了一半，认识主体从来不只是认识性的，它还是身体性的，人类的认识都是具身性认识。作为认识的"比较"和"差异"，不是其自身在比较、在差异，而是具身的主体在比较着、差异着。所以，我们这里称颂宝贵代表了历史潮流，从理论上说，也没有错误。英雄和普通人的区别不是前者领潮，后者在潮流之外漠然处之，他们无论谁都在潮流之中，只是作用之大小不同而已。在生态主义大潮中，宝贵绝对是立于涛头之弄潮儿。

二 美学应将其研究对象扩大到一切能够引起感性愉悦的活动

宝贵做雕塑，一方面要有材料，在真实地做一个物品，但是你这个更主要的还是在传达一种理念，所以是一种行为，但同时也是一种艺术，合而称之，叫"行为艺术"。我对行为艺术有一个看法，行为艺术所传达的理念一般都是已经流行或者流行条件已经成熟而即将流行的观念，观众接受起来不会有太大的障碍，问题常常发生在"媒介"方面，其媒介赋有双向的意义：一是导向其所意图的意义、观念、情感等，这是受欢迎的；一是这一媒介在一定社会语境早已被给予的意义，在这一方面就会引起观赏者的惊悚、恐惧或恶心。行为艺术的惊世骇俗一般是因其媒介另有导向而引起的。宝贵的艺术不是这样的行为艺术，不具有习常所见的内容与形式的分裂和对抗。宝贵的艺术理念性很强，意在传达一种理念，就此而言，它又接近公共艺术的特点。既然你想宣传普及一种理念，所以我建议宝贵，你把作品多多放在各种公

---

① 参见[法]朱利安《间距与之间：论中国与欧洲思想之间的哲学策略》，卓立、林志明译，台北：五南图书2013年版。

让质料说话 ❋❋

共场所，把它作为一种公共艺术，把它变成人们生活环境的一部分。上海大学的公共艺术探索非常有名，我参加过他们组织的研讨会，接受过《公共艺术》杂志的访谈。公共艺术在公共空间里面很有效果，对社会大众发生潜移默化的作用。人们参观浏览的时候，你就是在做理念普及了，你不是传达一种很美的形象，是传达一种很美的理念，这种理念本身是能够引起愉悦的。说到此，一定会有人提出疑问：存在美的理念这等怪物吗？它能够作为美学的对象吗？

美学的研究范围传统上过于狭隘，从鲍姆嘉通开始，美学是感性学，形象能够引起感性愉悦，声音能够引起感性愉悦，于是"美学"被黑格尔限定为关于"美的艺术"的哲学，但千真万确的是，抽象的理念也同样能够引起感性的愉悦。我们知道，柏拉图曾经描述过人们见到理念时的癫狂状态。那不算一种感性体验吗？！与感性无关吗？！如果说柏拉图有"美学"的话，那么我以为其审美的终极对象不是有形有相的、可诉诸视觉和听觉的、个别的、美的事物，而是美的本质，它"只以美本身为对象"，要达到对"美的本体"的"彻悟"，但柏拉图并未因此而远离作为感性学的美学，因为据他描述，观赏者在见到"美本身"时，会进入迷狂状态，获得超乎寻常的愉悦，而这种愉悦绝非纯粹精神性的，它还包括身体的各种反应，如发热、流汗或打冷战，等等。[①] 或许更准确地说，精神或意识本身是不会愉悦的，它们不是愉悦的主体，然则精神或意识活动却可以带来愉悦的效果。这也是亚里士多德在其《诗学》中说到的求知的快乐。这个不难理解，我们都知道"读书之乐"，带来快乐的"书"可以是文艺作

[①] 参见［古希腊］柏拉图《柏拉图文艺对话录》，朱光潜译，载《朱光潜全集》第12卷，安徽教育出版社1991年版，第232—234页（《会饮篇》）以及第111—112页（《斐德若篇》）。

品,也可以是非文艺的其他各类作品。因此,我这里大胆推想一下,美学既然是研究感性及其效果的,且不是只有形象、形式才能发生审美效果,理念同样也能够——可以经由形象,也可以不经由形象——直接地引起感性效果,那么我们就不能将理性思维的感性效果排除在美学的关切之外。美学应当将其研究疆域扩大到举凡能够引起感性愉悦的一切活动,让其成为包罗万象的感性学,而非只是形象和声音的感性学,即全面恢复美学作为感性学的原初含义。

三 文化的形成也需要某种强力的推动

我们要潜移默化地在整个社会造成一种环保的意识,环境意识,人与环境一体、人与自然一体的意识,这个要大于"生命共同体"意识,因为环境包括了有生命的和无生命的东西。让人转向环保意识,形成一种新的环境文化,有时候还是需要一点强迫的,需要强力推进一种东西。

举一个生活中的例子。我家小区属于北京昌平区管辖,最近区政府对物业有一个奇怪的苛刻要求,就是每一个垃圾桶旁边必须安排一个人值守,以防止住户不自觉分类而乱放垃圾,但是,物业做不到这个,只能把原有的垃圾桶全部撤走,要求以后每家把垃圾分类放在自己家门口。这样分类倒是做到了,但物业不能及时将垃圾拉走,夏季就特别容易招引蚊虫、散发异味,也影响美观。最后,物业给每家发了小型垃圾桶,既保证责任明确,又避免了垃圾堆放的负面后果。看来环保意识虽好,但也得强力地推进才行。文化有一个自然的表现,是我们的日常生活方式,但这个表现、这个方式的形成原初上可能就是有强力介入的。"移风易俗",即强力地改变一些陈规陋习,其实无论在哪个国家、哪个朝代都不罕见。"文化"从来不只是"文"而"化"之,从来不仅仅是自发的，在"化"的形式上，在"文"的实质上，均有权力的或显或隐的存在和操控。

不过，单是依靠强力也不见得能够取得成功，"文化大革命"期间"破四旧，立四新"，不由分说，雷厉风行，确有立竿见影之效，破坏性方面暂且不议，但这个运动一结束，一切还是回到老样子，大雄宝殿依然雄伟，香火依然有善男信女供奉。因此，强力改变一种文化必须是根据人民大众的内在需要，所谓"强力"其实只是人民大众对自己的真实需求尚未达到自觉的层次，于是必得"启蒙""规训"而已。中国的辫子文化，其成也靠强力，其废也亦靠强力。强力之好坏要倾听人民的声音，由人民来决断，这当然是很有难度的。

四　人不是万物的尺度，而是万物之一

我特别欣赏宝贵的格言，"世间本无废物，废与不废不在物，而在人"。的确如此，一个物品你把它宣布为废品完全是从人的角度出发的，就是看它对人有用还是没有用。没用的东西就是废品。这种以人的价值，以人为标准来衡量世界的倾向，叫做"人类中心主义"，以人类为中心，其他都是为这个中心服务的，乃至献身的。宝贵环保和生态的雕塑就是要反对人类中心主义，反对一切都要以人来评价、人定胜天、人主宰自然这样一些文艺复兴以来在西方被日益强化的现代性观念。莎士比亚的《哈姆雷特》有台词称，人乃"宇宙的精华，万物的灵长"，拥有"无边的权能"，这就是说，人是自然的主人。现在人们一般把这笔账都算在"启蒙"头上了，称之为"启蒙辩证法"，启蒙走向它的反面，工具理性。不过，公平地说，现代社会只是片面发展了这样自古以来就有的"人定胜天"的观念，是古希腊就有的那一理性主义的延续。当然，无论在西方还是中国，都有非理性主义的

❋❋ 差异即对话

传统,"逻各斯(logos)"和"密索斯(mythos)"在古希腊是同时存在的,而且也是西方文化的两大传统。在中国同样如此,它们分别为儒家和道家所代表。

有人批评宝贵以建筑废料加工出来的、再次使用的材料为假材料,他们认为只有首次使用的材料才是真材料。举例说,由泥土烧制而成的砖瓦是真材料,如果将废弃的砖瓦粉碎、加入黏合剂后变成的新材料则是假材料。这种将材料区分、辨别为真假,说到底,背后也是人类中心主义在作怪。大自然是不存在真假之分的,所有的自然物都是真实的,只有我们对自然的观念性反映才有真假之分。对于宝贵来说,他对废弃建材的二次使用同样是对自然物的使用。大自然是人类取之不尽用之不竭的对象,人的每次使用都是对大自然的部分使用或以某种方式的使用,你可以用这一部分,别人可以用另一部分,你不用的,别人觉得有用就可以继续使用,不是说你用过了,别人就只能照着你的方法来用。如果别人不按照你的方法使用某一材料,你就判定别人使用的是假材料,这无疑是"自以为是",是自我中心主义。不过,宝贵也犯不着为别人的批评生气,这种批评和讨论的效果是更清晰地呈现了自然的整体性。整体性是生态哲学对付人类中心主义的撒手锏,但详审起来,也许是一个不太合适的术语,因为它仍然意味着一个人为的、非整体性的概念,因为真正的整体性是至大无外,超越了人的认识能力,是不可认识、不可想象的。因此,当我们使用"整体性"一语时,必须牢记其意义仅在于作为"分割性""片面性"的对立面。人不可能看到"整体性",只能看到自己圈定的"整体性"。

宝贵使用新材料、再生材料所创作的艺术品使得我们有机会重新打量自然,看到自然的整体性与人为的片面、功利。宝贵"宝贵"自然,把自然看得很宝贵、很重要。真正的宝贵自然是不把自然进行人为的区分,什么有用的、没有用的,什么真的、假的。这是宝贵艺术对我们的一个理论启示。

五 生态哲学必须考虑人的自然之维，否则将退回其所反对的主体哲学

宝贵艺术凸显的是生态主义或环境主义。对此思潮或理论，我想撇开宝贵单独再讲一讲。国内学术界关于生态美学中有"人"无"人"有过一些论辩，有论者主张美是自然的人化，是人的本质力量对象化，即人对自然的征服和控制，康德论崇高时即持这样的观点，马克思1844年巴黎手稿更是突出这一点，中国学者对此耳熟能详；而生态美学家则辩驳说，他们并非反对"人"在美学，而是对人做了新的界定，他们的"人"是"生态人"，并体系性地将过去征服自然的人文主义改造为"生态人文主义"。[①] 经过这么一辩，无论主体哲学还是生态哲学，说来都是有"人"的哲学，谁也别嫌谁了，大家无论如何都是人类中心主义。但生态哲学绝不愿意接受这顶帽子，因为它就是从反对人类中心主义起家的，怎么它绕了一圈仍然是它所反对的东西呢?! 道理很简单，谁来规定什么是"生态的"和"非生态的"？在生态价值之上有一个人类主体在规定着人类行为的生态性和非生态性。人类主体无法简单裁决何为自然、何为非自然，人类需要通过某种理性、认知能力来指导和约束自己与自然的关系。可以设想绝对的理性和认知能力，但任何理性和认知能力都必须在交往实践中发生作用，所以又从来不是绝对的。坚持"交往理性"的哈贝马斯就承认说从来没有什么"纯粹理性"。同理，"生态"可以是一种绝对理念，然其无往而不在人之具体的、具身的"认识"之中。生态美学固然很美好，很乌托邦，但毕竟要通过具体

[①] 参见程相占《生态美学引论》，山东文艺出版社2021年版，第232—245页。

❋❋❋ 差异即对话

的人来实施、实现。所谓"具体的人"就是各有文化传统、各有利益诉求的人,目前国际上在碳排放上的争论和斗争,对此就是一个明证。

生态作为一种话语,是需要降维而与自然对话的,这就是"生态对话主义",我曾以"环境对话主义"① 称之,它们其实是一个意思,不必两分②。对于自然对象,人作为理性的人和自然的人是有对话优势的。如果把"理性"当成自然的表出、表象和回应,那么自然也是有其"理性"的,自然也说话,万事万物都在说话;因此,在共同地作为自然这一层次上,人与自然对话,倾听自然的声音,读解自然的呼应;而当人理解了自然的语言,捕捉到自然的意图,那么人与自然的对话便上升到话语的层次了。生态不是人类主体单方面的想象,它是通过与自然的对话所达到的一种境界。对话不是纯粹话语性的对话,是包含着人之作为自然的对话,所以生态哲学还必须将人作为自然的人,就是说,必须肯定人的自然需求,生命存续的需求,发展的需求,其作为自然的一切需求,这些都必须纳入动态的对话之中。生态哲学如果不引入人与自然的对话,引入作为自然的人与非人——自然的对话,不考虑人的自然之维,则很可能走向它的反面,成为一种主体性话语,一种神性话语,甚至一种反人类的新宗教。

---

① 参见金惠敏《当代世界问题与三种对话主义》,《南阳师范学院学报(社会科学版)》2016 年第 2 期。

② 参见李庆本主编《国外生态美学读本》,长春出版社 2009 年版,"前言"第 5—7 页。编者在此前言中介绍了国外学者对"生态美学"与"环境美学"的区分,认为后者仍有人类中心主义的残余,但是我们只要把人作为自然的一部分而使之处于与周围世界的平等关系之中,而非立于这一关系之外,那么"环境"便不会再有那种仅仅作为主体的人的存在。海德格尔曾使用与"向视(Hinsehen)"相对立的"环视(Umsicht)"概念(Martin Heidegger, *Sein und Zeit*, 18 Aufl., Tübingen: Niemeyer, 2001, S. 69)来破除主客体二元对立,这一做法似可修正我们对"环境"的哲学意味的理解。

生态哲学或环境哲学的突破性贡献不是将注意力导向生态或环境，实现了哲学研究对象的变换，而是哲学致思范式的转换：如果说传统哲学是研究主客体之间的关系，那么生态/环境哲学则是将原先位居客体之外的主体拉入客体之内。换言之，人在世界之中，而非世界之外。人既以意识在世界之内，也以身体、以其物质性存在而居于世界之内。这可以用老话说，是主体间性对话，但准确地说，应是客体间性之对话。客体间何以能够形成对话？此客体非彼客体也！根据现象学，此客体是能够自我生长、自我表象的自然之物。生态/环境哲学如果不想重蹈主体哲学的覆辙，就不能居高临下地即主体性地独自宣布何者为生态的、何者为非生态的，何者为好环境、何者为坏环境。发展和发展观念可以是非生态的，也可以是生态的。其关键是对话，是要通过对话来决定。生态与发展之间不是对立的关系，而是已经蕴含在"生态"和"环境"概念内部的对话性关系。说句悖论性的话，只有人类才有能力反对"人类中心主义"，一方面满足自身生存和发展的需要，另一方面又放眼于这样的需要与整个自然界的关系，对自身的需要加以调节和约制，也就是对自然万物负有积极的伦理责任。

结　语

宝贵未必会同意暗含在我如上发言中贯穿始终的一个观点：对于宝贵来说，也对于一切生态主义者来说，重要的不是让"艺术"说话，而是让"质料"本身说话。"质料"最早是亚里士多德的概念，但他早已通过"形式"的规训而杀死了"质料"，在他"质料"唯有服从、进入"形式"才能算是"质料"，而我们的宝贵则是复活了被西方哲学杀死的"质料"，赋予"质料"以自在性、自主性，从而也就是永无穷期的言说可能性。巴赫金在

✳✳ 差异即对话

突出和捍卫人文科学之独立性时指出，人文科学是两个主体或意识之间的对话，而自然科学则是"研究无声之物和自然现象的科学"①。这种区分透露出，巴赫金还只是囿于传统人文主义的视野，他尚未认识到自然也同样是会发声的。唯有将看似寂静的自然也作为言说的主体，承认人与自然之间的对话，吾等庶可进入生态主义之堂奥。西方有漫长而深厚的人文主义传统，所以要完成从人类中心主义向生态主义的转换，是不可能一蹴而就的。在此，也许不烦补充说，人文主义无论如何都是一种人类中心主义②。必得如宝贵这样让"质料"说话，方可纠其偏、救其弊。

最后，感谢宝贵先生，给我们提供了如此广阔的思考空间！

---

① [苏]巴赫金：《文本问题》，《巴赫金全集》（七卷本）第4卷，白春仁等译，河北教育出版社2009年版，第301页。

② 这里可以参考海德格尔对"人文主义"的定义："第一个人文主义，即罗马的那种，以及自那时以来直至当前所出现的一切种类的人文主义，都认为人的最普遍的'本质'是不言而喻的。人被视为理性的动物。"（Martin Heidegger, *Wegmarken*, *Gesamtausgabe*, Band 9, Frankfurt a. Main: Vittorio Klostermann, 1976, S. 322）注意："Humanismus"有三种译法，"人道主义"、"人文主义"和"人本主义"，其中"道"、"文"和"本"均为中译所加，主要是为了突出"Humanismus"在不同时期、思潮和理论家那里的不同侧重。"Humanismus"之核心部分是"人"，而人的本质被设定为"理性"，因此"人文主义"便等于"理性主义"。是"理性主义"的"理性"将人奉为世界之中心，即造成一个"人类中心主义"的观念。汉语不同译法之争（参见赖辉亮《人道主义与人文主义——学术界关于"Humanism"一词的翻译述评》，《华东师范大学学报（哲学社会科学版）》2014年第3期）这里可以不去考虑。

当代国际对话理论与比较
文学体系重构

阅读提示：如今对话作为一个研究话题，的确如有学者所批评的，是一枚"玩坏了的硬币"，已经很难唤起学界的兴趣。但检视最近三十年来国际对话理论的新发展，如赫尔曼斯的"对话自我"、齐马的"对话主体性"、弗卢瑟的"信息通讯式对话"以及新近从中国推向国际的"间在对话"等理论，则可发现，对话的意义和能量远未枯竭；或者也可以说，在全球文化冲突日益加剧的当前时代，对话理论反倒是正逢其时，焕发新的生机。在学科领域说，这些新的对话理论将可能带来例如比较文学的体系重构，使之成为真正意义上的比较文学，即对话论的比较文学，而非一直以来的反映论的比较文学。对话论不是要废除和取代反映论，而是让其归属于对话论。由于反映论之向对话论的转换，文学和文化传播过程中出现的变异、挪用、误读和误译等现象将获得最终的合法性。

一　比较文学体系：对话理论的缺席？！

"对话"是一个好词！它被普遍认为是解决或避免任何矛盾、

❄❄ 差异即对话

冲突的最少代价的方法,因为对话意味着所有对话参与者对于自己利益诉求的充分表达,同时也意味着对他者利益诉求的理解和尊重,因而结果一定是所有利益相关者之诉求的合理伸张和适度让步。对话的结果是皆大欢喜,至少是矛盾的暂时和解。谁反对对话,谁就是绝对的自我中心,绝对的利益主义者,谁就是暴力主义者而非和平主义者,因此,对话还意味着清醒的理性和高尚的德性,意味着政治立场的正确。

但是,为马丁·布伯《我和你》这部20世纪对话理论经典撰写"跋语"的当代德国哲学家伯恩哈德·贾斯伯(Bernhard Casper, 1931—2022)则看到"对话"语用中使人气馁的另一面,他指出,自《我和你》1923年出版以来的70年间,对话早已变成一枚"玩坏了的硬币",如今"与其说人们用它是来认真地解决问题,毋宁说是为了掩盖问题",这就是说,对话被用作为一个"借口(Alibi)"[①],让对话倡导者能够装出很无辜的样子:我已经尽心尽力了,但结果究竟怎样,那就不是我能控制的了。对话不是不正确,而是仅仅被高悬为正确,被悬空为一个大而无当的口号,什么问题也解决不了。这就是我们看到在国际社会对话之声不绝于耳、冲突却并不因之而减少的一个原因。

在国内外学术界,对话同样也是一个绝对的理论制高点,西方人相信表达或言说的天赋人权,中国人提倡"百花齐放、百家争鸣",异曲而同工,异口而同声,乃至于连尼采这种相信"权力意志"的哲学家也是把作为对话的"相互争辩"当成"真理"的代名词。发声与倾听即对话乃中外学者之天经地义。

在涉及中外文化关系的研究领域,对话早已是不言而喻的信仰。没有必要去特别强调对话,我们就处身在对话之中,对话是

---

① Bernhard Casper, "Nachwort", in Martin Buber, *Ich und Du*, Stuttgart: Philipp Reclam, 2009 [1995], S. 137.

当代国际对话理论与比较文学体系重构

我们的学术无意识,甚至也可以说,我们本身即对话。但是,也正是因为这种"对话无意识"和对话本体观的形成和存在,我们基本上也就意识不到对话的价值了。在比较文学领域,"比较"与"对话"几乎成为可互换的同义词,说到"比较"就已经是"对话"了,比较是正在进行的对话,而说到"对话"也已经有"比较"在其先、在其内了,对话已经包含了比较,否则对话就是盲目的、不看对象的,是自说自话的独语、独白,而非与他人的对话、交流。这种比较与对话的难解难分状态,好处是无论我们是否愿意对话,只要我们在着手"比较",我们就已经是在"对话"了。但一个负面的后果难以避免:在形式上,在字面上,比较文学可以不提"对话",因为它通体都是对话,也就没有必要大声张扬对话。例如,在海内外众多的比较文学教科书和导论性读物中,几乎见不到"对话"的专门章节或某一形式的专论[1],好像教授比较文学可以不涉及"对话"一样。基于同样的原因,相反,即使有人将"对话"的地位提得无论多高,目之为"比较文学学科存在的前提"和"比较文学的方法论基点"[2],依然是应者寥落,或者更换一个新词,"互动认知(Reciprocal Cognition)",以激活"对话"这个屡见不鲜、因而早使得我们麻木不仁的老术语,以它作为"比较文学的认识论和方法论"[3],然

---

[1] 甚至在最新出版的概论或导论比较文学的图书中,亦难见对话之踪影,例如 Ben Hutchin, *Comparative Literature: A Very Short Introduction*, Oxford: Oxford University Press, 2018; César Domínguez, Haun Saussy and Darío Villanueva, *Introducing Comparative Literature: New Trends and Applications*, London: Routledge, 2015。

[2] 张辉:《文学对话:比较文学的方法论基点》,《中国比较文学》1998年第3期。

[3] 乐黛云:《互动认知(Reciprocal Cognition):比较文学的认识论和方法论》,《中国比较文学》2001年第1期。在此文末尾处,作者表达了对于"互动认识"之比较文学性的深刻把握、并因此而对其于比较文学的可能作用寄予厚望:"互动认知本来就是比较文学和比较文化研究的基本认识论和方法论,这种认知方式的全面发展必将使比较文学和比较文化的研究发展到一个崭新的阶段。"

※※ 差异即对话

亦终不过是死水微澜。再者，即使将"对话"写进教材，赫然列为全书少有的几大章之一①，似乎也未能引起同行的重视，带动其他教材将其列为必需的知识或原理，甚至等到再编同类教材时，由于某位作者的更换，"对话"亦因之丢失②。可以说，"对话"在比较文学教学和研究中几乎处在缺席的状态。个中缘由大概是人们对于对话太熟悉、太熟视而处之泰然、不为所动吧！在比较文学界，谈论"对话"不会让人觉得对学科有什么增色，而不谈论"对话"也不会对谁有什么缺憾。这犹如俗话所说的，有它不多，无它不少。

"熟视"真的可能带来"无睹"，带来不求甚解，带来自动的忽略，就像我们常常忽略于我们生命须臾不可或缺的空气的存在一样。如今"对话"多半就处在这种"熟视无睹"之境况。为将"对话"置于人文科学，尤其是比较文学的中心位置，需要对"对话"概念进行深入的、转变思维的哲学探究，需要了解国内外对话研究的一些新的进展和成就，唯有将这些工作做足，做彻底，我们才能决定是将它一直放逐在意识的阈限之下呢，还是要旗帜鲜明地将其作为所有人文比较研究的第一原则。

二 当代国际对话新论巡礼：带着巴赫金出发

尽管托多罗夫质疑过巴赫金对话理论的原创性，但无法否认的是，唯有巴赫金将对话整合为一个完备的文学和哲学的体系，对前人居集大成之功，对后人则有启新知之效。今天任何创新对

---

① 乐黛云等：《比较文学原理新编》（第二版），北京大学出版社2014年版。
② 乐黛云先生领衔编撰的《比较文学原理新编》（北京大学出版社1998年版）原设有"对话"一章，但后来在其作为个人著作的《比较文学简明教程》（北京大学出版社2003年版）中，"对话"则被化整为零、分散论述了，这至少表明"对话"的位置在乐先生那里还是游移不定的。

话理论的尝试都无法绕开巴赫金而独自前行。

巴赫金对于人文科学的一个重大贡献是借力于"主体间性"和"对话"观念而将其从自然科学所酿成的实证主义的轻视和压迫下解放了出来,重建人文科学、人类及其个体的尊严和价值。他提出自然科学与人文科学的区别是"认识物与认识人"的区别。"物"是"死物",无声无息,不言不语,而"人"则是活人,是"表现的和说话的存在",因而人文科学研究在其本质上就是主体和主体之间、人与人之间的"对话",而以"物"为研究对象的自然科学则是对于"物"的单方面的观察、认知、控制和利用,用我们的话说,是认识论或反映论;进而在评价标准上二者便呈现出不同的要求:如果说自然科学要求"认识的准确性",那么在人文科学则是"契入〔对象〕的深度",对于"个人特性"的体验和发掘,乃至团结的意识和情感的共享。这符合孔子对诗的作用的描述:"兴观群怨"。其实,称人文科学为诗,是不算怎么悖谬的。人文科学本就包含着诗的性质。

关于何为"契入的深度",巴赫金如下的一段话可视为一个具体化的答案:"一切有文化的人莫不具有一种向往:接近人群,打入人群,与之结合,融化于其间;不单是同人民,是同民众人群,同广场上的人群,进入特别的亲昵交往中,不要有任何的距离、等级和规矩;这是进入巨大的躯体。"① 由此可以进一步看出,巴赫金还赋予人文科学以社会的和伦理的责任,以追求"善"和"美"的责任,这其中当然不会缺乏"真",但求真则隶属于求善与求美。要之,人文科学的标准不是精确地反映对象,而是"契入"对象,"体验"(狄尔泰)对象,与对象同甘

---

① 〔苏〕巴赫金:《论人文科学的哲学基础》,《巴赫金全集》第4卷,白春仁等译,河北教育出版社2009年版,第1—5页。"主体间性"是研究者对巴赫金人文科学观的一个概括,非巴赫金本人所用之术语。

共苦，荣辱与共，命运一体，因为这对象与我们一样是活生生的、有历史、有梦想、有信仰的存在。我们需要用布伯"我—你"的主体间交往方式而非用"我—它"的主客体"经验（erfahren）"方式来对待我们的研究对象，前者表示人与人之间的关系，后者是人与物之间的关系，就此而言，布伯对巴赫金应当是有所启发的，只是布伯没有专意将人与世界的如上两种方式拿来区别自然科学和人文科学而已。

欧洲"对话自我（dialogical self）"理论的代表人物赫伯特·赫尔曼斯以巴赫金为其宗师之一，其于20世纪90年代提出、此后经不断发展和完善的"对话自我"概念意图实现对现代性自我和后现代性自我的综合超越：如果说现代性自我强调统一性、稳定性、单子性，后现代自我看重自我的多样性、变动性和混杂性，那么"对话自我"概念则是对前二者的辩证更新。它反对自我与社会的二元论，认为通过一个对话过程社会进入自我之内在，因而自我就是一个"微型的心灵社会"，而社会亦是由众多自我所筑就的集体，是个体的"星丛共同体"。个人与社会或曰个体与集体之间的现代性壁垒在"对话自我"理论中轰然倒塌，从此"天堑变通途"。且与时俱进的是，赫尔曼斯还注意到，在一个全球交往日益频繁、全球性问题如气候变化日益增多的新语境中，自我的国民身份理应向全球公民身份转移，做一个负责任的公民不仅意味着在国家范围之内，而同时也应当在一个全球社会之中。这也许不是"世界主义"所可表达的，赫尔曼斯注意到笔者多年前提出的"全球对话主义"理论[①]：其中一个要素是，

---

① 金惠敏：《走向全球对话主义：超越"文化帝国主义"及其批判者》，《文学评论》2011年第1期。此文英文版信息如下：Huimin Jin, "Existing approaches of cultural studies and global dialogism: A study beginning with the debate around 'cultural imperialism'", *Critical Arts: South-North Cultural and Media Studies* (Routledge in London with Unisa Press in Pretoria), 2017 (1), vol. 31, pp. 34–48.

把对话置于全球的范围内。①

同赫尔曼斯的"对话自我"理论遥相呼应，彼得·齐马提出一个被他命名为"对话主体性（dialogical subjectivity）"的新概念。虽然齐马貌似并未读过赫尔曼斯的著作，但后者关于"对话自我"的所有论述和判断基本上都适用于前者的"对话主体性"，颇有英雄所见、不约而同的意味。不过，这并不能说"对话自我"就可以完全替代"对话主体性"。二者有同又有异，将它们放在一起阅读，绝对会产生相得益彰之效。其相同点有：其一，都是要瓦解笛卡尔、康德、费希特和黑格尔等现代性哲学家所赋予"主体"的绝对性、因而可以被作为独语性和霸权性的建构。主体可以决定万物，而自身并不被万物所决定。它是被现代性替代了其权威位置的神明。齐马借他人之口而道出，"人类主体性是所有现实或真理的来源"，并且"被锚定在思想的深处"。（Zima：3）② 在这一意义上，主体乃理性之别名。因此，当福柯将理性与酷刑相提并论时，主体亦不能不接受同样的指控：在社会和文化层面，它总是表现为一种规训、抑制和压迫的力量。其二，两个概念都是将这神祇般的主体置于"对话"之中，而对话意味着与客体、异质、他者、陌生的相遇和交往，主体由此而难以逃脱与他者们的相互缠结。齐马跟随巴赫金看到，"言说和行动的个体主体的身份，整体言之，乃是通过与他者和他异性的永恒对话而渐趋成型的"（Zima：254）。陷入对话的主体从此便不

---

① 本文对赫尔曼斯"对话自我理论"所做评介的文献依据主要为：（1）《中国比较文学》第4期曹顺庆主持的"当代国际对话理论与比较文学"专栏（赫尔曼斯：《心灵社会中的公民身份》）。（2）笔者主编的《差异》第11辑"'对话自我理论'辑览"专栏（四川大学出版社2022年版），主要包括赫尔曼斯《对话自我理论：反对西方与非西方二元之争》和《对话自我：一种个人与文化位置理论》等。

② 对齐马"对话主体性"概念的述论，引文除非另有标注，均出自 Peter V. Zima, *Subjectivity and Identity*, London：Bloomsbury, 2015。为节约篇幅，采取作者加页码格式作注。

❋❋ 差异即对话

再是抽象的、超验的和主宰性的，而成为肉身的、历史的、文化的、混杂着他者的主体。如果说现代性主体"排除了一切他异性的踪迹"，那么对话性主体则是"意在他者"（Zima：251-252），是"我身有他者（the Other in oneself）"，用英国作家伍尔夫的说法，此乃"雌雄同体"：在齐马，其意不是性别"中立"，不男不女，而是"对立面之统一（the unity of opposites）"（Zima：253-254）或曰"一个多元性之内的统一（a unity within multiplicity）"（Zima：255）。推而广之，齐马将"同一性"（阿多诺）、"自律"（康德）、"自我"（巴赫金）等等全部认作混合了他者和他异的复合概念。看来，齐马已经不需要直接说出"对话自我"了，其"对话主体性"在哲学上早就涵括了"对话自我"的基本语义。

但不一样的是，或准确地说，齐马侧重于揭示对话或内涵在对话之中的他者和他异性之于主体性或其同一性的"矛盾（ambivalence）"属性和作用，这就是说，他者和他异性在对话中一方面有助于主体性的形成、发展和发达，但另一方面也隐含着对其发起挑战和破坏的危险。没有人会否认他者对于主体建构的积极作用，但很少有人注意到它消极的后果。"矛盾"在哲学上可称之为**未达至综合的对立面之统一**（*ambivalence as unity of opposites without synthesis*）"（Zima：251）。关于这样的"矛盾"，齐马通俗地解释说："我可以学习一门外语，汲取一种外国文化，以此扩展和丰富我的身份；但我也可能在面对他者性之复杂和对立时因为不堪过多的付出而自我迷失，而抽身退回我本来的文化。"（Zima：255）遗憾的是，当代社会那些礼赞他异性的知识分子是太经常地无视这其中的陷阱。作为对话研究的集大成者，巴赫金亦不能有外于这些知识分子对于他者的立场和态度，齐马抱怨说，"他异性的矛盾几乎没有被巴赫金［……］所觉察"（Zima：255）。巴赫金确乎是太迷恋于陀思妥耶夫斯基的"复调"或"多声部"了，而绝少曾想过各有其独立性的它们如何能够奏成一个八音克谐的乐章。要之："他者性是双面向的：既是机遇，亦为凶险。"（Zima：255）在多元文化主义作为既成事实、作为所谓"政治正确"的当代欧美语境，我们能够理解和体谅西方人在其主体性和同一性遭受他者、他异之渗透、蚕食和挤占所引起的蚀骨噬心之痛。2010年10月，德国总理默克尔宣布多元文化主义社会实践的失败。翌年，英国首相卡梅伦和法国总统萨科齐对此判断表示赞同和支持，并有进一步行动。其实，早在15年前，美国政治学家亨廷顿就已经悲观地认定文明/文化冲突之不可避免了，从而呼吁强化或重建西方性或西方价值以作为应对。美国虽有"融锅（melting pot，也译为'熔炉'）"之隐喻，但数百年过去了，如今"锅"犹在而其中的多种族、多文化并未相"融"、和谐相处，文化冲突就一直在撕裂着美"国"。文化是某一地域、某一历史、某一人群的产物，在地域消失、历史成为"世界史"（马克思）、国际人口大流动的当代社会，实行多元文化主义无异于在一个大都会建立各种相互隔离的社区。多元文化主义是一种文化本质主义，是向前现代社会的倒退。把前现代社会的文化拿到现代社会来，注定会造成文化的矛盾和冲突。不难看到，多元文化主义与恐怖主义有难以厘清的关系，我们既不能在二者之间画等号，也不能无视其客观的相关性。

但是，与齐马观点不同，笔者不赞成将对话作为发生在西方内部如果不是愈演愈烈、也是此起彼伏的文化冲突的替罪羊。文化冲突的根源不是对话，不是过多的对话，恰恰相反，是对话的不够充分。或许齐马可以辩解说，文化之间的冲突是在对话中他者性或他异性将其差异性绝对化、神秘化而不肯进入理性对话的层次，的确，列维纳斯那种"绝对的他者"是不能进入对话的；但我们要说，对话是间在的，是在各异存在基础上的相遇、相见和超越自身所是，从而能够在理性层面彼此沟通、协商和妥协的

❋ ❋ 差异即对话

活动。只有"在"而无"间",不是完全的对话,或者说,根本不可能形成有效的对话。齐马提出,为了走出对话的"矛盾",必须高扬对话的"反思性(reflexivity)"维度:"对话不能排除[……]一个对话他者的批判的和论辩的态度。"(Zima:249)同时或者更应如此:"这一对于他者的批判态度必须与一个对于我们自身主体性的反讽的和批判的观察相伴随。"如果把对话理解为两个主体之间的对话,那么"反思性"或"自我批判的立场"就应当成为他们自觉的共同选择:"只要自己的立场和理论在一个开放的对话中显出了缺陷",那么就需要"予其以修正"。(Zima:250)因而主体间性对话被齐马正确地描述为:"这一主体与无数的他异性相遇,而对于这些他异性,其采取的反应可以是肯定的,也可以是否定的,再或者是漠然处之。"(Zima:255)如果主体能够对于他异性抱持"反思性"的态度,那么从另一方面看,他异性其实也是反过来刺激了这一反思性的出现,从而转变为对于主体形成之不可或缺的有益元素:"文化、语言、意识形态或理论中的他异性有一个共同的要素:它们能够激发反思性和一个对话的态度。与他者的相遇带来一个对自己、也对于其自身主体性的反思性态度。"(Zima:256)在他异性之积极的意义上,齐马把"个体主体"的生成看作"一个自我分析和自我建构的反思性过程";而依据曼弗雷德·弗兰克(Manfred Frank)的观点,这也就是把"反思性"作为"主体性的一个前提"(Zima:256)。

根据以上介绍和分析,齐马的"对话主体性"概念至少有两点与众不同:第一,它赞美对话,但不是无条件地赞美,而是深刻地揭示了对话和作为构成对话元素的他者性和他异性的内在"矛盾"趋向。第二,他呼唤一个在主体间相遇和对话中的"反思性"立场,这对于参与对话的任何一个"行动元(actant)",无论其为主体抑或为客体/他者,都是必须有的。换言之,不只

— 82 —

是我们通常所谓的"主体"需要在对话中反思其自身的存在和历史，即便是所谓的"他者"亦同样有此反思之必要和责任。否则，主体之间或曰主客体之间的相互批评如果没有促进或进入自我的反思，没有为自我反思所吸纳，那么这样的批评则只会激化二者之间的冲突。

但稍觉缺憾的是，齐马将以"对话主体性"来界定"个体主体"，这一"个体主体"被他作为"个体性（individuality）与同一性（identity）之间的一个辩证法"（Zima：251），他很有机会对"个体性"进行进一步的剖析。我们认为，"个体性"本身即含有"同一性"，否则它无法从诸多其他"个体性"中区别出来，但它同时还有自己的身体、欲望等物质性方面，因而例如，他常常将他者性和他异性作为语言、话语、文化和意识形态个体主体等意识物的构成，他认为，在巴赫金那里，"个体主体乃是一个语言性复调的产物，乃是一个异质性语言之共在的产物"（Zima：254）。因此可以说，齐马的"对话主体性"仍徘徊在胡塞尔那样的意识主体性层面，基本上还是一种只"间"不"在"的对话。

郝徐姜论文①从巴赫金对话论述中发展出"生命即对话"和"对话即生命"两个命题，可以视为对巴赫金对话思想的一个正解，也是对齐马"对话主体性"的一个重要补充。这篇论文是运用"间在对话论"对巴赫金研究的一个推进，这反过来亦可谓对"间在对话论"的一次再澄清。至于什么是"间在对话论"，李勇教授的论文做了简单明了的概括和条理清晰的分析，笔者在本

---

① 本文对郝徐姜、李勇、张先广论文的评介依据是《中国比较文学》2022年第4期曹顺庆所主持的"当代国际对话理论与比较文学"专栏。论文信息兹胪陈如下：郝徐姜《生命即对话：论巴赫金对话理论中的生命维度》；李勇《什么是"间在论"？》；张先广《弗卢瑟的对话哲学》。

※※ 差异即对话

文中亦有或直接或间接的涉论，相信读者不难捕捉。

张先广教授介绍和评论了对国内学界尚属陌生的捷克裔媒介哲学家维莱姆·弗卢瑟的"通讯信息式对话（telematic dialogue）"理论。作为信息时代的对话理论，它延续了布伯"我—你"范式伦理的和神性的内涵，但如果说布伯的使命是克服世界的物化（即"我—它"范式），那么弗卢瑟则是面对信息熵增（失序）而试图创造负熵即信息重组的努力。弗卢瑟一方面看到当代信息通信技术所造成的众声喧哗、信息泛滥，另一方面又认为，这是全社会范围内的自由实现。就像齐马为了克服对话的含混性而诉诸反思性一样，弗卢瑟则寄希望于对话，以对话精神指导对信息的技术编程和筛选，因为对话在他不仅是手段，也是一种人文的境界，一种对金字塔式话语的颠覆，一种对人性解放和自由的追求。如果把"主体"理解为"主体间性"，那么也可以说，"对话是主体涌现的契机"（张先广语）。简言之，"信息通讯式对话"在本质上归属于人文主义系脉，是当代"技术人文"[①] 研究的一个新范型。

匆匆浏览过"对话自我""对话主体性""信息通讯式对话""间在对话"等国际新对话理论，我们需要声明：其一，这些并不是近年国际对话理论的全部家当；其二，笔者对它们的述评也不能够穷尽其意义和价值。毋庸讳言，这些新对话理论还在发展和阐释过程中，需要有兴趣的同行们加盟、一道推进。但它们对于包括比较文学在内的人文科学的意义则已然具备，单待我们予以提取、清理和表述。这里仅以比较文学学科为例，简单论述我们应该从这些新对话理论中汲取些什么。

---

① 易晓明：《技术人文：人文主义的旧邦新命》，《湘潭大学学报（哲学社会科学版）》2022 年第 1 期。

三 两部教科书:将对话置于比较文学中心的重要尝试

国内学界旗帜鲜明地将对话作为"比较文学的方法论基点和研究范式"的是北京大学的张辉教授。除了前引其论文外,他在与乐黛云等人合著的《比较文学原理新编》教材中分工撰写了第三章"方法论:对话与问题意识",对其论文中提出的"文学对话"论做出了更加系统和详细的论述,是国内最早提出的"比较文学对话论",而且迄今也仍然是国内比较文学界关于对话之学科意义的代表性论述。但如今看来,其于对话的认识还有待加深和发展。张论基本上还是把对话限定在话语层面,这表现在他只是注意到巴赫金对话所包含的"共见""共识""共同评价"等话语性因素[1],而未能洞悉巴赫金这些话语性元素归根结底乃发自于生命深处的话语,因而对话中个体之存在因素便被忽略了。再者,在引述哈贝马斯以主体间性为特征的交往行为理论时,他也只是提到主体的"态度"和"了解",未能批判性地认识到哈贝马斯通过"交往理性"实则是吞没了个体的和文化的所有差异。[2] 这一点倒是被齐马发现了,尽管其差异也多停留在话语的差异上:"哈贝马斯的《交往行为理论》可以认为是企图对所有心理的、文化的和意识形态的特殊性进行大规模的中立化。这种对特殊性的中立化是经由两个步骤来实现的:一是假定一个对所有参加者都是一样的同质生活世界;二是将个体交往行为约简为作为句子语用形式的言说行为。"(Zima:266)因此,张辉于对话的重视亦止步于将其作为"方法论",而未

---

[1] 乐黛云等:《比较文学原理新编》(第二版),第65页。
[2] 乐黛云等:《比较文学原理新编》(第二版),第97页。

差异即对话

能将其作为"本体论"或"存在论":对话是人的存在或存在方式。同样,如前所示,乐黛云先生也只是把"互动认知"即对话作为比较文学研究的"认识论和方法论",而在"认识论和方法论"这一训导框架下,即便找到了"一个不断因主体的激情、欲望、意志的变动而变动的开放的拓扑学空间",也仍然黏着那种以主客体二元对立结构为特点的"认知方式"上①,惜与对话论失之交臂。

在西方学术界,齐马的《比较文学导论》②是少有的将对话作为一个核心论题写进教科书的著作,他给对话安排了一个专章的篇幅。从逻辑上说,他首先将比较文学研究的初级对象即一般意义上的文学视为对话性的,在节标题上宣称"拥护一种对话式文学概念",将巴赫金和克里斯蒂娃的"互文性"澄清为"内部互文性"和"外部互文性"两个类别:前者是指作家作为主体"回应过去或现在的其他文学文本",后者则"意味着通过主体对非文学的文本和话语进行加工"。将两种互文性结合起来的范例齐马首推乔伊斯的小说《尤利西斯》,称赞它是"最伟大的互文实验"。进一步探究《尤利西斯》,齐马还发现,"文学不仅是互文性的,也是跨文化的因此是比较文学的试验"(齐马:72)。从比较文学角度看,这部小说完全可以理解为一种"跨民族文本试验",其中"不同文化疆域的无论文学还是非文学的话语"都被邀请进来(齐马:72)。对话被彻底地内化了,即内化到一件单一的文本。这就是说,比较文学的对话性不仅体现它对于众多文本之关系的研究,而且也体现在对于一件文本内部之文本间性

---

① 乐黛云:《比较文学与比较文化十讲》,复旦大学出版社 2004 年版,第 75 页。
② [奥地利]彼得·齐马:《比较文学导论》,范劲、高晓倩译,安徽教育出版社 2009 年版(德文原版为 1992 年版)。凡出自本书的引文均采用"齐马:页码"格式标注。

关系的研究。愈是进入"世界史"时刻，单一文本的文本间性现象将愈是突出。在这个意义上，苏珊·巴斯奈特放言，"任何一位有读书兴趣的人都会踏上一条通向以比较文学相称的道路"，例如说，"阅读乔叟，我们会碰见薄伽丘"，在"拉丁语、法语、西班牙语和意大利语"中我们会觅得"莎士比亚的取材来源"。[①] 换言之："我们一旦开始阅读，我们就跨越了边界，进行联想和连接，我们的阅读不再囿于单一的文学，而是挺进到歌德所谓的'世界文学'这一广阔无垠的、大写的文学的空间。"[②] 同样，我们也可以认为，研究"中国""现代"文学而不借助比较文学和"世界文学"的视野就不可能取得什么洞见；甚至，考虑到接受语境的现代化和国际化，这一论断也一样地适用于研究"中国""古代"文学：譬如，我们可以讨论巴尔扎克如何影响了曹雪芹，尽管两位作家之间没有任何实际的联系。为巴尔扎克所培养的我们的小说视角毫无疑问会影响到《红楼梦》向我们的呈现。[③] 对话无处不在，无时不有，它既是实体性的，也是视角性的。因此，对于齐马来说，将比较文学在学科性质上界定为"跨文化""跨学科"就已经意味着跨文化和跨学科之对话了。尽管他没有就此而展开系统的论述，但在性质上他看得很清楚的："文学比较学和一般比较学——例如比较社会学、比较政治学或

[①] Susan Bassnett, *Comparative Literature: A Critical Introduction*, Oxford: Blackwell, 1993, p. 1.

[②] Susan Bassnett, *Comparative Literature: A Critical Introduction*, p. 2.

[③] 戴维·洛奇在其《小世界》中讲了一个有趣的故事：一位爱尔兰硕士生向教授提交了一篇论文，内容是关于 T. S. 艾略特对莎士比亚的影响，教授报以纵声狂笑；而学生却不慌不忙地解释说"阅读莎士比亚我们无法避开 T. S. 艾略特的诗歌棱镜"，然后举数例以证之。对此，有评论说：教授的进路是"作者本位"，而学生的则是"读者本位"，其想表达的是"读者的经验可能朝任何方向发展，甚至发展出那些与创作过程完全相左的方向"。（参见 César Domínguez, Haun Saussy and Darío Villanueva, *Introducing Comparative Literature: New Trends and Applications*, pp. IX - X）

❋❋　差异即对话

比较关系学——首先是一种对话的、反思的和辩证的科学,其研究对象应该以跨文化对话和研究者的自我反思为前提。"他批评说:"比较文学对话和辩证的特性在这门学科的实证主义阶段未被觉察"①,原因在于其时的研究者"关心的主要是找到事实和揭示规律"(齐马:15)。这进一步来说,就走到对话本身的性质问题了。

　　对话的真谛并非难得一窥,只要知晓实证主义及其比较文学追随者的基本主张,那么对话是什么也就会自然地显露出来,因为二者处于相互对立的位置,而对立即为对"照"和比"照"。根据齐马的梳理和叙述,欧美比较文学从其创立伊始直到韦勒克于20世纪40年代从审美自律和意识形态两个角度所发起的批判,一直深受实证主义及其变种的经验主义的影响。实证主义比较文学把建立文学关系史的"事实"作为其中心任务,强调以"事实"为根据,然却是以"事实"为满足,在"事实"面前止

---

①　我们原则上接受齐马将实证主义与对话理论相对立的观察,但仍然希望保留一种清醒,即实证主义并非完全堵塞了走向对话的通道,其所坚守的跨语际文学的事实性联系亦可被发展成为对话性的联系,例如让—玛利·加雷在为马里奥斯—弗朗索瓦·基亚《比较文学》(1951年版)所撰写的序言中之所意谓的:"从根本上说,比较文学不是在作品原有价值的基础上考察作品,而主要注重每个民族、每个作家被借用以后所产生的变化。运用'影响'一词的人,经常是指解释、反应、抵制、抗争。"(转引自胡戈·狄泽林克《比较文学导论》,方维规译,北京师范大学出版社2009年版,第46页)这当然也可以如狄泽林克那样把加雷此话读解为走出梵·第根和阿扎尔影响研究范式而将"注意力完全聚焦于不同文化之间的相互反应"的尝试,或者"准确地说,加雷以此向接受研究的实现跨出了坚定的一步",这一步"对比较文学在法国乃至世界上的发展意义重大"(狄泽林克:《比较文学导论》,第45页)。但是,加雷的主要思想还是强调事实性联系的实证主义,而未能由反映论自觉地转向对话论。从影响到接受、再到对话有一条可以相互贯通但又绝不等同的线索。不过,早期的比较文学即为实证主义所主导的比较文学,如韦勒克所批判的,"总要证明自身对其他民族发生了尽可能多的影响,以便尽可能地增加自己民族的账户存入",用"事实性知识"巩固"自己民族的优越性"(齐马:28)。在这样的影响和接受观念中绝无"对话"的位置。

— 88 —

步不前，例如朗松在其《文学史的方法》（1910年）"鼓吹一种不受干扰的、无意识形态的（'不作评价的'）事实考察"，而梵·第根的《比较文学》（1931年）"不仅主张要搜集'尽可能多的事实'和放弃美学上的价值判断"，以"重建一个无论天主教或反教权方面读无法拒绝的博须埃和伏尔泰"。由于对于"确确实实的关系"即文学史实的执着，让—玛利·卡雷在其为基亚《比较文学》手册所作的著名序言中重申比较文学真正的研究对象是作家、作品之间所发生的"实际关系"，因而比较文学在本质上属于"文学史的一个分支"（齐马：18—21）。齐马提醒，韦勒克对法国实证主义比较文学范式的批判只是引起了普通文学研究界对它的怀疑，但在比较文学界这个小范围内，这一范式甚至避开了20世纪50年代以来各种新理论的冲击而不受根本性触动，以至于基亚在其1965年出版的《比较文学》中仍然能够宣称："哪里没有'关系'——在人和文本，作品和接纳作品的环境之间，在一个国度和一个游历者之间——比较文学的领域就在哪里结束。"（齐马：26）当然，齐马不是韦勒克那样的文本中心主义者或唯美主义者，他在肯定后者之责备法国比较文学家把文学变成"一种社会学、心理学或历史学记录"而致"文本的结构统一以及自主性"丧失的同时，也指出其康德主义自治美学所隐藏的一个危险，"即逐渐丧失了他所攻击的法国比较文学家探索的文学作品的社会和语言环境"，这就是说，"韦勒克的自治美学阻碍了他在文学文本和其社会学语境间搭起桥来"（齐马：29）。

以通常的眼光看，无论韦勒克以内部研究对包括实证主义在内的外部研究的批判，还是齐马对两者争执的中和，似乎都没有多少新鲜之处，但若是将唯美主义批评和实证主义比较文学联系于齐马对于对话理论的推导和导出，就不能不佩服其思虑之精微和独特了。齐马不是不承认艺术和审美意识的存在，而是反对那种坚持其脱离于具体社会情境及其意识形态和话语而自治的观

✳✳ 差异即对话

点；齐马也不是不相信文学史实的存在，而是反对认为有一种纯然客观的、与人无涉的存在。他特别赞赏德国语言文学专家海因里希·安兹的话："在历史中我们从来不会遇到纯粹的事实，而只有那些带着色彩的、被阐释的事情出于利益和为了利益，才变得有意义的。客观的、真实的历史是不存在的。过去事件的异质性多样化总是被带入一种有意义的前后关联的统一体中；这种统一体也总是一种设计。"对安兹的话，齐马阐发说："被安兹隐喻地描述为'前后关联'和'设计'在我们这里描述为话语、语义和叙事结构：从特定的相关性标准和分类系统出发，陈述作用主体以全然特别的方式，即在社会方言的（群组语言的）框架内，并且与具体的集体和个体的利益一致，叙述了文学的历史。历史叙述也是仅仅一种可能的建构，而不是对一种可以客观地把握的事件或情节进程的描述。"（齐马：57）极简言之，文本是人的文本，历史是人的历史，文本和历史的生产主体是具体的个体和群体。以此而言，那么无论是内部互文性的对话或者外部互文性的对话，则都不是唯美的或纯客观的对话，实际上这里没有对话可言，而是两个"个体主体"之间"出于利益和为了利益"的对话。"个体"或"具体的个体和群体"虽然不如胡塞尔"主体间性"那样理性地透明，但正是因为其自身之拘泥于一定的历史和文化情境，"反思性"或比较文学便派上了用场，因为只有它们才能超越作为"个体主体"的局限："比较文学的理论和知识论意义在于，它能够同时辨认出文化专门性的（民族的）和跨文化的（国际的）特征并且使对话成为可能。"（齐马：48）主体的个体性和群体性既是它的局限，也是其反思和对话的必要性：我们需要超越自身、看见他者，并且以他者的目光反思自身，反思总是他者性的。这种局限，齐马未能清晰地认识到，更是反思和对话的动力和源泉，是其本质属性：认识和比较是生命

当代国际对话理论与比较文学体系重构

本身之需要和应此需要之伸张。① 如前所提到,生命即对话,生命必然表现为对话;对话即生命,对话乃是属于生命的对话,是植根于生命沃土的夏花怒放。对话不可能抽调个体和群体的肉身性和物质性,恰恰相反,它们是对话得以发生的前提。

以上我们简单分析和评论了中外两部置对话于比较文学核心地位的体系性著作,在众多的比较文学教科书中,二者可谓独辟蹊径,甚至也可以不算夸张地说,只有在它们这里,比较文学才在理论上成为比较文学,没有对话的比较文学就不是比较文学,因为对话是比较文学的灵魂。当然,从形式上看,乐黛云版本的比较文学教材由于为多人撰写,所以"对话"研究的理论成果能否辐射到其他各章,从而使得该书成为以对话为灵魂、作统领的著作,对此我们不做断语,但比之于齐马版本,则还是可以坦诚地说,作为个人专著,它还是尽可能地在各章贯穿了其对话理论的。例如,齐马关于翻译的论述,就是其对话理论的一个绝佳演示:"和文学文本毫无二致,翻译者的超文本也是同文化、语言和意识形态上的外来者、和他者对话的产物。"这就是说,将翻译实践作为不同文化之间的对话,齐马还进一步要求:"不仅文学翻译作为比较文学实践有着对话和互文特性;翻译理论也应——像其他任何理论一样——具有对话特征,在和过去与当代理论话语的持续辩驳中展开自身。"(齐马:160)这后一点对于翻译理论的对话要求,于本文乃是意味着对话理论也要在各种理

---

① 当齐马批评利奥塔忽略了"个体的或集体的主体是抵抗和批判的基础"(Zima:146)时,他没有深究个体或主体的构成。诚然,有效的抵抗需要话语和意识形态的组织和指导,但抵抗的原动力则是来自于人的生命性存在。因此在个体主体性之形成过程中,齐马看重的是"永远变化着的叙事节目单[……]与他者的交互作用",这就是其所谓"对话过程"或"永恒的对话"(Zima:146)。因而齐马就难免将对话限定在话语层面。其实,发动话语的是活生生的人,而非抽象的话语。相对于人而言,话语总是惰性的或第二位的。

论之间展开争辩、争鸣,以便相互之间可以取长补短,不求完全一致,但求各自完善,形成一种理论星丛。

四 结束语:对话将带来比较文学的体系重构

引入对话理论,特别是其在当代的新发展,对于深化比较文学的性质、推动比较文学研究事业的发展应该具有多方面的意义:例如弗卢瑟的"通讯信息式对话"提醒我们注意现代科技,尤其是信息通讯方式的变化对于国际文学接受和传播的改变,赫尔曼斯的"对话自我"提醒我们中国比较文学有责任促进国际担当意识的形成,齐马的"对话主体性"提醒我们在对待他者和自我之文学时都要保持一种"反思性"批判,这不是狭隘的文化民族主义,而是个体主体在建构自身同一性时所必然采取的举措。笔者提出的"间在对话"还在发展之中,但对于比较文学来说,至少有一个意义已经显露出来:把比较文学从前所沿袭的反映论转向存在论对话或曰存在对话论,简单说,就是实现从反映论研究模式向对话论模式的转折,非如此,我们就不能深刻地解释跨文化接受和传播中必然出现的误读、误译、挪用现象并为其正名。反映论的要求是正确地反映对象的真实,而对话则把反映作为两个主体之间的反应。对文本的阐释不是两个主体彼此将对象视作认识的客体,而是两个个体主体在寻思这个出现在我面前的对象对我意味着什么,当然它意味着什么在某种程度上意味着它是什么,但无论它是什么,最后都归结为其"是"、其"自在"将如何呈现在我面前,如何进入我的生活世界。

最后,举一个小例子,以证明如果我们能够拥有对话自觉,那么其于比较文学学科的认识将会多么的有益。英国比较文学家苏珊·巴斯奈特在其《比较文学批评导论》这本全球流行的教材中为了改变翻译文学的从属地位,以女权主义惯常的解构策略冷嘲热那种实证主义式的对翻译"准确性（accuracy）"和"忠实性（faithfulness）"之居高临下的蛮横要求①，但是，她并未像齐马那样由对实证主义及其影响下的比较文学的批判走向对话理论，而是不恰当地发起学科"内卷"，主张以她个人趣味之所在的翻译研究取代或凌驾于比较文学②。实际上，如今不是比较文学这门大学科压抑了翻译研究，而是她所钟情，从而欲使之翻身做主的翻译研究没有认识到，唯有比较文学经过大约二百年的摸爬滚打所寻得的对话理论，才能彻底改变翻译及其研究相对于源文本、源文化的附庸地位，因为进入对话的所有相关方不是主客体之间的而是主体之间的关系，这种关系是平等的，或者更准确言之，对话的真髓不是平等与否，而是能否在对话中各取所需、各有增益：于文本接受方是获得了新知，而于源文本是借助他者之镜看到了自己的另一形象。这一形象是对自身的肯定或否定并不重要，关键的是源文本获得了一个反思的机遇。必须指出，反思不是纯粹的意识行为，而是利益主体或欲望主体的对话行为，且因为有利益或欲望之所限，反思便不是一劳永逸的，反思性的对话也是无终点的、需要反复进行的。

读者或许对本文感到失望，因为它未能完成以新对话理论而重构比较文学体系的期待目标。必须老实承认，整合各种对话理论，推陈出新，并施诸比较文学体系之重构，是一项既宏大且精密的工程，不是一篇评论文章所能胜任的。然则，倘使读者能够因着拙作而意识到对话之于更新当前比较文学体系的价值，感到此问题之"迫"（紧）、之"切"（要），则于愿足矣。

---

① 参见 Susan Bassnett, *Comparative Literature: A Critical Introduction*, pp. 148 - 149. 巴斯奈特认为，如果"准确性"是科学的要求，那么"忠实性"则暗指妻子对丈夫的忠贞以及仆人对主人的忠诚。而翻译在面对源文本时便处于这种"低下（inferiority）"的地位。

② 参见 Susan Bassnett, *Comparative Literature: A Critical Introduction*, p. 161。

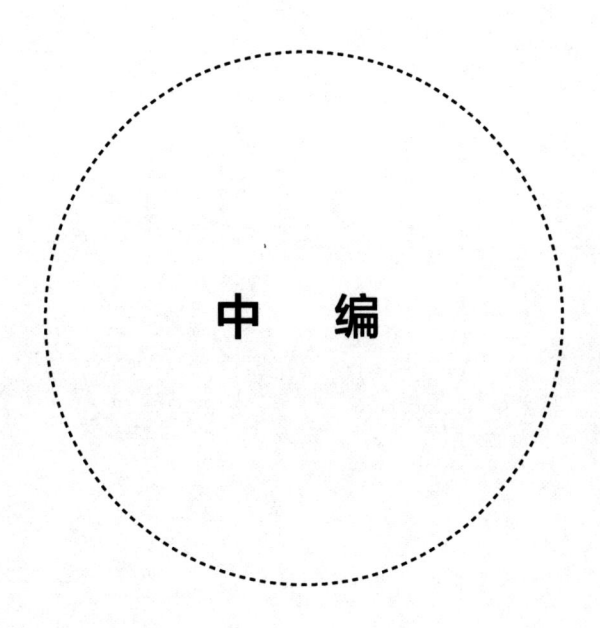

中 编

什么是文化研究？

——商务印书馆《文化研究丛书》总序[*]

阅读提示：文化研究固然无所不包，但它背后有一原则，就是研究各种文化形式即各种意指实践，尤其是其可能被模糊、被掩盖和被歪曲的含义，以恢复其本来的面貌。因此，文化研究与其说是一门学科，如体制内许多学者所希望的那样，倒毋宁说是一种研究方法和观察角度，谁都可以尝试。

文化研究的许多代表人物，如斯图亚特·霍尔等，并不主张给予其所研究的对象文化以一个清晰的界定，也不建议任何研究方法对于这一对象的优先性。然而，就是这种似乎既无具体对象亦无特别方法的文化研究却红红火火地走过了半个多世纪，风靡全球，成为当今世界第一显学。其成功的秘诀或奥秘究竟何在？

不言而喻，没有对象，意味着一切可为对象；没有方法，则是说一切方法都可以拿来使用。文化研究之所以能够无所不及（对象）、无所不用（方法），就是说，举凡世间的一切现象、问

---

[*] 商务印书馆《文化研究丛书》（金惠敏主编）于2017年9月开始出版。

✱✱ 差异即对话

题都可揽入笔底，细细打量，举凡历史上出现过的一切思想都可任我驱遣，为我所用，其原因便是对于这种无对象、无方法的信仰和坚持。现在随便打开一本文化研究教程，都可看见这一超级学科令人叹为观止的宽度和厚度。读者用不着惊奇，在别的领域所见到的知识，好像不经什么改编就径直涌进了文化研究。浪漫主义、现象学、接受美学、分析哲学、结构主义和后结构主义、后现代主义、后殖民研究、性别研究、身体研究、全球研究，甚至汉学研究，等等，都能在文化研究的范畴内找到自己的位置和用武之地。当然我们可以批评它大杂烩、百衲衣，但不能不承认和服膺它的丰富多彩和折冲樽俎于"之间"（法国朱利安语）的巨大潜能。

美国国际政治理论家塞缪尔·亨廷顿虽非文化研究中人，但他对"文化"概念的宽泛无边的批评和他本人对其狭义化的处理则可能透露出文化研究的活力和意义所在。他有个轰动一时的论点，说是冷战后世界冲突已经由之前的意识形态冲突转向文明或文化的冲突。他所谓的"文化"不是文化理论家如格尔茨、威廉斯等人那个包括一切文化形式的定义，从物质文化到精神文化，从流行文化到高雅文化，他指出，这样的文化概念什么也解释不了。他要把"文化"限定在"一个社会中人们普遍守持的价值、态度、信念、取向以及基本假定"上。简言之，在他看来，文化即价值观。可以发现，亨廷顿的错误在于否认了低级文化形式的价值蕴涵。但这一错误也可能发人深思，借着它我们可以追问一下：价值难道仅仅存在于高级文化而不见于低级文化吗？

文化研究在另一条道路上思考文化。首先，它将文化定义为"意指实践"（signifying practices），即运用符号创造意义的过程及其成果。符号无贵贱之分，无精英与大众之别，一切符号均可用以表情达意，或者说，任何符号均为生命之形式。这种符号界线的模糊将导向对一切文化形式的开放。但这并不意味着，文化什么是文化研究？

研究对于其对象不做选择，来者不拒。非也！其次，文化研究总是倾向于选择那些意义最为重大至少是最为有趣的问题来研究，而当代各种社会问题中，恐怕没有什么比政治牵扯面更广从而意义更为重大了。就此而言，文化研究实乃文化政治学！文化研究的政治有宏观方面的，如霍加特的工人阶级阅读，霍尔所命名的"撒切尔主义"，如道格拉斯·凯尔纳正在进行的川普研究，也有微观方面的，即日常生活层面的现象，如服饰、发型、酒吧、餐饮、连锁店、购物中心、娱乐方式，等等。文化研究一向关注政治问题，这一点与批判理论类同，但其在日常生活方面涉猎之广则为后者所远远不及，因而在英语世界以及中文世界，文化研究便后来居上，几乎囊括或取代了批判理论。一切批判理论当今都可以归在文化研究的名下。已经没有必要再来区分什么是批判理论、什么是文化研究了，它们已经合流，合二为一。

总之，文化研究固然无所不包，但它背后有一原则，就是研究各种文化形式即各种意指实践，尤其是其可能被模糊、被掩盖和被歪曲的含义，以恢复其本来的面貌。因此，文化研究与其说是一门学科，如体制内许多学者所希望的那样，倒毋宁说是一种研究方法和观察角度，谁都可以尝试。

本丛书以"文化研究"相标榜，其意即在拣选对于各种意指实践或表征活动的研究成果，为创造美好的人类生活而尽绵薄之力。由于当今的学术已经进入一个全球化时代，丛书的作者和选题的构成也将是国际性的或星丛性的。不敢借此以表达对国际学术共同体的奢望，但如果说这样做具有文化间性的意义则属于基本的文化自信。虽然限于汉语，这里的文化间性还只是内向的文化间性，即在一种语言内部的文化对话。期待不远的将来汉语也能成为一种国际学术语言。

文化研究不等于
研究文化，而是文化地研究

——《视像·媒介·文化权力丛书》总序*

阅读提示：今日"文化研究"并不等于反过来说"研究文化"，甚至也不只是研究大众文化，虽然那一直就是它的题中要义，而是"文化地研究"：研究什么并非不重要，但更关键的是以文化的方式去研究。这就是威廉斯那个"文化"定义的真谛，即把"文化"作为一种生活的"方式"，一种指意系统，一种社会实践。因而从某种意义上说，"文化研究"乃全社会的一项公共事业，为着社会共同情感的建立和加强。

当威廉斯把"文化"人类学地界定为"生活方式"，而且是既包括知识的和精神的也包括物质的等"全部的生活方式"时，在他的关键词中"文化"与"社会"其实就已经是比邻而居了。社会尽管需要一定的物质支撑，如经济基础或生产方式，但物质

---

* 该丛书与张云鹏教授联袂主编，广西师范大学出版社于2007年岁初开始陆续出版。该序在收入本文集时略有修订，并添加了注释。

文化研究不等于研究文化，而是文化地研究

不会自动地向人生成，唯其借助于人化的作用，方可成为社会性的，社会中的物质性于是就只能是社会化了的物质，归属于社会这个有机体。就此而言，"社会"本来就是"文化"的另一称谓，而所谓的"经济基础"也不过是"上层建筑"的物化形态。

但应进一步指出，由上层建筑所实现的经济基础的文化性仅仅是它的一些被意识到了的和可实际操作的层面。作为一种"生活"之方式的文化，总是有无意识的事物"自在"于那儿。文化因而甚至不能被简单地说成有意为之，不能是文人雅士们的单方面创造，不能是智识的、精神的，更不能是宗教性的"所思所言之精华"（阿诺德）。[①] 一种文化的形成最终将经由"社会"的接受和践行。文化从来且永远是全社会的文化，是大众的文化。这也就是说，"文化"即"社会"，即"物质"。

更早在19世纪末，齐美尔就敏锐地捕捉到"文化"与"社会"的同一性。他以"货币"为例展示了作为现代社会本质特性的符号化和审美化的过程。在他看来，现代性就是距离化、抽象化和升华，一种新的间接性，因而现代性就是"审美现代性"，主要来说，是"社会的审美现代性"，诚然他也不曾排除"艺术的审美现代性"。当今，社会学家费瑟斯通和波德里亚以"日常生活的审美化"，文学批评家杰姆逊以"经济的文化化"

[①] 阿诺德将文化界定为"对完美（perfection）的追求""对完美的研修""对甜蜜与光明的追求"，其对立面是无政府主义、个人主义、机械文明、物质文化、工具崇拜、大众文化等，有强烈的文化救世主义的情怀和使命感（参见马修·阿诺德《文化与无政府状态：政治与社会批评》，韩敏中译，生活·读书·新知三联书店2013年版，特别是第一章）。"甜蜜与光明"之喻借自斯威夫特的《书之战》："我们不要污物和毒药，我们要让蜜和蜡充满我们的蜂房；这也就是说，要用两种最高贵的事物来充实人类，它们是甜蜜与光明。"（转引自 A. C. Ward, *Illustrated History of English Literature*, London: Langmans, 1962 [1955], vol. 3, p. 227）注意：英文的"蜂房"（hives）很容易让读者联想到人类的"生命"（lives）。阿诺德或许以此暗示，如同让蜜和蜡充满蜂房，我们要让甜蜜和光明充满我们的生命和生命活动。

※※ 差异即对话

和"文化的经济化",也有贝尔诸公以"后工业社会",科学界以"服务科学"概念,等等,揭示了文化的泛化及其对社会的再组织和再构造作用。尽管未必直言,在这些对文化的泛化即大众性和物质性(如日常生活)的聚焦中,也是隐含着"文化"即"社会"这另一方面的道理的。

或许我们可以不去理会这些西方人的危言耸听,但进入21世纪以来,一个坚硬而显豁的事实是,"文化"愈益"社会化",而"社会"也愈益"文化化"①,换言之,文化的成了社会的,而社会的也成了文化的,一个"大众—文化"的时代已然无法拒绝。当前"文化研究"之所以在中国、在全世界蓬勃发展,正是因应了一个"文化社会"或一个"社会文化"的出现。

必也正乎名,今日"文化研究"并不等于反过来说"研究文化",甚至也不只是研究大众文化,虽然那一直就是它的题中要义,而是"文化地研究":研究什么并非不重要,但更关键的是

---

① 这里说社会的"文化化"其实还应包括"文化"概念在当代社会的另一新变,即由于全球化和媒介技术而加剧或绽开的文化身份和文化差异的生产。"文化"如今是变得越来越与"差异""多样"同义了。文化俨然是"地方理性",能够用以抗拒"普遍理性",是之谓"多元文化主义"(multiculturalism)。对此,萨义德义正词严地警告:"世界是一个拥挤的地方,要是每个人都坚持绝对的纯粹性或者自己声音的优越性,那么我们所能得到的将不过是可怕的无休止争斗的喧闹和一种血腥的政治混乱,其真正的恐怖之处,在欧洲种族主义政治的重新兴起之中,在美国关于政治正确和身份政治争辩的噪音之中,以及——说到我自己所属的世界——在宗教偏见的不容异己和俾斯麦式暴政的虚幻承诺之中,如以萨达姆·侯赛因和他无数的阿拉伯追随者以及同类人的方式,已开始被不时地感觉到了。"(Edward W. Said, *Culture and Imperialism*, New York: Vantage Books, 1994 [1993], p. xxi)并非基于这样一种政治前景上的担忧和考量,我们才提出"差异即对话",因为差异就其作为身份/特色/个性之标识而言,无非就是为了对话。差异因他者的出现而显露。差异绝非自在,绝非自在之物,差异是自在之物之显现于他者面前。没有关系,便没有差异。在日渐成型的"地球村"中,在"文化孤岛"变得愈发不可能的世界大潮中,"文化多元主义"必将为"文化间主义"(interculturalism)所取代。"世界主义"乃世界的未来。

文化研究不等于研究文化,而是文化地研究

以文化的方式去研究。这就是威廉斯那个"文化"定义的真谛,即把"文化"作为一种生活的"方式",一种指意系统,一种社会实践。因此,"文化研究"就可能成为消费社会的一种意义政治学,一种"社会美学",一种被更新了的社会批判理论。中国的"文化研究"将既不是英国文化研究,也不是法兰克福学派,而是一种新的综合和超越。

我们的场域自然有限——视像,媒介,文化权力[①];而且,编辑一套以译著为主的丛书,于那重建消费社会的批判理论之大任似乎亦显得绠短汲深。但我们仍是固执地奢望一种或然性的出现:通过对那些核心问题的研究,通过对前贤智慧的温习、再温习,通过与国际同行的切磋,丛书将推助一些有心者看到和逐渐地逼近这一目标,让问题浮出水面,让可望变得可即。退一步,至少于眼下说,它可以为我们理解纷纭万象的当代生活提供一些积极的透视角度。而果能于此,则就是千里之行已发轫矣。

最后,序成之际,丛书承蒙设立于百年学府河南大学的河南省高等学校人文重点学科开放研究中心之批准,列为其重大研究项目。一则以喜,一则以忧,喜得这项事业不再孤单,忧我等学浅德薄,将何以堪此重托。"路漫漫其修远兮,吾将上下而求索"!

惕惕以为序,自勉,亦与同好者共勉。

2007 年 1 月 1 日

[①] 尼尔·波兹曼告诉我们:"媒介是能够孕育文化的技术。……媒介构成了文化的政治、社会组织和习惯性思维方式。"(尼尔·波兹曼:《媒介生态学的人文主义》,转引自兰斯·斯特拉特《麦克卢汉与媒介生态学》,胡菊兰译,河南大学出版社 2016 年版,第 4 页)此话可从一个角度帮助我们揭开图像、媒介的政治隐藏和权力装配,亦即视像、媒介和文化权力之间的内在关联。技术绝非中立和无辜。

文化研究与美学复兴

——20世纪西方美学的"文化研究转向"与美学研究的前景问题

阅读提示：20世纪西方美学在其研究对象上发生了一场重大的变化，即由黑格尔所界定的"美的艺术"转向文化研究做了概念更新的"文化"，是可称为美学研究的"文化研究转向"。本文清理了这一转折的理论历史，并由此而提出，当代的"美学复兴"将取决于它是否能够积极回应文化研究的理论及其所指涉的新的文化现实。简言之，美学的前途在"社会美学"。

国际美学界已有"美学复兴"的期待，如斯洛文尼亚《哲学论坛》作为向第17届国际美学大会（2007年7月，安卡拉）献礼的专辑[1]就是以"美学复兴"来命名的，但是，对于传统美

---

[1] Aleš Erjavec (ed.), *Filozofski Vestnik*, vol. XXVIII, no. 2, Ljubljana, 2007. 艾尔雅维茨教授2005年夏访问北京时，我曾建议他为我们联袂主编的《国际美学前沿丛书》以"美学复兴"为题编辑一本文集，他回国后即着手此事，后来有了 *Filozofski Vestnik* 的"美学复兴"专辑。2007年我收到样刊后，感觉这个主题并未得到足够明确的论述，包括他本人所写的前言。所以，这个命题有进一步探讨的必要。

文化研究与美学复兴

学所存在的问题，以及在 20 世纪西方美学的发展史上，美学复兴的理论必然性，学界尚缺乏足够明确的认识和阐述。笔者认为，美学的复兴当取决于它能否选准自己的研究对象。也许对于任何一门科学来说，对象都是其生命之所在。本文将简要描述美学对象在 20 世纪的变迁史，冀望由此而窥测到国际美学包括中国美学的未来走向。简单地说，美学的前途在"社会美学"，以社会为对象的美学。这当然是由文化研究所提出来的命题。

众所周知，"美学"作为一门学科在其创立之初即在"美学之父"鲍姆嘉登那里被规定为关于"自由艺术的理论"，这个"自由艺术"就是后来黑格尔在其《美学》中开宗明义地以之为美学研究对象的"美的艺术"。这是一个相当狭义的"艺术"概念，如果将实用工艺、自然和社会也包括进来，那它们只能是作为在艺术中所集中体现的"美"的理念的投影。如今，美学以艺术为中心仍是一个根深蒂固的观念，似乎只有关于艺术的"美学"才具有普遍意义，而那些关于当代生活、文化现象的美学如"体育美学""影视美学""技术美学""服饰美学""旅游美学""身体美学"以及"网络美学"，等等，严厉地说，统统是歪门邪道，而即便宽容地说，其存在的价值也不过是对"艺术"的增补和烘托。非艺术或低级的艺术是不能进入美学研究的视野的。美学只能是关于高雅艺术的学问，因为唯有高雅艺术才能给人以精神的陶冶，才能培养出健康的情趣。

这在马修·阿诺德（Matthew Arnold，1822—1888）就是，唯有他所定义的"文化"，即"世上所思所言之精华"[①]，当中主要是艺术和诗，才能完成一个伟大民族所必需的人文的即道德

---

① Matthew Arnold, "Literature and Science", in his *Discourses in America*, London: Macmillan, 1912, p. 82.

的、近于宗教的和审美的教育。不同于柏拉图,作为一位文学的和社会的批评家,阿诺德是既看重教育,又寄希望于诗在其中的作用,就此而言他就像中国的孔夫子,将"诗教"提升到关乎"修齐治平"的高度,曹丕后来扩大为"文",称"文章"乃"经国之大业,不朽之盛事"。不消说,孔子的"诗"和曹丕的"文"都是经过"删""选"的那些纯正无邪的佳作,阿诺德亦在此意义上提出"好诗"(best poetry)的概念[①],而我们知道,孔子是要"放郑声"的,为的是"郑声淫",这就是说,孔子在言"诗教"时是早就规定好了雅俗之分野的。这古来的雅俗对立的观念,同样也出现在柏拉图那儿,衍化为阿诺德对作为"所思所言之精华"的"文化"与"大众"文化的区分,以及对民主化而可能造成理想丧失的忧虑。他以"文化""少数者"的优越指斥美国"大众"的庸俗和堕落,说他们只是依其低下的本能行事,只是相信从报纸上读来的东西,而对永恒的和超越的真善美毫无热情和兴趣。与追求真善美的"文化"精神背道而驰,"大众"文化不过是培育和怂恿"大众"的低级趣味和物质性欲望,因而是不能以"文化"相称的。

在此我们不拟从价值上评说阿诺德的"文化"观念,如它是进步的抑或保守的,而愿意从事实上指出一个历史性的"文化"巨变:这就是资本主义正在生产出一种反"文化"的工具主义、物质主义(materialism)和科学主义的社会意识形态,以及推助这一意识形态并构成其一个有机部分的流行文化形式。阿诺德以美国报纸为例,其中没有真实和理智,也缺乏严肃的旨趣,而仅仅是兜售名人和轰动效应。报纸作为一种"大众"媒介,原本上

[①] "我们需要的是好诗;这好诗将被发现具有一种能够塑造、支持和娱乐我们的力量,而其他任何东西都无法做到这一点。"(Matthew Arnold, "The Study of Poetry", *Selected Prose*, ed. by P. J. Keating, London: Penguin Books, 1970, p. 342)

就是大众性的,是大众需求的生产和满足;是民主性的,是对权威、精英、神秘性或独创性的瓦解。在一个大众媒介的时代,阿诺德那时只是看到了一个纸媒的阶段,美学研究包括文艺批评如果固守于"所思所言之精华",那么它将必然地流为一种唯美主义,一种复古主义,或一种"审美现代派"。

以雷蒙·威廉斯为先驱的英国文化研究在20世纪50年代末期的兴起,宣告了阿诺德(为利维斯所深化和发展的)精英主义"文化"观的终结,这就是,为阿诺德所排斥的"大众"在威廉斯这里开始成为"文化"的题中之义。按照威廉斯的重新界定,"文化"作为一种"生活方式",是既包括了传统所谓的"知识的"和"精神的",也包括了"物质的"(material)人类活动的。[①]"物质的"一语与"大众"相通,将人类的物质性活动纳入"文化"范畴,在威廉斯因而就是将普通人的指意实践即"大众文化"合法化;文化不能只是精英的,威廉斯要求,"文化是普通的"。[②]在英国文化研究史上,这种以物质性和普通性定义"文化"的一个实际后果是,"将电视、报纸、舞蹈、足球以及其他日常制品和实践开放给批判而又同情的分析"。[③] "大众文化"终于进入"文化"研究的神圣殿堂。

自然,威廉斯的本意并不是要以"大众文化"取代精英文化,如上面他那个综合性的定义所表示的,又如他在提出"文化是普通的"时所申明的——"我们在这两种意义上使用文化一词:指一种全部的生活方式——共同的意义;指艺术和学问——

[①] Raymond Williams, *Culture and Society, 1780 – 1950*, London: Chatto & Windus, 1959, p. xvi.

[②] Raymond Williams, *Resources of Hope*, London: Verso, 1989, p. 4.

[③] Chris Barker, *Making Sense of Cultural Studies: Central Problems and Critical Debates*, London: Sage, 2002, p. 68.

✳︎✳︎ 差异即对话

发现和创造性努力的特殊过程。有些作者用该词表示这些意义中的这一个或那一个。而我要坚持的是两者,是两者结合起来的重要性"。① 但是,"大众文化"之挤入"文化"的一个重大的理论后果是,传统的"文化"版图被实质性地改写了。如果说以前"文化"一直主要就是"艺术"文化,那么"文化"版图之被改写的一个美学后果则是美学将不能再是仅仅关于"艺术"的学问;换言之,威廉斯以后,美学的任务将是如何对待"大众文化"这种"非艺术"现象,一方面它无法为传统的"艺术"概念所涵括,但另一方面又不是完全与"艺术"无涉,而是有着大量的挪用和重构。由于英国文化研究的反精英性质,因而也就是"反美学"的性质,因为"美学"即隶属于一个精英的传统,其于20世纪西方美学史的意义迄今还未受到应有的重视。

与英国文化研究差不多同步,法国的社会学家和哲学家也发现并理论了与消费文化共生的社会审美文化现象。罗兰·巴特对时装的研究,列斐伏尔对日常生活的解剖,居伊·德博尔(Guy Debord)对"景观社会"的界说,一直到波德里亚对消费社会之"仿真与拟像"的指认,等等,显然与英国文化研究的态度不同,其中几乎是完全的批判而少有同情性的分析,但当代社会所具有的新的"审美"特性还是被客观地呈现出来。根据他们的理论图绘,第一,我们已经由马克思时代的"生产社会"进入后现代的"消费社会";第二,这个"消费社会"是一个将物变成了符号即"物符"(objet-signe)的社会;第三,物作为一个能指,不再代表其实际的使用价值,而是指向一个被虚构和想象的价值,或者说,在"物体系"中能指与所指的自然联系被重新组织,如"**一条小小的发带透出漂亮雅**

---

① Raymond Williams, *Resources of Hope*, p. 4.

致"被转换为"一条发带是漂亮雅致的符号"①;第四,如果我们能够承认黑格尔的经典公式"美是理念的感性显现"之关键点是"显现",那么以符号这种感性形式去显现被生产出来的诗意欲望,当会造成一个美学的世界,符号的增殖就是美学的增殖。由于电子媒介的迅猛扩张,尤其是其无穷的图像生产能力,如果说印刷以复制文学符号为主的话,符号的美学在电子媒介时代就主要地表现为图像的美学,巴特所一般而论的"符号"被波德里亚突显为图像符号和由此而来的"日常生活的普遍的审美化"(une esthétisation générale de la quotidienne)。或许有些危言耸听,波德里亚断言,整个社会的审美泛化将招致"艺术"的终结,因为"当一切都成为美学的,那就没有什么是美的或丑的,艺术自身亦将不复存在"。具体地说,"为着图像的单纯传播,艺术消失于一个平庸的泛美学之中"。② 原因在图像,是图像毫无意义的增殖终结了"艺术"的存在。而如果"艺术"真的终结了,那么以"艺术"为其研究对象的"美学"也必将走向终结。

对于"艺术"和"美学"的前景,其实,波德里亚并非如我们想象的或他本人常常表现的那样悲观,他所谓的"艺术"是有特定的内涵的:它是"真正的天才",是"冒险",是"幻想的力量",是"对现实的否定和与现实相对立的另一场景",是"一种超越性的形象"——"在这一意义上,艺术消失了"。③ 我们知道,这是康德和浪漫主义运动以来所形成的现代性"艺术"概念,是"审美现代派"的"艺术"理想。因而波德里亚所宣称的"艺术的终结"就不是一个泛泛之论,而是被他赋予了一种

---

① [法]罗兰·巴特:《流行体系——符号学与服饰符号》,敖军译,上海人民出版社2000年版,第51页。黑体为原有。

② Jean Baudrillard, *La transparence du mal: Essai sur les phénomènes extrêmes*, pp. 17, 19.

③ Jean Baudrillard, *La transparence du mal: Essai sur les phénomènes extrêmes*, p. 22.

具体的历史意味,即"艺术的终结"在他意味着一个现代性"艺术"观念的终结,由此"艺术"将步入一个后现代的"泛美学"(transesthétique)的新时代。

面对艺术的转型,美学应当如何因应之而不致自身被历史所抛弃,是20世纪许多美学家思考的一个主题。除上面提到的英法作者外,还有如美国的杰姆逊,他将艺术置放于后现代文化语境的考察已成经典;又如阿瑟·丹托,其"艺术界"理论表现了对艺术史传统所拒斥的种种实验艺术的认定和接纳。再有更是尽人皆知的德国本雅明的艺术在机械复制时代的"灵晕"的消失,霍克海默、阿多诺和马尔库塞对"文化工业"的以艺术为其救赎的批判,无论其是否正确,都应视为对在审美对象即"艺术"发生变化之后的美学前途的积极求索。

具体评价这些求索之得失不是本文的任务,在此笔者只是提出:第一,将审美对象的变化即"艺术"的"文化"化、"大众"化或日常生活化作为理解20世纪西方美学的一个有益的透视角度;第二,从这样一个20世纪西方美学的发展轨迹看,我们似乎可以期待:美学的复兴将取决于它对文化研究问题的回应,这不止是对文化研究的理论,而且也是对此理论所指涉的新的文化现实的回应。理论从来就是在两种联系中生存的:一是与其他理论,二是与它所对应的现实。今天如果美学还想有所作为的话,怕是一个联系也不能少。

汉学文化理论

——一个有待开发的学术领域

阅读提示：21世纪以来有两股强劲的学术新潮：一是文化理论研究，二是国际汉学研究，它们各擅胜场，各有读者，似乎"鸡犬之声相闻，老死不相往来"。不过，这种相互间人烟不通的局面，对于两者来说，都将是莫大的损失。本文以汉学之如何处理日常生活和他者为例，试图证明，汉学与文化理论具有本质性的联系，或者说，汉学天生就是一种文化理论。而且伴随着中国经济的日益全球化以及必然跟进的中国文化的全球化，汉学家的目光将扫荡中国文化资源的方方面面，以解决当代文化理论的种种疑难，那时汉学将是全方位、全时间的文化理论。目前我们需要沟通汉学和文化理论，开辟"汉学文化理论"这样一个新的学术领域。

21世纪的中国，呈现出两股强劲的学术新潮：一是文化理论研究，二是国际汉学研究。前者借着媒介技术的迅猛发展而兴盛，后者则迎着中国重新崛起的东风而招展。就前者而言，即使那些不懂文化理论为何物的普通人也会口口声声放谈"文化"："日常生活审美化"是文化，汉服唐装是文化，网络阅读是文

❋❋ 差异即对话

化，品鉴经典也是文化，等等。有视觉文化、听觉文化、味觉文化（美食）、服饰文化、消费文化、娱乐文化、流行文化、雅文化、俗文化、粉丝文化、青年亚文化、女性文化、旅游文化、居室文化、游戏文化、民间文化、全球文化、地方文化、文化帝国主义、后殖民文化、现代文化、后现代文化、生态文化、媒介文化、身体文化、政治文化……只要有不同的文化关切和聚焦，便会有不同的文化研究和文化理论团契，且相互交叉、相互包含，共同酿成文化的理论大观。在此谨严的分类学已经失效，学术研究也变得率性而为、我行我素；没有规划，只有随机的"bricolage"。文化理论天马行空，在各门曾经壁垒森严的人文社会科学之间进出自如，如入无人之境。文化理论是跟着问题走的，而问题则不受学科限制，甚至也不受国界限制；恰恰相反，文化理论从越界中得以滋润和茁壮。

再就后者而言，虽然普通人自不会有那等闲情逸致去招惹，但在学术界，汉学或中国研究则成了新的学科亮点。并非完全出自学术上的不自信状态，国学家们如饥似渴地阅读国外同行的著述。对于中国文学，似乎汉学家更有发言权，其声响动静更大，更具新闻效应。想一想德国汉学家顾彬吧！是否知晓汉学形状成为一位国学专家是否国际化以及是否具有国际视野、国际声誉的标识。例如，在某些国家级古代文学研究室，几乎人人都能写出本专业域外汉学研究的文章。新一代国学家不再只是"小学"通，而且必须是外语通。那些反对用英语讲授中国研究的学者表达的是某种被国际化浪潮所抛弃的失落和恐惧，而这正从消极一面证明汉学的摧枯拉朽的淘汰力量。回应于学界对汉学的热情，图书采集，机构设置，期刊创办（包括栏目开设），也都是积极跟进，寸步不落。汉学是当前学界的新风尚，其引入已经重构了国学的知识版图。一个外来视点的引入诚然不会改变对象本身什么，但这个对象作为"对象"则绝对不再是作为那个"物自体"

汉学文化理论

的存在了。

文化理论研究和汉学研究这两股新潮似乎各擅胜场，各有读者，"鸡犬之声相闻，老死不相往来"，互不打扰，好像也不存在相互了解和探听的愿望。然而这种相互间人烟不通的局面，对于两者来说，都是莫大的损失。

由于汉学在整个西方学科体系中的边缘位置，没有主流的文化理论家会怎么关注汉学对他们究竟有什么意味。对于他们的理论建构来说，汉学就是可有可无，有它不能增益什么，无它亦不会减损什么。而汉学本身自是守着温良恭俭让的美德，在自家的一亩三分地上精耕细作，不越雷池一步。汉学没有什么挑战以至颠覆主流学科及其价值体系的欲望和野心，它常常是提供一种差异、变体、多样性，其作用仅在佐证西方人文社会科学的真理性和普适性。这就是萨义德所批判的"东方主义"以及类似的顾明栋所谓的"汉学主义"。文化理论家与汉学家没有自觉到对方的真正价值，但不自觉并非不存在，他们对于彼此的价值有待我们将其作为一个问题提出来研究。

实际上，汉学具有丰富的文化理论蕴藏。虽然就具体的汉学家而言，其某项研究可能归属于现代学科的某个类别，如一位汉学家也会写中国文学史、中国美学史、中国哲学史、中国科技史等，虽然汉学通常也是作为一门学科而置身于大学教研体系的，但总体来看，他们较少或最少受到现代学科体系的污染。研究中国人及其文化，他们采取的是整体观照的模式。在汉学的起步阶段，无例外地都有编纂汉语词典的历史，这自然是说语言（符号）是了解一种文化的前提，但也是喻示着汉学被赋予整体地呈现中国文化的使命。中国汉学研究者注意到："中国学从它的早期算起，就和其他的东方学学科有着一项共同之处，这就是指的从一开始它们的方向针对着**研究对象的文化的整体**，因而中国学的研究对象并不仅仅是中国的语文学和

※※ 差异即对话

语言学，而是考虑到它的**所有现象**的历史，例如中国的宗教和哲学的历史，总而言之，是为了研究**中国文化的一切形态**。"据介绍，欧洲流行的"汉学"定义就是对中国的整体研究，"对于它的历史、语言、文学、宗教、精神文明和**物质文明**进行的研究"。①汉学这种与生俱来的性质使它即使在研究某一具体学科时也不是与其他学科做断然切割的。例如，李约瑟的《中国科技史》，其本来书名则是"中国的科学和文明"，绝不如中译名所表示的只是局限于科技一隅。

也许更能体现汉学的整体性观照的还不是在研究某一具体主题时联系的观点，而是其始终一贯地对中国人日常生活的关注。早期传教士的汉学（如果也可以如此归类的话）不必说，即使现代学科体制内的汉学亦复如是。一向偏重于（古典）文本的汉学研究既不偏枯于"精神文明"的探幽，同时也属意于"物质文明"的观览。精准言之，它既非因"精神文明"而一叶遮目，亦非流连于"物质文明"而忘返，它把玩的是"文化"，是威廉斯意义上的"文化"。在其《文化与社会》（1958）一书，威廉斯将"文化"定义为"全部的生活方式，包括物质的、知识的和精神的"②；在其《漫长的革命》（1961）中，他又补充说："文化是对一种特殊生活方式的描绘，这种生活方式表达某些意义和价值，但不只是经由艺术和学问，而且也通过体制和日常行为。依据这样一个定义，文化分析就是对暗涵和显现于一种特殊生活方式即一种特殊文化之意义和价值的澄清。"③威廉斯并未

---

① 黄长著，孙越生、王祖望主编：《欧洲中国学》，社会科学文献出版社 2005 年版，第 449—450 页。黑体为引加。

② Raymond Williams, *Culture and Society, 1780 - 1950*, London: Chatto & Windus, 1959, p. xvi.

③ Raymond Williams, *The Long Revolution*, London: Chatto & Windus, 1961, p. 41.

汉学文化理论

将精英文化如"艺术和学问"从他的"文化"定义中剔除出去,他不需要这样做,而是将物质性的日常生活揽入"文化"的怀抱。这种重新组织了的文化定义对于威廉斯本人当然含有其一厢情愿的乌托邦暗示,我们不去理会它;而对于汉学来说,这则意味着认日常生活为一种文化的整体显现。文本内容或是虚假的,而日常生活即使在最挑剔的分解中(即将日常生活分解为话语与生命两个构件)至少也有一半是真实的。入手于中国人的日常生活来描摹中国文化的整体图景是汉学自始以来的选项。翻检汉学书目,如下的主题比比皆是:礼仪、婚俗、丧礼、节庆、祭祀、图腾、妖术、信仰、家法、服饰、缠足、饮食、吉祥物、护身符、占卜、谣言、养殖、日用器物、历法、城市、街道、建筑、庭院、商贾、娼妓、园林、花卉、疾病、武术,等等。与日常生活相关的一切,汉学几乎无不涉及,本末兼察,巨细毕究。这不能理解为发达社会的学术特征,细碎得让普通读者倍觉乏味的个人癖好,它出自一种对于日常生活的信仰,相信它即使不是包含着最丰富的却也绝非一种贫乏的文化的信息。在呈现中国人的日常生活方面,法国的葛兰言可谓典范,其《中国古代的节日和民歌》(1919)、《古代中国的舞蹈和传说》(1926)等著作均为世界汉学之一代翘楚。他提出,中国古代社会的基础不只是农业,而更是战争和狩猎,这无疑是很有创意的观点。葛兰言的出现不算偶然,他有两个师承:一是信奉科学考证的汉学家沙畹,一是社会学家涂尔干,两位导师促成了其在汉学史上所发起的从语文学向社会学的方法论转向。本质上说,这是由文本到生活的转向。这一转向的意义颇有类于英国文化研究史上出现的从阿诺德"所思所言之精华"的文化向威廉斯的作为日常生活的文化的转向,自此而后日常生活便成为学术研究的题中之义了。顺便指出,涂尔干的"社会事实"与威廉斯的"日常生活"虽非完全相等的概念,就其表情达意而言,实际上也没有任何两个概念是

※※　差异即对话

完全相等的，但二者之间显然存在着某种于指谓和态度上的重叠，即它们都含有对物质文化在人类活动中之决定性意义的认知和重视。

　　韩愈有一首小诗，曰："天街小雨润如酥，草色遥看近却无。最是一年春好处，绝胜烟柳满皇都。"此诗若是移用于解释汉学何以喜对中国文化作整体观尤其是通过日常生活而作整体观的奥秘，则会使我们顿生豁然开朗之感：汉学在描摹中国文化特色方面具有天然的位置优势，它是"遥看"而非"近"观于中国文化，故可以看见"草色"，而此"草色"乃对象之整体而非细部之形象。这种由"遥看"而产生的整体形象构成了汉学的"绝胜"景观。

　　学界最近在争论汉学的性质，有以之为"中学"的，就是说它是研究中国文化的，是关于中国的学问，也有目其为"西学"的，因其观察角度、评价尺度和趣味范围皆本源于西方，是西方学术的一个分支。但多数学者还是较为辩证和客观的，如阎纯德先生说："汉学对外国人来说是他们的'中学'，对中国人来说又是西学，它的思想和理论体系仍属'西学'。"他借鉴严绍璗先生的措辞，将汉学定位于"泛比较文化研究"。[①] 钱林森先生的看法完全相同，他认为，西方人所写的游记作品——如前所谓，它们归属于"汉学"——"既是中国学者研究'西学'的重要历史文献，又是西方人研究'中学'的历史文本"。[②] 的确，汉学既非纯粹的西学，亦非纯粹的中学，其特点不是"纯粹"，

[①] 阎纯德：《序二：汉学历史和学术形态》，载熊文华《英国汉学史》，学苑出版社2007年版，第6、5页。

[②] 钱林森：《"走进中国文化"译丛总序》，载维克多·谢阁兰《谢阁兰中国书简》，邹琰译，上海书店出版社2010年版，第2页。

而是"混杂",**是对象与观看的混杂!**① 如此而言,其方法必然就是"比较"了。汉学是"比较文学",是"世界文学"! 没有问题! 然而,"比较"和"世界"又是什么呢?"比较"和"世界"是"求同"还是"显异"?"比较"和"世界"是走向"普遍性"还是"特殊性"? 是为了建构一种一直被误解为**均质**的"世界文学"抑或同样一直被误解为**只有差异**的"民族文学"? 再或者,"比较"的目的根本就不是或此或彼、非此即彼,而是亦此亦彼、彼此不分? 进一步说,"世界"绝不意味着取同一而舍差异,而是一种关系,一种"星丛"状态,在其中差异得以显出于其与其他事物的关系和共在之中? 联系于一个常谈不倦的话题,马克思的"世界文学"与"民族文学"概念难道就如我们寻常想象的那么冰炭不容吗? 对"比较"以及"世界"的这些问题的回答使汉学身陷当代文化理论的又一旋涡,即它必须处理主体与他者、同一与差异的复杂链接。

  过去的 20 世纪,法兰西为我们贡献了最伟大的差异哲学家,如列维纳斯、德里达、德勒兹、利奥塔等。无独有偶,法兰西也为我们同时贡献了最伟大的差异汉学家,而且其运思的力度、深度、广度、复杂性以及解决当代社会问题的冲动和热情丝毫不亚于那些职业的哲学家。再进一步说,如果将这些汉学家也列入法国哲学史,那么其差异哲学的发端将会提早半个多世纪。在这一意义上,或许我们能够说,是汉学家开启了 20 世纪法国的差异

---

① 有人将"汉学"归之于"西学",从学理说,是因为其与国学相异的视角,文化的或者意识形态的,等等。这种观点是尼采的"透视主义"——"没有事实,只有阐释",是德里达的解构论——"文本之外无一物",是公孙龙的指物论——"物莫非指,而指非指",他们认为视角或符号根本不能反映对象本身,而只会模糊甚至歪曲对象。但汉学就是"汉学",是关于中国的学问。对于其对象,它既有遮蔽,也有显露;不会全然地遮蔽,也不会全然地显露。"东方主义"中仍有真实的东方,"汉学主义"中也不乏真实的汉学。学界之所以有"汉学心态",不过是因为"汉学"无论如何都是中国的一面镜子。

※※ 差异即对话

哲学史。我首先指的是汉学家谢阁兰（1878—1919）。这位日渐被发现的汉学家早在世纪之初就开始了其差异之旅。其代表性作品是于 1904—1918 年陆续写出的《论异域风情》（*Essai sur l'exotisme*）。据托多罗夫观察，对待"异域风情"，"当时法国还没有人像他那样进行如此深刻的思考"，谢阁兰重新界定了"异域风情"：它不是一种对异域的旅行体验，而是一种无处不在的体验，即只要"我们能区分体验中的感知主体和被感知客体，异域风情就诞生了"。① 简单表述，"异域风情"就是出现在主客体之间的"相异性"，是"距离""差异""他者"和"神秘"的同义语。由此观之，"异域风情"便已经是哲学的传统主题了，它是客体对于主体的不可认识性、不可穷尽性。谢阁兰将"差异"提升到"生命"之源动力的高度，因为生命有赖于感觉，而感觉则需要差异的激荡。为了捍卫我们的生命，谢阁兰向一切有害于"差异"的敌人作战，他们是殖民者、旅行者、传教者、人类价值或普世价值的狂热推行者，等等，其共同特点就是化约他者、整合他者，将他者变成自我的另一版本。保持差异，就是保持世界的多元之美，保持对异质文化的尊重，而这反过来也是保持自我的活力。谢阁兰没有赶上我们这个电子媒介时代，否则在其差异敌人的名单上他一定会列上"全球化"。对于"全球化"，他的观点将一定是如托多罗夫所代为申论的："世界语并不存在。人类的统一只不过是一个空洞的词。完美的交汇只不过是幻想"，就像在个体之间，"民族之间最终存在不可渗透性"，"异域体验者的体验因此被保存下来"。② 不过，我们也不必替谢

---

① ［法］茨维坦·托多罗夫：《我们与他人：关于人类多样性的法兰西思考》，袁莉、汪玲译，北京大学出版社 2014 年版，第 298、295—296 页。
② ［法］茨维坦·托多罗夫：《我们与他人：关于人类多样性的法兰西思考》，第 300—301 页。

阁兰感到惋惜，其关于差异的乌托邦虽然直接面对的是现代化及其后果，然如吉登斯所谓，现代化的后果就是全球化。谢阁兰是活到了全球化时代的文化理论家！

差异汉学在法国代有传人。如果说谢阁兰是间接地对全球化发言，需要我们的揣摩和引申，那么继承其衣钵的当代汉学家和哲学家朱利安（曾译"于连"）则是直面全球化时代的文化问题。他是我们的同代人！阅读朱利安，你会觉得，在精神气质上，在理论主张上，他活脱脱就是一个再版的谢阁兰！是全球化时代的谢阁兰！朱利安有一著名的论点，就是迂回中国而进入希腊。他认为，我们无法在自己所处身的传统之内而真正地认识这一传统，我们必须走出这一传统，在距离性的反观中走近它，进入它。"必须脱离家族传统，必须切断血统联系，必须保持某种距离。"而"与欧洲没有实际的借鉴和影响关系"的中国恰就是他所渴慕的能够构成距离以认识的一个异托邦，"在［此］遥远国度进行的意义微妙性的旅行促使我们回溯到我们自己的思想。事实上，我们越深入，就会越导致回归"。① 出走，远行，背离，外在性，这一切是为了更好地返乡！

但是，对于朱利安而言，"迂回和进入"不是进行"比较"和发现"差异"的学术之旅。他微妙地否定了"差异"和"比较"这样在跨文化研究中所惯常使用的词汇及其代表的思维方式，而代之以他所独创的"间距"（écart）和"之间"（entre）。根据他的观察，"差异是一个认同概念"②，它遵从同化的

---

① ［法］弗朗索瓦·于连：《迂回与进入》，杜小真译，生活·读书·新知三联书店1998年版，"前言"第3—4页。
② ［法］朱利安：《间距与之间：如何在当代全球化之下思考中欧之间的文化他者性》，卓立译，载方维规主编《思想与方法：全球化时代中西对话的可能》，北京大学出版社2014年版，第23页。

❋❋ 差异即对话

逻辑，以认同为前提，且以认同为目标始终。于是无论怎样，差异的实际后果都将是差异和他者的弭除。甚至"比较"这个即便看起来颇为中性和温和的术语，在他的手术刀下也暴露出其逻各斯中心主义的毒瘤，它在性质和在效果上都比"差异"好不到哪儿去：

> 的确，一旦论及差异，人们就区分"相同的"（le même）和"别的/其他的"（l'autre），他们因此又回到自己的家了。大家是否知道，"比较"是一种不移位的方式（ne pas se déplacer），即不离开（ne pas quiter），所以是不进入（ne pas entrer）。因为人们还停留在他们据以出发的范畴里，这些范畴高悬在上，人们便根据它们来归类安置事物；在这种情况下，异质性（l'hétérotopie。引注：异托邦）和"离乡背井"（le dépaysement）没有起任何作用。①

简明言之，"差异"和"比较"的问题在于其预设一个高于客体、他者、别处的普遍性范畴，并通过将后者悉数塞进这一既有的范畴而取消了后者。在做分辨和比较时，"我的观点永远是范畴的/类型的"。② 而只要寸步不离于自己的范畴和藩篱，我们就将永远徘徊在"异域风情"的门外，而且也永远看不清自身传统的真面目，更不可望生产出新的文化可能性。"差异"和"比较"是懒惰的和不孕不育的概念！

与"差异"或"比较"相反，"间距"不预设一个范畴，而

---

① ［法］朱利安：《进入思想之门：思维的多元性》，卓立译，北京大学出版社2014年版，第18页。
② ［法］朱利安：《间距与之间：如何在当代全球化之下思考中欧之间的文化他者性》，卓立译，载方维规主编《思想与方法：全球化时代中西对话的可能》，第25页。

汉学文化理论

是开辟一个逃离了范畴的"之间",这个"之间"非此非彼,也不具有"己身"和"存有"。毋宁说,"之间"是一种动态的并因此而具有生产性的关系。这一"之间"构成了"间谈"(dia-logue)、"间统"(dia-stème)、"间辩法"(dia-lectique)①,其中"间"就是列维纳斯的"面对面",就是我们所谓的"对话主义":对话既是一种主体间性,又是一种他者间性。"间性"或"之间"不是统合,而是协商,在协商中认识他者,也认识自我,获得共享,并创造出新的文化形式。

朱利安反对"文化认同",他根本不相信有"文化认同"这种东西。他的文化理想是变化:"文化必须变化。……变化使文化活泼生动",结果"文化肯定是复数的"。是"间距"和"之间"保证了文化的变化、生产和复数形态!他反复咏叹:"差异是一种归类概念——差异正是分类与类型学的主要工具,间距则是一种探险开拓的概念,具有发现的功能。"② 我们听之愀然!我们这些以"比较"为志业的学者啊!在"比较"中我们能够得到什么新的东西呢?!

无需更多的铺陈和引证,以上本文仅以汉学之如何处理日常生活和他者为例就已充分证明,汉学与文化理论具有本质性的联系。换言之,汉学生来就是一种文化理论。而且伴随着中国经济的日益全球化以及必然跟进的中国文化的全球化,汉学家的目光将扫荡中国文化资源的方方面面,以解决当代文化理论的种种疑难,那时汉学将是全方位、全时间的文化理论。不过,当汉学世界化之际,当中国文化资源如古希腊文化那样被普遍使用之际,

---

① [法]朱利安:《间距与之间:如何在当代全球化之下思考中欧之间的文化他者性》,卓立译,载方维规主编《思想与方法:全球化时代中西对话的可能》,第38页。

② [法]朱利安:《间距与之间:如何在当代全球化之下思考中欧之间的文化他者性》,卓立译,载方维规主编《思想与方法:全球化时代中西对话的可能》,第24、39、26页。

❋❋ 差异即对话

它也就不复存在为"汉学"了,一并消失的还有"西学"和"中学",更遑论其二元对立。未来只有一门学问,即"世界学",它是解决当代世界问题的学问。

理解媒介的延伸

——纪念麦克卢汉《理解媒介：人的延伸》发表 50 周年

阅读提示：庄子由感性入于"道"境，旨归在"道"，感性最终被否弃；而麦克卢汉则试图通过对感性的寻找和发掘以召唤和恢复被理性化所撕裂和埋葬的人性整体性，始于感性且终于感性，在在不离于感性，就是说，感性既为其"术"（方法），亦为其"道"（目的）。

2014 年是麦克卢汉堪称 20 世纪思想经典的《理解媒介》（1964）出版 50 周年。半个世纪以来，我们生活于其中的世界的最大变化也许不是什么苏联解体、冷战结束、新金融危机，甚至所谓"中国的崛起"或"美国的式微"，而是已经无处不在、无时不有的媒介，它深入地改变了我们最日常的生活、我们的文化行为以及我们看待世界的方式。一切都似乎呈现为"媒介的后果"，连恐怖主义都是媒介的后果。恐怖主义的目的不是制造恐怖情绪，而是恐怖情绪的大众传播。从某种意义上说，当今的"文化理论"也是媒介的后果：试想一下文化理论的主要对象大众文化的由来吧！"大众"是被现代传媒建构起来的。

❋❋ 差异即对话

　　一切都要从媒介说起，一切都要从媒介获得解释。犹如"资本"曾经是理解19世纪社会的一把钥匙，如今媒介则成为把握我们这个时代的超级方法论！以前我们读马克思，今天我们读麦克卢汉，或者，"倾听"麦克卢汉。马克思是全世界无产者的精神导师，麦克卢汉堪称全世界网民的至圣"法师"（guru）。但麦克卢汉之后，谈论"资本"而不同时谈论"媒介"将是野蛮的、言不及义的和不得要领的，因为今日的资本首先为媒介如电子媒介所显形。

　　站在电子媒介的制高点上，麦克卢汉指点，马克思是19世纪的"硬件人"，其全部思想都是建立在"硬件产品"的生产和销售上，他想象不到20世纪最重要的商品是无形的"信息"（information）。① 由于"信息"为电子媒介所创造，是电子媒介将整个世界包括资本或商品数码化的，麦克卢汉所呼唤的由"产品"到"信息"的转换实质上也就是一个"媒介"转向，即在观察社会巨变时对一个媒介视角的启动。

　　媒介是当代人的运命。"运命"意味着展开，但同时也意味着它只能以某种方式而展开。柏拉图曾喋喋不休地教诲我们要按照"理念"来观察世界，亚里士多德将此"理念"科学化为"形式"。康德告诉我们这些都是"先验范畴"，我们必须经由它们方可"理解"对象。而麦克卢汉则是非常具体地告诉我们，"理念""形式""先验"其实一点儿也不玄虚，它就是我们每日都在与之打交道的媒介。他宣称"媒介即信息（message）"，强

---

① 参见 Marshall McLuhan, *Understanding Me: Lectures and Interviews*, ed. Stephanie McLuhan and David Staines, Cambridge, MA: The MIT Press, 2003, pp. 282 - 283。此处的"information"和下文的"message"均译为"信息"。大体上说，"information"既包括"媒介"（medium），也涵有其所传递的"message"；与此类似，"message"就其拉丁语源（missus）看也有"传送"的意思，即也关涉"媒介"。不过，这并非说，在当代英语中，二者可以互换使用。

理解媒介的延伸 ✽✽

调媒介对于信息建构之决定性作用；这个决定性作用，在我看来甚至是前提性的，就是说，没有媒介，便没有信息！没有媒介，便没有我们对于对象世界的知识。霍尔说过，不经编码，无以成新闻。套用这个说法，不经媒介，无以成信息。

因而，问题不是我们要不要媒介，而是媒介根本上就内在于我们，是我们先天的认识机能（faculties）或主体性。媒介是我们"内在的尺度"①。要不要媒介，由不得我们，它最终是要由媒介说了算的。人类为媒介所定义！我们人类如果不只是一堆"质料"的话，那么它就还是或者说更是作为"形式"的"媒介"。没有媒介，我们将流为行尸走肉！

麦克卢汉的《理解媒介》即便不是当代世界的百科全书，其"媒介"概念几乎无所不包，包括人的一切"延伸"，也可谓理解这一急剧变化世界的工具箱。其媒介理论已为人文社会科学所广泛使用。然而在此使用或挪用中，我们发现，麦克卢汉媒介研究的内在精神却被模糊了或是被遗忘了，这个精神是美学精神，是以想象性文学所代表的人文价值。请记住，麦克卢汉首先是一位文学教授！文学是其媒介解释学的"前见""前结构"。例如，其"地球村"概念是一媒介概念，我们只是在媒介的意义上生活在"地球村"，然其根底里则是一个美学的或曰感性的概念。通

---

① ［德］马克思：《1844年经济学哲学手稿》，中央编译局译，人民出版社2006年版，第58页。原文如下："动物只是按照它所属的那个种的尺度和需要来构造，而人懂得按照任何一个种的尺度来进行生产，并且懂得处处都把内在的尺度运用于对象；因此，人也按照美的规律来构造。"就此语境而言，所谓"内在的尺度"就是人类本身所固有的尺度，它不经反思、不为意识控制，从而就是客观的，犹如任何物种的尺度。而"懂得"运用其自身"内在的尺度"以及其他物种之尺度的则是人类自由自觉的意识活动。马克思指出："自由的有意识的活动恰恰就是人的类特性。"（同上书，第57页）因此，人的"内在的尺度"不是"人的类特性"，而是人的动物属性。异乎此，我们在"人的类特性"的意义上使用"内在的尺度"这一概念，这样做有节约词语的考虑。

❋❋ 差异即对话

过"地球村"以及电子媒介所创新的"听觉空间",麦克卢汉发起了对建立在机械化基础上的理性主义的猛烈批判,同时在电子媒介的世纪看到了古老的整体感性的新生,看到了艺术或生态的复苏:

> 也许我们可以能够想象到的最伟大的信息革命发生在1957年10月17日(应为4日——引注),其时人造卫星为地球创造了一个新环境。自然世界第一次被完全囊括在一个人造的容器之中。在地球走进这一新的人工制品时,自然终结了,而生态(ecology)却诞生了。一旦地球上升至艺术作品的位置,"生态"思维便成为不可避免的事情。①

麦克卢汉是后现代主义的先驱,以其媒介洞识开辟了后现代主义的思想场域。我以为,所谓"后现代主义"就是一种艺术的思维、文学的思维——如果说这里提及"文学"而不致产生误解的话。有必要重申这个老生常谈吗?文学即艺术!

在西方文艺史上,或许有过所谓"审美现代性"之类的东西,如法兰克福学派所断称的,但对于麦克卢汉来说,美学或艺术,倘使失去了康德、席勒所要求的"自主性",这在电子媒介时代就是,不再有"聚焦""中心""深度",不再有"视觉性"而只有"听觉性",不再有"自然"而只有"生态",一句话,不再有坚硬的"主体性",则将是"后现代"的。② 我们不必等

---

① Marshall McLuhan, *At the Moment of Sputnik the Planet Became a Global Theater in Which There Are No Spectators But Only Actors*, *Marshall McLuhan Unbound* (05), ed. Eric McLuhan & W. Terrence Gordon, Corte Madera, CA: Gingko Press, 2005, p. 4.

② 麦克卢汉"经常将我们所称的'后现代'的开端在时间上标定在19世纪早期电报的发明和使用"(Glenn Willmott, *McLuhan, Or Modernism in Reverse*, Toronto: University of Toronto Press, 1996, pp. 157-158),而"现代"则是发轫于古登堡的印刷术。

理解媒介的延伸

待麦克卢汉亲手为我们铸造一个新术语，"审美后现代性"，因为如我们所阅读的，他已经将我们引领到这个术语面前。

古老的中国曾给麦克卢汉以后现代的灵感。也许有读者对麦克卢汉关于中国文化的总体论述不以为意。的确，麦克卢汉未必能够准确地把握中国文化的复杂性和多面孔，其他人也未必，包括那些沉潜和濡染其中的中国学人。但是，具体于其对道家、对庄子的引述，我们倒是可以斗胆放言，麦克卢汉绝对是正确地接通了作为道家的庄子与后现代主义，且恰切地用于支撑他自己的"审美后现代性"的媒介观。在其两部最重要的著作《古登堡星汉》和《理解媒介》中，麦克卢汉都引用了庄子"抱瓮出灌"的故事——庄子不是麦克卢汉擦肩而过的陌路：

> 子贡南游于楚，反于晋，过汉阴，见一丈人方将为圃畦，凿隧而入井，抱瓮而出灌，搰搰然用力甚多而见功寡。子贡曰："有械于此，一日浸百畦，用力甚寡而见功多，夫子不欲乎？"
>
> 为圃者卬而视之曰："奈何？"曰："凿木为机，后重前轻，挈水若抽，数如泆汤，其名为槔。"为圃者忿然作色而笑曰："吾闻之吾师，有机械者必有机事，有机事者必有机心。机心存于胸中，则纯白不备；纯白不备，则神生不定；神生不定者，道之所不载也。吾非不知，羞而不为也。"
>
> （《庄子·天地》）

故事是从海森伯那里转抄过来的，然而，在其中麦克卢汉比海森伯更真切地嗅出了技术的感性意味。他从这则故事中引申出两个论点：第一，技术的后果是感性的；第二，每一技术如果作为某一感官的延伸的话将引起整个感觉比率的改变：

※※ 差异即对话

撇开所有的评价不论，我们今天必须知道，我们的电子技术影响到我们最日常的感知和行为习惯，从而立刻在我们身上重新创造最原始的人类所具有的那种心理过程。这些影响不是发生在我们的思想和观念中，因为在这里我们已经学会了批判，而是在我们最日常的感性生活中，这创造了思想和行动的涡流和矩阵。[1]

与理性之旨在分割和分裂比而论之，感性的本质是整体性的。例如，麦克卢汉指出，"广播的效果是视觉的，照片的效果是听觉的。每一种新的作用都会改变所有感知之间的比率"[2]。也许此处要稍稍修正麦克卢汉的是，为了强调技术的感性作用，他否认了技术对于思想和观念的作用；而事实上，技术对感觉系统的改变也终将引起思想和观念的改变。技术对人的延伸是深刻而全面的，既在感性层面，亦在理性层面。但无论如何应当感谢麦克卢汉的是，他启发我们，任何意识形态的革命如果不经由或者不引发感性的革命，终将是不彻底的，也因而是昙花一现的。似可以争辩：人类迄今为止最深刻的革命当是感性革命或美学革命。

如果说仅靠如上文献，麦克卢汉还不能顺顺畅畅地将庄子带向其通过电子技术所开辟的后现代场景，那么在他未能征引的庄子文本中，庄子则活脱脱就是他所希望的那样一位后现代主义者：跃然纸上，如在目前！我们不知道应该为麦克卢汉感到惊奇呢，惊奇于其敏锐的洞察力，还是为麦克卢汉感到庆幸，庆幸其不待耕耘而竟有收获，反正庄子哲学即使不能说与后现代主义完

---

[1] Marshall McLuhan, *The Gutenberg Galaxy: The Making of Typographic Man*, London: Routledge & Kegan Paul, 1962, p. 30.

[2] Marshall McLuhan, *Understanding Media: The Extension of Man*, critical edition, edited by W. Terrence Gordon, Corte Madera, CA: Gingko Press, 2003, p. 95.

理解媒介的延伸

全叠合，那也是息息相通、意趣相投的。

限于篇幅，在此我们仅举两例以作证明：

> 南海之帝为儵，北海之帝为忽，中央之帝为浑沌。儵与忽时相与遇于浑沌之地，浑沌待之甚善。儵与忽谋报浑沌之德，曰："人皆有七窍，以视听食息，此独无有，尝试凿之。"日凿一窍，七日而浑沌死。（《庄子·应帝王》）

这个故事要与老子的"五色令人目盲，五音令人耳聋，五味令人口爽"（《老子》第十二章）对照阅读。"五色""五音""五味"均非自然之色、音、味，它们是人工或技术的产物，其特点是对于色音味的提取和强化，是将其与自然相分离。浑沌死因无他，就是儵忽以分解性思维方式取代其整体性的存在，他们错误地以为所有人都是在"视听食息"中生活、享乐，都是以"视听食息"的方式与世界相沟通；他们全然不能想象竟还有浑沌那种整体性的与世界相沟通的方式。以不同的思维对待对方，只能是相互虐待和虐杀。儵忽杀死了浑沌，而浑沌又何曾有过"待之甚善"之德？——这怕是庄子偶然的疏忽了！儵忽与浑沌的格格不入就是麦克卢汉所一再强调的"机械化"与"自动化"的矛盾和对抗。《理解媒介》开卷即指出，人们之所以会对"媒介即信息"感到惊诧，原因在于人们长久生活在一种"分解和割裂的"文化传统之中。[①]

在另一则寓言中，庄子还揭示了分解式思维如语言与感性经验的对立：

> 桓公读书于堂上，轮扁斫轮于堂下，释椎凿而上，问桓

[①] 参见 Marshall McLuhan, *Understanding Media: The Extensions of Man*, p. 19。

※※ 差异即对话

公曰："敢问：公之所读者，何言邪？"公曰："圣人之言也。"曰："圣人在乎？"公曰："已死矣。"曰："然则君之所读者，古人之糟魄已夫！"桓公曰："寡人读书，轮人安得议乎！有说则可，无说则死！"

轮扁曰："臣也以臣之事观之。斫轮，徐则甘而不固，疾则苦而不入，不徐不疾，得之于手而应于心，口不能言，有数存焉于其间。臣不能以喻臣之子，臣之子亦不能受之于臣，是以行年七十而老斫轮。古之人与其不可传也死矣，然则君之所读者，古人之糟魄已夫！"（《庄子·天道》）

在"抱瓮出灌"故事中，庄子似乎是反对技术的，但是在庄子心目中其实还有另外一种技术，就是化入感性的技术，前者是可分析、可分解的，可重复的，而后者则是感性的，是一次性的，无法传达的。轮人的技术——准确说，是"技艺""手艺"——是不可言传的，它是内在的，只能"得之于手而应于心"，在"心""手"之间流转不已而不外泄；而一旦外泄于语言，则如庄子所论，由于"道不当名"，故"言而非也"（《庄子·知北游》）。庄子对语言的不信任，就是对具有语言特征的技术的不信任。庄子的语言理想是无语言，庄子的技术理想是无技术；换言之，在语言中看不见语言，在技术中看不见技术，甚至连"看"本身都是多余的、累赘的，它妨碍对真理的接近。也许祛除了"看"，语言将成为"道言"，而非"方言"，技术将成为"道术"，而非"方术"。

关于庄子和海森伯的关系，麦克卢汉描述说："现代物理学家与东方场论亲如一家。"[1] 这话用在海森伯身上可能远不如用

---

[1] Marshall McLuhan, *The Gutenberg Galaxy: The Making of Typographic Man*, p. 28.

在他本人身上更为妥帖，因为无论麦克卢汉抑或庄子显然都要比海森伯重视感性一些。庄子是感性后现代主义者，麦克卢汉亦复如是，虽然感性在他们的思想体系中扮演着不同的角色，具有不同的意趣：简言之，庄子由感性入于"道"境，旨归在"道"，感性最终被否弃①；而麦克卢汉则试图通过对感性的寻找和发掘以召唤和恢复被理性化所撕裂和埋葬的人性整体性，始于感性且终于感性，在在不离于感性，就是说，感性既为其"术"（方法），亦为其"道"（目的）②。进一步界定，由于"感性"乃"美学"之基本语义，二者互通无碍，那么变换一种措辞，如前所透露的，他们还可以被称为"审美后现代"主义者。在感性或审美上，麦克卢汉与庄子亲如一家！

组织本次会议③当然是为着"纪念"的意义，为着缅怀麦克卢汉在媒介研究方面的丰功伟业，但纪念绝非考古式的复原，绝非建立一座睥睨众生的雕塑，纪念本身就是说有某物之延伸入现在，有某物织进我们的日常生活，重构着我们的经验世界。我们的纪念立足于现实，着眼于未来。我们关心的重点不是麦克卢汉实际说过什么，而是其言说对当下、对未来可能意味着什么。纪念绝不只是为着逝者，更是为着现在，为着来者。纪念是继往开来！

在此意义上，本书④选辑的这些以"理解媒介的延伸"相召

---

① 参见金惠敏《论"内通"非"通感"——钱锺书道家通感论接读》，《首都师范大学学报》2014年第6期。

② 参见金惠敏《感性整体与反思整体——麦克卢汉、海德格尔与维科的互文阐释》，《南华大学学报》2014年第6期。

③ 2014年9月19日至21日，中国社会科学院文学研究所理论室联合陕西师范大学文学院、加拿大多伦多大学麦克卢汉研究部以及中国中外文艺理论学会媒介分会在西安共同举行"麦克卢汉/媒介研究与当代文化理论"国际研讨会。

④ 参见李西建、金惠敏主编《美学麦克卢汉：媒介研究新维度》，商务印书馆2017年版。

※※ 差异即对话

唤的论文,既以麦克卢汉的《理解媒介》为本,同时也念想着其当代意谓,堪称《理解媒介》的一个延伸或曰一次文本的再生产。不止于此,我们的"理解媒介的延伸"一语还指向麦克卢汉《理解媒介》一书的核心论点。在这部书中,所谓"理解媒介"就是理解"媒介的延伸",以及此"延伸"的感性/美学后果——这仍可称之为"延伸",因为"延伸"总是一种"后果"。

　　思想的延伸从来不是一条直线地往前走,它总是与波动、往复、迂回等结伴而行,从而呈现为婀娜多姿、异彩纷呈。"孔雀东南飞,五里一徘徊。"读者当在这样一个"延伸"的意义上看待这些受邀约的文章,它们是"延伸"而非"复制"我们的编辑意图。每篇文章都有其独立的存在和看点。最后,倘使有读者还能"延伸"这些文章的思路,延伸"延伸",拙编将幸甚至哉、载歌载舞了!

作为一个美学概念的"地球村"

——"麦克卢汉:媒介与美学"专题主持人语*

  阅读提示:"地球村"既为一媒介概念,也是一美学概念,而就麦克卢汉的本意来说,它是一个"媒介美学"(media aesthetics)概念或者"美学媒介"(aesthetic media)概念。

  普通人也许不大清楚麦克卢汉究乃何方神圣,但生活在全球化时代,则似乎无人不知、无人不晓"地球村"这个"叫词"(buzz-word),它是麦克卢汉对全球化最凝练、最形象和最有夸张意味的概括,因此不胫而走、无远弗届。然"地球村"又为何物呢?全面的研究这里不便展开,我们仅想指出的是:"地球村"既为一媒介概念,也是一美学概念,而就麦克卢汉的本意来说,它是一个"媒介美学"(media aesthetics)概念或者"美学媒介"(aesthetic media)概念。

  称"地球村"为媒介概念,大概无须多费周章,因为只要时

---

* 此栏目开设于《文艺理论研究》2015年第1期。主持人语发表时有删节,收入本文集时恢复了原貌。

※※ 差异即对话

空的物理性尚未被彻底地打破，那么"地球村"就只能是"信息性的地球村"。例如，人们尽管可以认为，北京与纽约同在一个地球村，但实际上两地之间并无抬脚便是的距离。中秋佳节，花好月圆，我想和纽约的朋友把酒言欢、推杯换盏，虽不必有李白"独酌无相亲""举杯邀明月"的孤寂，但也只能在 FaceTime 或 Skype 等视频软件所创造的虚拟空间里获得影像性的满足。因而北京与纽约作为同一个地球村就只是在媒介的意义上。一方面，我们的信息如声音、图像等可以迅即传遍全球；另一方面，我们人作为身体的存在仍在受到物理时空的限制。思想尽可以全球化，而行动却只能在当地。根本上说，"地球村"乃媒介的产物，乃媒介对物理时空的数码化和文本化，精准言之，借助数码化的文本化。而文本，我们知道，从来不等于其所反映的对象。媒介压缩了时空，但它得到的是一个被文本化了的时空，是真实时空的一个虚像，其中肉身被过滤掉了。媒介的时空就是文本的时空，因为媒介即文本，无论其为二维还是三维，本质上都是一维。

与其媒介性相比，要把握"地球村"的美学性就不一定有如上那么容易了！这涉及麦克卢汉独特的媒介研究视角。第一，"地球村"意味着一种"同时性"；第二，这种"同时性"只发生在"感觉"层面；那么，第三，众所周知，感觉的便是美学的。"地球村"对麦克卢汉而言是一种"通感"现象。他标榜"听觉空间"，似乎仍局限于某一感官，但"听觉空间"实则是各种感官的协同作用，其中没有任何一种感官可以凌驾于其他感官之上。"听觉"在麦克卢汉是无"听"无"觉"、无"知"无"识"，甚至说无关乎感官。"地球村"只能浮现于如此的"听觉空间"。单一感官不可能得到"地球村"；换言之，"地球村"是反焦点、反透视的，它是"通感"的例证。麦克卢汉当会赞赏庄子的寓言，为浑沌开凿七窍无异于"不作死不会死"，无事生非，愚不可及！

也许单是作为美学家，抑或单是作为媒介学者，麦克卢汉既不居于美学史的核心位置，也不弄潮于媒介研究的主流，但是其介入媒介的美学，或者，介入美学的媒介研究，使他同时成为杰出的美学家与杰出的媒介理论家。20世纪的社会学家、美学家大都关心媒介问题，媒介甚或成为其理论的重要构件，如克拉考尔、阿多诺、本雅明、德博尔、波德利亚、霍加特、威廉斯、霍尔以及杰姆逊、波兹曼、梅洛维茨等，但在媒介与美学的完美互动上，在思想的宏富与穿透力上，没有谁可以与麦克卢汉平分秋色。麦克卢汉鹤立鸡群！

"地球村"只是我们所举出的麦克卢汉对媒介的美学研究的一个例子，对于稍微专业一些的读者来说，其"媒介即信息"的命题，其"冷媒介""热媒介""视觉空间""听觉空间"等概念，都有美学和文学的底蕴，甚或堪称美学和文学在媒介中毫不艰难的、自然而然的"延伸"和演绎，是文学研究对媒介研究的重大贡献。

笔者沉浸麦克卢汉有年，在麦克卢汉的家乡埃德蒙顿市参加过其百年诞辰纪念大会，在据称是继承了麦克卢汉精神遗产的北美媒介生态学会大本营Fordham大学做过数月的访问研究，也探访过得其家教和真传的埃里克·麦克卢汉（媒介研究教授）以及泰丽·麦克卢汉（纪录片制作人）。对麦克卢汉以及麦克卢汉研究，可谓略知一二。我感到北美学术界现在基本上已经忘记麦克卢汉与美学的关系了，宽容地说，美学对于他们至多只是其媒介理论一个遥远的出发点，或者，一堆冰冷的灰烬。2013年访问多伦多大学时与多米尼克·谢菲尔-杜南教授谈起我的感想，她深以为然。我提议组织一批专意探讨麦克卢汉媒介研究与文学研究或美学的文章，得到了她的积极回应。随后博洛尼亚大学的兰贝特教授和首都师大的易晓明教授也表示愿意撰文加盟。我们这

❋❋　差异即对话

些文章的共同旨趣是通过麦克卢汉这一范例展示媒介研究对于文学研究的意义，反过来，文学研究对于媒介研究的意义。我们的立足点既不执守媒介一极，也不拘泥于文学一极，而是两者之间的交汇处。但这个交汇处总是闪烁不定，需要我们包括读者来发现和捕捉。

开辟"媒介美学"新学科

——"麦克卢汉与媒介生态学研究"栏目主持人语[*]

阅读提示：我们需要将媒介研究与美学研究结合起来，开拓"媒介美学"新天地，这将不只是学科上的一种突破，两者的结合意味着相互的照亮，有助于对其各自本性和特点的揭示，更重要的是，这将唤醒媒介研究与美学研究的社会责任意识。

麦克卢汉输入中国已有时日，或许可以不太精确地说，翻译不少，介绍不少，但有分量的研究成果并不多见。但是，我们推出本栏目的意图并不只是在学术上深化麦克卢汉研究，尽管所组织的四篇论文（其中一篇放在"海外传真"栏目）就此而言都颇有深度，分量不轻，应当视为麦克卢汉及其影响研究的力作；我们的目的主要是尝试在媒介研究中开辟出一种美学研究的路向，同时在美学研究中开辟出一条媒介研究的路向。

而麦克卢汉恰就是这一研究范式的开山鼻祖，他兼具了两

---

[*] 此栏目开设于《江西社会科学》2012年第6期。该主持人语在收入本文集时略有修订，并添加了注释。

者。媒介生态学[①]有两个学派，多伦多学派和纽约学派[②]，他们均奉麦克卢汉为媒介生态学的宗师，即从媒介生态学的角度彰显麦克卢汉的价值。然则，或许是受媒介研究的社会科学性质所限，身处其中的北美媒介生态学无法体会到文学教授麦克卢汉媒介研究的感性的或美学的内涵。不仅仅是媒介生态学了，相当程度地脱胎于文学研究的传媒研究界整个地似乎都在急急忙忙地"去美学化"，生怕被揭了这个"不光彩"的祖籍，玷污了其"科学化"的美名。而美学界，无论中国的或是西方的，对媒介的美学意味尚未发生兴趣，其根本原因是受"学科"（专业和职业）束缚而缺失了人文担待。

现在，我们需要将媒介研究与美学研究结合起来，开拓"媒介美学"新天地，这将不只是学科上的一种突破，两者的结合意味着相互的照亮，有助于对其各自本性和特点的揭示，更重要的是，这将唤醒媒介研究与美学研究的社会责任意识。

---

① 对于麦克卢汉—波兹曼道统、学统的"媒介生态学"（media ecology），有学者建议改称为"媒介环境学"，但这将会造成至少翻译上的麻烦。北美媒介生态学会对媒介生态学的官方定义是："It [media ecology] is the study of media environments"（http://www.media-ecology.org/media_ecology/）。纽约大学媒介生态学专业的创始人尼尔·波兹曼解释"生态学"一语说："The word ecology implies the study of environments"（Ibid）。如果硬将"生态学"翻译为"环境学"，那么以上两句引文将是："媒介环境学是关于媒介环境的研究"，"环境学一语意味着对环境的研究"。这不成了同义反复吗?! 不等于说"环境就是环境"吗?! 犯了下定义的忌讳。我们知道，唯有《圣经》里的上帝才可以说："我是我所是。"（I am who I am）而且他这么说不是没有意义的，他暗示了一种世界的自身同一性因而不可命名性，颇有老子那种道不可名的玄奥。但我们不是神，我们常人是需要通过命名来把握世界的，而要命名就要遵循彼以言此的原则。

② 北美媒介生态学学会创始会长兰斯·斯特拉特颇为自负地宣称："媒介生态学就是多伦多学派和纽约学派。"（http://www.media-ecology.org/media_ecology/）他这就是狭隘了：他没有想到媒介生态学研究是一项全球事业，没有想到媒介生态学在其全球旅行中将会产生许多变体，乃至形成新的流派。在我们看来，汲取多伦多学派和纽约学派之精华，打造一个中国特色"审美学派"并非没有可能。

开辟"媒介美学"新学科

美学走向社会是现实的要求,时代的要求;而媒介的发展也需要接受美学的考量。套用一位伟人的说法,美学的事业不会显赫一时,但将永远存在。美学是衡量社会进步程度包括技术创新的一根永远的标杆。"媒介美学"当然具有学科的性质①,但我们更愿意视之为媒介时代的新批判理论。

---

① 挪威奥斯陆大学传媒系丽芙·郝思肯(Liv Hausken)教授指出:"媒介美学成长于早前对美学、技术和媒介之相互关系进行理论化的一些尝试,例如媒介哲学(弗里德里希·基特勒)、媒介生态学(马歇尔·麦克卢汉)、媒介理论(约书亚·梅罗维茨)、媒介学(雷吉斯·德布雷)和批评理论(以瓦尔特·本雅明最为著名),而现在则为流行的被称为新媒介美学理论(马克·汉森)和视觉文化(W. J. T. 米歇尔)所影响。"(http://www.oxfordbibliographies.com/view/document/obo-9780199756841/obo-9780199756841-0199.xml)由此学科史的轮廓看,媒介美学应该是具有较强的理论性的。不过,郝思肯团队的媒介美学实际上更是一种"应用美学",主要以电影、摄影、艺术、视频、医学影像以及其他视觉媒介为研究对象,展示被媒介化的经验及其历史和文化的内涵。这种实用取向而非理论取向也是其他西方大学媒介美学教学和研究的特点。

麦克卢汉与审美后现代派

——"现代性研究与媒介生态学"栏目主持人语[*]

阅读提示：在美学上，我们可以将麦克卢汉视作"审美现代派"，然由于这种"审美现代派"被放置在电子媒介的"听觉空间"，麦克卢汉的美学大概也就没有那么"现代"了，因而与其称之为"审美现代派"，毋宁谓之为"审美后现代派"来得更准确一些。

"现代性"研究是当代学术的主旋律！20世纪60年代以来，几乎所有的重大学术论争都是对于"现代性"问题的某种回应和演绎。被公认为属于"后现代"的理论如法国后结构主义或德里达所培养的美国解构主义自不必说，那小荷才露尖尖角的北美"媒介生态学"亦当视为"后现代"大军的一翼，因而亦当置于"现代性"研究的谱系。

---

[*] 此小序原刊于《南华大学学报（社会科学版）》2014年第6期，收入本书有所修订，特别是增加了注释。

麦克卢汉与审美后现代派

"媒介生态学"是麦克卢汉对北美传播研究界的馈赠[①];尼尔·波兹曼将其作为一种自觉的理论追求,并予以体制化,在纽约大学开设了"媒介生态学"博士项目(1970年),一个与多伦多学派交相辉映的纽约学派得以诞生和成长。根据北美媒介生态学会创始会长兰斯·斯特拉特教授的初心设定,所谓"媒介生态学"本质上就是"后工业"(the postindustrial)、"后现代"(the postmodern)以及"前文字和前历史"(the preliterate and prehistoric)的。对斯特拉特来说,"后工业"乃"后现代"之不同称谓,或对"后现代"更具体之描述,"前文字和前历史"亦复如是。它们属于一个术语家族。[②] 麦克卢汉的后现代本色日渐为学界所认知,他将"机械化"与"自动化"、印刷媒介与电子媒介、"视觉空间"与"听觉空间"相对置,前者在他是"现代性",后者则是"后现代性"。在情感上或在私人生活中麦克卢汉可能留恋于"现代性",但其理论立场绝对是偏向"后现代"一边的。美学上,我们可以将麦克卢汉视作"审美现代派",然

---

① 关于麦克卢汉对于北美媒介生态学的贡献,可参见兰斯·斯特拉特的《麦克卢汉与媒介生态学》(胡菊兰译,河南大学出版社2016年版),特别是其中《媒介生态学与麦克卢汉的馈赠》和《媒介与麦克卢汉讯息[信息]》两篇文章的论述。根据斯特拉特的阅读,麦克卢汉对媒介生态学最重要的贡献是他提出了"媒介即环境"的思想以及包含了这一思想的命题"媒介即信息"。关于二者的关系,斯特拉特指出:"说'媒介即讯息[信息]',其意思是说媒介即语境、情景或者系统。我认为我们这样说就抓住了问题的基本点,换句话说,'媒介即讯息[信息]'也就是'媒介即环境'(the medium is the environment)。"(见上书,第46页)作为纽约媒介生态学的主要代表,斯特拉特如上的论断无疑具有一定的权威性;但尽管如此,我们仍需注意两个命题所存在的不同指涉:如果说"媒介即信息"具有主体哲学的意味,那么"媒介即环境"则是含有消解主体的暗指。

② 参见 Lance Strate, "President's Message: Understanding MEA", in *In Medias Res* 1 (1), Fall 1999, p.1。在其《回响与反射:论媒介生态学作为一个研究领域》(Lance Strate, *Echoes and Reflections: On Media Ecology as a Field of Study*, Cresskill, NJ.: Hampton Press, 2006)一书,斯特拉特多次尝试沟通麦克卢汉(例如作为"后工业先知")与法国后现代理论家福柯、德里达、波德里亚等人的关系。

※※ 差异即对话

由于这种"审美现代派"被放置在电子媒介的"听觉空间",麦克卢汉的美学大概也就没有那么"现代"了,因而与其称之为"审美现代派",毋宁谓之为"审美后现代派"来得更准确一些。

美学曾经是现代的,是"现代性工程"的一部分,如在鲍姆加登那儿,但在麦克卢汉这里,它则是后现代的,是"反美学"的,犹如海德格尔在解读凡·高《农鞋》时所表现出来的那样的"反美学"。笔者曾在麦克卢汉的私人藏书中见到了他阅读海德格尔《艺术作品的起源》的眉批和上面写满了其札记的小纸条。当然,麦克卢汉不是在读过海德格尔之后才形成自己的"反美学"的,其所选择的电子媒介路径早已预订了这一理论硕果。

何志钧论文清晰地勾勒出北美媒介生态学的生态学维度,从此而后,我们便可理直气壮地将"media ecology"译作"媒介生态学"了,而非采用意译的"媒介环境学"[1]。刘玲华论文深入麦克卢汉媒介理论内部美学的迷宫,其从写作风格"马赛克"入手探讨麦克卢汉的美学,可谓曲径通幽、柳暗花明。如果说何、刘文章主要是对媒介生态学的研究,具有返回本源的意味,那么陈海的文章则是对媒介生态学理论成果的应用和延伸,其突出贡献是以北美媒介生态学为资源,提出媒介技术内在地具有美学的性质,由此而反顾其对国内传播美学之传播与美学各行其是的批评遂有霍然惊醒之感。拙作以麦克卢汉对海德格尔的一次援引为研究对象,并延及麦克卢汉借以喻示海德格尔的维科,入口不大,但依然指向麦克卢汉一以贯之的在媒介研究中对整体感性或者说艺术感性的重视。或许更有意义的是,麦克卢汉之分别将海

---

[1] 根据尼尔·波兹曼的经典定义(https://www.media-ecology.org/What Is Media Ecology),"媒介生态学就是将媒介作为环境的研究"(Media ecology is the study of media as environments)。在这个定义中,"环境"可理解为对"生态"的解释。一般情况下,对一个学科内容的说明是不能被当成该学科的名称的。

德格尔和笛卡尔置于电子媒介和机械媒介,楬橥了研究西方哲学史和海德格尔的两条新航道:媒介视角与感性角度。

最后需要声明,笔者无权要求栏目的论文在观点上与此处导语完全一致,它们是独立的,有其自身的论域和主张。导语不能代替读者对它们的阅读。为了迎接对象的显出,导语应即刻隐去。

新闻原本就是一种形式的文学

——序宋立民先生《新闻评论视域中的"鲁迅风"》*

阅读提示： 新闻是一种貌似真实的文学，而文学则是貌似虚构的新闻。如果说文学真的死亡了，那替代它的一定就是（文字）新闻。或者也可以历史地说，新闻从来就是一种形式的文学。

立民学长赐寄大著，命我作序。此于术业专攻、于纲常伦理等方面考虑，吾均非合适人选，期期以为不可。且立民兄才华冲天，英气逼人，文采斐然，学弟我更是望尘莫及，何敢置一词？！然兄命难违，于是也就战战兢兢地写下如下质木无文的几句话，聊表小弟的祝贺！纵嫌笨拙，甚或外行，亦不失诚意焉耳。

很多人以为，新闻主要是以传播真实信息为其要务的，甚至

---

* 宋立民：《新闻评论视域中的"鲁迅风"》，线装书局2012年版。作者为岭南师范学院舆情与新闻评论研究所所长，执教大学中文系和新闻系近四十年，鲁迅研究与新闻评论是其长期讲授的两门课程。熟悉现代文学史的读者大概不会反对，鲁迅既是杂文家，也是新闻评论家。杂文是其新闻评论的表现形式，而新闻评论则是其杂文的言说内容。今天我们根据西方人如麦克卢汉的理论试图创立作为一门学科的"媒介美学"，而本著则告诉我们，在鲁迅那里"媒介美学"早已是一种实际的存在了，且应是一个值得后人不断学习的范本。注意：此序收入本文集时略有修订。

新闻原本就是一种形式的文学

也可以严肃地说，它是意识形态、政治的工具。而其实，在现代社会，新闻并不多么追求真理、事实和信息，它具有很强烈的娱乐作用，以娱乐为核心。如果说新闻并未脱离报道真实事件的宗旨的话，那么现今它也是被"娱乐"重新结构了，落得一个附属的位置。那些热衷于阅读各种政治新闻的人，过去我们说他们政治觉悟高、积极上进、忧国忧民、胸怀世界，实际上与普通人在聚会的饭桌上传播政治笑话、明星绯闻、家长里短趣味上都差不多的。整天阅读政治新闻，并不必然证明他就是"一个高尚的人，一个纯粹的人，一个有道德的人，一个脱离了低级趣味的人"。如今的新闻就是"娱信"（infotainment）。

要娱乐，就不能太复杂，太有深度，太思想化，也不能太理性、太功利。以娱乐为宗旨的新闻于是构成了与现代社会主导价值的美学距离。不过，与通常的美学距离不同，它不是批判性的、建构性的，或者，革命性的，而是耗费性的，以自身为目的，为娱乐而娱乐。大可比较的是，如果说过去的"为艺术而艺术"是假戏真做，以乐为真，而今的娱信则是真戏假做，以真为乐。或有新闻记者/作者并不以娱乐为目的，但在一个"娱乐至死"的年代，这并不妨碍受众对严肃的节目做娱乐化的解读。

有人曾担心新媒介的迅猛发展将带来"文学的死亡"。然而从娱乐的角度看，新闻与文学则正是一对孪生兄弟。新闻是一种貌似真实的文学，而文学则是貌似虚构的新闻。如果说文学真的死亡了，那替代它的一定就是（文字）新闻。或者也可以历史地说，新闻从来就是一种形式的文学。新闻具有娱乐性，或高雅言之，具有审美性或文学性，乃一个客观事实。史家尝谓，小说这种文学形式盖出于所谓之"街谈巷语""道听途说"：那可是古老的新闻传播形式啊！

立民兄数十年如一日，沉潜于鲁迅与新闻教学研究，今将二者会聚一处，使其互渗、互辨、互文、互现，自是识前人之未

※※ 差异即对话

识，言前人之未言，戛戛独造，别成高致。有"踏破铁鞋无觅处"之执着，更显"得来全不费工夫"之轻盈。不消说，该著对于创新鲁迅研究格局，提升新闻评论品格，乃至于拓展时下"媒介美学"学科建构的历史纵深，都将具有重要的学术和思想价值。

　　　　　　　　　　　2011 年 6 月草于北京西三旗

下 编

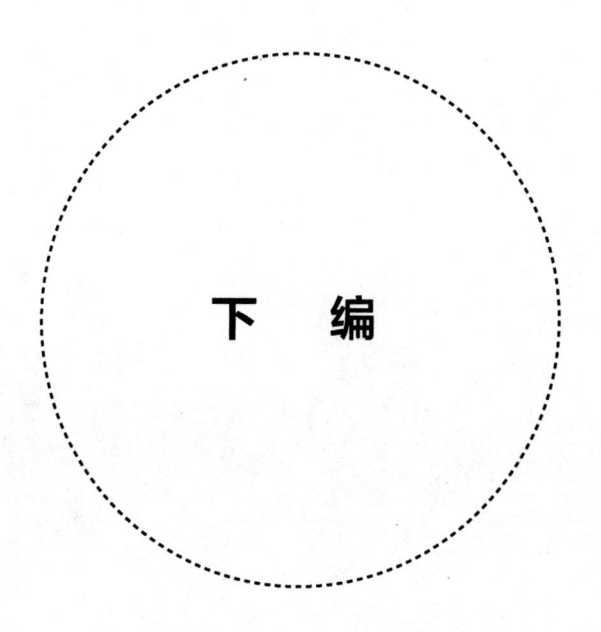

论"内通"非"通感"

——道家通感论与钱锺书的误读

内容提要：通感是文艺学上的一个核心话题，道家哲学亦为中国历代文艺家所青睐。在通感问题上，道家的见解如何，换言之，道家通感论有何特点，既是一个文艺学问题，也是一个哲学问题。钱锺书的《通感》一文以及其《管锥编》第二册"列子张湛注"编（"黄帝"），对通感与庄子（耳目）"内通"关系的研究，为我们深入探讨此问题提供了一个良好的契机。在这两则文献中，钱锺书将庄子的"耳目内通"说成文艺学上的"通感"。此说流传甚广，堪称"典论"。本文认为，二者不可如此简单地等同，它们之间存在着复杂的关系。"通感"属于庄子"内通"的初级阶段，而"内通"则是对"通感"的扬弃。将庄子的"内通"视作"通感"，是对庄子的浅化。如同在老子那里，庄子的真髓也是"无"，只有从"无"（感官）的角度理解"通感"，才会意识到，如果说道家也有"通感"之论，那它只是被安排在一个初级位置，更等而下之的是"耳目不通"。本文虽起于对钱氏之将"内通"与"通感"相混同的质疑，但最终则是勾勒出道家通感论的基本结构或特征。

※※ 差异即对话

一 "内通"非"内视",亦非"通感"

博学的钱锺书在其《通感》一文列举大量中外文献以证"通感"的存在或者前人对"通感"的共识①,解旷世之惑,成一代之不刊。后来学者凡涉"通感"话题,莫不以之为范。但美中不足,关于庄子的通感论,他采用的是一个似是而非的例子:"夫徇[同'洵']耳目内通,而外于心知。"② 其实,在此"内通"是相对于"外向"而言的,指的是耳目不再外向于外物,不再"外求",而转为内在,指向内在,止于内在,达到心无外物的所谓"心斋"境界。郭象注:"夫使耳目闭而自然得者,心知之用外矣。"成玄英疏:"徇,使也。夫能令根窍内通,不缘于物境,精神安静,(志)[忘]外于心知者。"③ 如果郭象、成玄英是正确的,那么钱锺书显然是将庄子的"耳目内通"误读为"耳目相通"或佛家的"六根互用"了,有望文生义之嫌。谓予不信,且看一再雄辩不过的证据:当钱锺书读到古诗文中"视听一归月"和"听月亭记"等字样时,他欣欣然曰:"这又是'耳目内通','目听'了。"④

不过,倘使绕个弯子,钱锺书容或并非全无道理,即若退回"心斋"状态,耳目则是相通的,甚至"诸根互用"。可是在这种情况下我们又有何必要高谈阔论"耳"呀"目"呀来着?依照庄子哲学,"通感"当是所有感官的相通,同时它也是任何单

---

① 参见钱锺书《七缀集》,生活·读书·新知三联书店2002年版,第62—76页。
② 参见钱锺书《七缀集》,第73页。引自《庄子·人间世》。
③ (晋)郭象注,(唐)成玄英疏:《庄子注疏》,曹础基、黄兰发整理,中华书局2011年版,第83页。
④ 钱锺书:《七缀集》,第74页。

论"内通"非"通感"

一感官之作用的丧失，换言之，是"无感官"（不借助任何感官）而与世界相通，即庄子所标举的不辨"视听食息"的"浑沌"。

在"浑沌"状态或者"心斋"状态，我们知道，不会有"七窍"及其作用，"七窍"是害死浑沌，也当是毁掉"心斋"的东西。就此说，庄子哲学没有为"通感"留出位置。钱锺书读感官"内通"为其"互通"，为"通感"，这于他便是坚持，感官犹在，犹在内部发生作用，例如耳目由外知转化为内听、内视、内知。但查阅文献可知，"内视"，也包括"内听""内知"等其他一切"感知"（由感而知），是被庄子作为"凶德"、"败"德、德之"贼"而大张挞伐的：

> 贼莫大乎德有心而心有睫，及其有睫也而**内视**，**内视**而败矣。凶德有五，中德为首。何谓中德？中德也者，有以自好也而呲①其所不为者也。（《庄子·列御寇》。黑体为引加）

演绎其义，为德不可以"有心"，进而言之，不可以有**心眼**（"睫"），而一旦有了"心眼"，也就是说，到了可以"内视"的时候，则为德便难以为继了。据注家所言，"凶德有五"是指心耳眼舌鼻，"中德"指心，综合言之，即感知，其特点是自以为是、贬抑异己，在后现代哲学看来，这也就是认识论批判或主体性批判了。"内视"是庄子认识论批判的靶子。庄子哲学之鹄的是返回"道"，而要返回"道"，则必须"无视无听，抱神以静"，"目无所见，耳无所闻，心无所知"（《庄子·在宥》），因为"至道之精，窈窈冥冥；至道之极，昏昏默默"（同上）。庄

---

① "呲，訾也。……訾而非之。"见（晋）郭象注，（唐）成玄英疏《庄子注疏》，第550—551页。

❋❋ 差异即对话

子不相信任何感官，不相信任何感而知之（"道"）；在他任何感官都不过是一种"外知"，一种认识论，"视"亦不例外。如果说"内通"是通达于"至道"的话，那么"内视"倘使依然被作为一种"视"知觉，如钱锺书所想望的那样，则必是与"至道"南辕北辙。至道玄远，非耳目所可及："道不可闻，闻而非也；道不可见，见而非也；道不可言，言而非也。知形形之不形乎！道不当名。"（《庄子·知北游》）在"道不可闻"这点上，《论语》亦有类似说法，如子贡曰："夫子之文章，可得而闻也；夫子之言性与天道，不可得而闻也。"何晏注："章，明也。文彩形质著见，可以耳目循。性者，人之所受以生也。天道者，元亨日新之道。深微，故不可得而闻也。"[①] 依庄子而论，至道是幽暗，耳目是"知"，是亮光，耳目张则至道遁。唯有不"知"、不"视"，方可以知"道"。

要把握何以会"内视而（德）败"，关键是要把"视"作为"知"；只要"视"是一种形式的"知"，那它就一定是背"道"而驰的。在庄子，"知道"必须是不"知"道，反过来，不"知"道才恰恰是"知道"："不知深矣，知之［道］浅矣；弗知内矣，知之［道］外矣。""弗知乃知乎！知乃不知乎！"（《庄子·知北游》）倘或有诘难，如庄子所设想的，"孰知不知之知？"（同上）看似老谋深算、一招制胜，实乃冥顽不灵、愚不可及，其问题的提出仍然囿于"知"之藩篱，"浅""外"于道，而无缘其"深"、其"内"。庄子以"不知""弗知"等语警告我们，不可以"知"的方式对待"道"。在他，正确的即合乎道的问道方式应该是："道无问，问无应。"（同上）意译说，只有不向道发问，也不回答关于道的问题，我们方才可能知晓道之

[①] 参见高华平《论语集解校释》，辽海出版社2011年版，第83页。句读有所不同。

奥秘。庄子曾想望："吾安得夫忘言之人而与之言哉！"（《庄子·外物》）与此类似，在关于"知道"的问题上，揣测他想望的就是："安得夫忘'知'之人而与之'知'哉！"

对于一个反智主义者如庄子来说，"内视"若要成为"内通"，则必须自我放弃，不再作为"视"，不再作为"知"。同理，"通感"若要成为"内通"，也必须自我放弃，不再作为"感"，不再作为"感知"——由感而知，感性之知。依据庄子，情况必然是，"内"贼于"视"，"通"贼于"感"；无论是"内视"还是"通感"，将都是德之贼、道之贼！

二 "内通"即"大通"

《通感》一文对"内通"一笔带过，作者给了一个注，要我们参见其《管锥编》第二册"列子张湛注"编。在此，钱锺书给予"内通"以更多的笔墨，故而这也是给予我们更广阔的讨论空间。但无论如何，我们并不因此而有云开日出、山青水绿之感，相反，我们倒是愈加地有疑起来，或者说，我们是愈加地坚信前文所做的质疑。

在"列子张湛注"编，钱锺书通过节引《列子》的两段话并张湛之相关注释来展示庄子"内通"的含义：

"而后眼如耳，耳如鼻，鼻如口，无不同也。心凝形释，骨肉都融"；《注》："夫眼耳鼻口，各有攸司。今神凝形废，无待于外，则视听不资眼耳，臭味不赖鼻口。"（此处与下文之间，原文不分段，这里为方便研读而分写。——引注）

按《仲尼》："老聃之弟子有亢仓子者，得聃之道，能以耳视而目听。鲁侯闻之大惊……亢仓子曰：'传之者妄！我能视听不用耳目，不能易耳目之用。……我体合于心，心合

✻✻ 差异即对话

于气，气合于神，神合于无。……乃不知是我七孔四支之所觉、心腹六藏之所知，其自知而已矣'"；《注》："耳目者，视听户牖；神苟彻焉，则视听不因户牖，照察不阂墙壁耳。"①

钱锺书斩钉截铁地指认：

《列子》两节（上面我们所分写的两段话。——引注）实发挥《庄子·人间世》："夫徇耳目内通，而外于心知"；"徇"通"洵"，"内通"即"无不同"、"内彻"、"不阂墙壁"，"外于心知"即"不知是心腹六藏之所知"、不以"心听"。②

"内彻"一词不见于如上引文，疑为"神彻"之误，或为"内通"与"神彻"之顺手捏合而成，再或别有所本。这不关键，我们只需将"通"理解为"彻"，"内通"将便是"内彻"了。我们不纠结此小节，我们抓住这样一点即可：在上面引文中，钱锺书是以《列子》及张湛注来阐释庄子"耳目内通"论的。钱锺书没有错，两者之间确乎相近、相似，甚至也可以说，完全相同，问题只在于它们究竟在哪些方面叠合。钱锺书紧盯着"**通用**"，万变不离其宗，而我们还放眼于"**通无**"，一望无际，或者说，做"无际"之望。

进而，钱锺书还穿插以佛家"销磨六门"来解释《列子》之感官"无不同"论，这当然也是对庄子"内通"概念的一个

---

① 钱锺书：《管锥编》第2册，中华书局1979年版，第482—483页。引文据杨伯峻《列子集释》（中华书局1979年版）有所订正。
② 钱锺书：《管锥编》第2册，第483页。

论"内通"非"通感"

延伸性阐释了：

> "眼如耳，耳如鼻，鼻如口，无不同"，即"销磨六门"，根识分别，扫而空之，浑然无彼此，视可用耳乃至用口鼻腹藏，听可用目乃至用口鼻腹藏，故曰"互用"；"易耳目之用"则不然，根识分别未泯，不用目而仍须"以耳视"犹瞽者，不用耳而仍须"以目听"犹聋者也。[①]

在以上对《列子》及张湛注的摘引中，钱锺书好像并不隔膜于《列子》（无论其真伪）旨趣、庄子语脉以及张湛之把捉，然其强烈之**诗学**冲动，如其在《通感》一文所表现的，逼使他急急将"内通"归于"五官通用"，而非将"五官通用"擢升为"内通"，终究未能讲清楚"内通"与"相通"在**哲学上**之复杂关系。

关于亢仓子"视听不用耳目"与"不能易耳目之用"的关系，钱锺书的辨别显然是在"用"的层级上。实际上，亢仓子的表述已是十分清晰："易耳目之用"仍不离耳目之"用"，仍在使用耳目，只是置换了其通常之功能而已，其"根识分别未泯"，这一点钱锺书是看到了；但"视听不用耳目"则完全不在"用"的层级上，它是对耳目乃至一切感官的否弃。亢仓子声称其"神合于无"，如果说"神"或"心"是感官之主宰，那么当其"无"也，感官便不再成其为感官，即不再是能够"感通"外物的器官，它们已经丧失了其感通世界的功能。日常经验告诉我们，当"心"不在焉时，我们是充"耳"不闻、盈"目"不视的。但如郭象所看到的，这在庄子恰恰是"耳目闭而自然得"的得道体验。不经耳目而通达于世界，就是所谓"自知而已矣"

[①] 钱锺书：《管锥编》第2册，第483页。

— 155 —

※※ 差异即对话

的意思。"自知"没有"知"的主体及其所使用的知觉工具（包括耳目在内的"六根"），当然也没有"知"的对象。严格地说，此"知"已不复为"知"，不再囿于认识论；此"知"乃形而上之"通知""无知"，而非形而下之"限知"，限于耳目之"知"。一言以蔽之，此"知"即"通"。

如同"自知"，庄子"内通"之真谛亦非"通用""互用"等术语所可传达，它绝不在"用"的层级上说话，其本质是弃感官于不"用"。我们是可以暂且退而言之，"内通"或有耳目"互通""互用"之意指，如钱锺书所坚信的，但对于庄子，那一定是说，耳目之互通、互用只是迈向其"内通"的第一步，属于"内通"的初级阶段，其终点、其最高境界将是对诸感官之"用"的取消，通用、互用的结果是不用。用庄子的术语，此之谓"大通"：

堕肢体，黜聪明，离形去知，同于大通，此为坐忘。（《庄子·大宗师》）

"大通"概念是在描述"坐忘"状态时提出来的，其含义为：第一，不再有身体，也可以说，不再有身体感受，所谓"堕肢体""离形"者是也；第二，不再有"心知"，也是说，不再有外部世界，因为"心知"总是指向外部世界的，所谓"去知"者是也。"黜聪明"并不构成第三种含义，它介乎前两者之间："聪明"首先意指耳目，再者是耳目之用，由此而言，耳目既是身体，也是智识，如庄子将二者联袂用之："聪明叡知"（《庄子·天地》。在庄子为贬义词——引注）。所谓"大通"就是"黜聪明"，既废除了耳目，也废除了耳目之用，耳目所通向的智识功能。依"大通"而观之，"坐忘"是既忘掉了耳目的存在，也忘记了耳目所通向的外部世界。成玄英谓:"大通,犹大道也。"①"大通"如果说有所通的话,那它通向的是"道"。庄子有"道通"(《庄子·庚桑楚》)之谓,其意思是:道即通,而通亦即道。进一步,若谓"道"即"无",那"大通"当然也就是"通"于"无"了。此"无"亦可理解为"一",庄子谓"道通为一"、"凡物无成与毁,复通为一"(《庄子·齐物论》),故"通无"即"通一"。

庄子"内通"的这种梯级关系在其假托孔子(仲尼)之口以论"心斋"之术时展露无遗:

> 回曰:"敢问心斋?"仲尼曰:"若一志,无听之以耳而听之以心,无听之以心而听之以气。听止于耳,心止于符。气也者,虚而待物,唯道集虚。虚者,心斋也。"(《庄子·人间世》)

首先是"听之以耳",接着是"听之以心",这就是"心知"的意思。从耳听到心听,在通往"心斋"的道路上已是前进了一步:耳听限于某一感官,其从世界之所得是片面的、局部的、单维的(与麦克卢汉整体性的"听觉空间"概念不同),而"心听"则是,用现代术语说,"理性认识",是对感官所得之综合、整理,但与"耳听"相同的是它们都面对一个客体的世界,"有"外物在那儿摆置着,故言"心止于符"。何谓"心止于符"?成玄英有疏:"符,合也。心起缘虑,必与境合。"②置之于西方哲学史语境,"心止于符"就是关于真理的符合论,它是纯粹理性的一个必然结语,因为"理性"或"心知"的基础是

---

① (晋)郭象注,(唐)成玄英疏:《庄子注疏》,第156页。
② (晋)郭象注,(唐)成玄英疏:《庄子注疏》,第81页。

差异即对话

心物二元论。庄子不需要耳听、心听或理性认识,其理想是"听之以气"。这"气"既非某一具体感官,亦非诸感官之综合、提升;进一步说,它既非某一认识工具(理性也是一种认识工具),亦非此类工具被施于其上的外物。"气"无我、无物!庄子言"虚而待物",这粗看似假定了外物的存在,而实际上,当"虚"我、无我之时,外物亦不复有之了。

或有问:难道钱锺书未曾寓目那些表露了"道通""通无"或"通一"的文献资料吗?他显然是读到了,也笔记了,编入其书,例如以上其引证过的文字,"心凝形释,骨肉都融","我体合于心,心合于气,气合于神,神合于无","神苟彻焉,则视听不因户牖,照察不阂墙壁耳";还有他引证过而以上我们未予罗列的,"故上学以神听,中学以心听,下学以耳听"①,"九年之后,横心之所念,横口之所言,亦不知我之是非利害欤,亦不知彼之是非利害欤。……内外进矣"②,"不觉形之所倚,足之所履,随风东西,犹木叶干壳。竟不知风乘我邪?我乘风乎?"③ 对末段文字,张湛有注:"故六藏七孔,四肢百节,块然尸居,同为一物,则形奚所倚?足奚所履?我之乘风,风之乘我,孰能辨也?"④ 该注料想钱锺书也当是一并读到了,尽管他未作称引。这些材料无不指向"大通""通无"或"通一"即无我无物、无成无毁的境界,以及臻乎此境界的艰难险阻,即必须攀登那从低到高的累累层阶,而且可能让读者大为惊异的是,钱锺书似乎也是探得了其中消息的,如他有这样的议论:

---

① 语出《文子·道德》,见钱锺书《管锥编》第2册,第483页。
② 语出《列子》,见钱锺书《管锥编》第2册,第479—480页。
③ 语出《列子》,见钱锺书《管锥编》第2册,第479页。
④ 杨伯峻:《列子集释》,第48页。

"不知"、"忘适"、"坐忘"之境，不特无是非利害之辨，并泯心物人我之分，浑沦冥漠，故曰"内外进[尽]"。①

钱锺书绝对是"得道"了，得庄子之"泯心物人我之分"之真经，但他好像从未想到过用它来将"通感"提升为"内通"，而是恰正相反，将"内通"降格为"通感"。我们深以为憾，掌握着丰富资料的钱锺书何以竟未对庄子学说做整体之观照？！我们百思而不得其由。我们看见的只是，无论他多少次深入庄子门庭，其随身带出的总是作为文艺学概念的"耳目互通"、互用。

三　关于通与不通的问题

以上"通无"之论是否把庄子吹嘘得太虚无缥缈、太凌空蹈虚了？依乎钱锺书之所见，庄子仿佛还有拘泥、涩滞、庸常的一面，与刻板教条、扞格不通的公孙龙之流不啻一丘之貉：

"不能易耳目之用"者，如《公孙龙子·坚白论》："视不得其所坚……拊不得其所白。……目不能坚，手不能白"；《庄子·天下》："譬如耳目鼻口，皆有所明，不能相通"……此常世所识也。②

倡言诸根"内通"或"互通"境界的庄子怎会冒出"不（能）易（耳目之用）""不（能相）通"之论？难道存在两个庄子不成？一"通"一"塞"？

---

① 钱锺书：《管锥编》第 2 册，第 480 页。
② 钱锺书：《管锥编》第 2 册，第 482—483 页。

❋❋ 差异即对话

有熟读钱锺书通感论的后学是如此弥合这据称是分裂着的庄子形象的:"**当进行比较理智的思维时**,庄子也认为人的各种感官是不能互相代替的,'譬如耳目鼻口,皆有所明,不能相通。'(《天下》)但在**一般情况下**,他并不认为各感官之间有什么不可拆除的高墙。"[①] 这好像是说,庄子在"一般情况下"都是比较不理智的,而在其"比较理智"的情况下,他又不是我们通常所知道的那个不近常理、逍遥无待的庄子。

岂有此理!回到引文出处,我们会发现,原来庄子"不易""不通"之论是针对那些执于"一察"(一隙之明、一得之见)者,那些"一曲之士"而发的:"天下大乱,圣贤不明,道德不一,天下多得一察焉以自好。譬如耳目鼻口,皆有所明,不能相通。犹百家众技也,皆有所长,时有所用。虽然,不该不徧,一曲之士也。"(《庄子·天下》)在别处,庄子也有耳目不能相通的说法:"瞽者无以与乎文章之观,聋者无以与乎钟鼓之声。"(《庄子·逍遥游》)但上下其文,这也是批评某些人如肩吾之想象不出"神人"的功德品性,他们是智识上的瞽者、聋者。所谓"神人",庄子描述说:"之人也,物莫之伤,大浸稽天而不溺,大旱金石流、土山焦而不热。"(《庄子·逍遥游》)他时而也称此类人为"至人",有"至人神矣"(《庄子·齐物论》)之叹,其情状略近,兹不赘引。这种人何能如此不同寻常?原因是,他没有常人身体之感觉,常人呼吸之官能,在庄子这并非说"神人"或"至人"只是一种"精神"存在,而是说这种人能够"旁礴万物以为一"(《庄子·逍遥游》),不以己身为身,不以器官为器官,不以知为知,从而取得与世界万物的同一。"至人"能够"忘其肝胆,遗其耳目"(《庄子·达生》,亦见《庄子·大宗师》),故与万物同一、"通"一。

---

① 方勇:《庄子学史》第1册,人民出版社2008年版,第96页。黑体为引加。

可以见出，不是庄子一会儿耳目不通，一会儿又出尔反尔，说耳目相通；事实是，通也是庄子，不通也是庄子，通与不通被他置于不同的修行层级，或者说，通与不通构成了一个完整的庄学体系：不通→互通（通感）→内通（"大通"）；它们相对应的是，常人→技人，或艺人，或诗人→神人，或至人，或真人。可以说，相对于"不通"，"互通"已为一个进步，而仰望更高级别的"内通"，"互通"也就只算得一个初阶水准了。

小 结

回到"通感"问题，"听之以气"是对所有感官的鄙弃，也甚至是对"通"（用）、对"感"（物）的否认，如浑沌帝，无七窍之累，如"神人"或"至人"，无感无受，"遗其耳目"，以至于遗其遗、遣其遣（"无知"）。在与此相同的意义上，海德格尔控诉感性学即美学造成了艺术的死亡，他将"经验"（Erfahrung）归为"主体性"（Subjektität）①，以至于对于狄尔泰的"生命体验"（Erlebnis）亦持怀疑态度。"通感"与"内通"绝非同一层面上的东西。顺着海德格尔的思路说，"通感"是美学之内的问题，而"内通"则是对美学的超越，是美学之外的问题。阿兰·巴迪欧的概念"inaesthetics"一语双关："内美学"即"非美学"。② 施之于庄子，这就是说，"内通"非"通感"。由西方哲学观之，"内通"与"通感"的根本区别在于是否有主客二元之分，有无认识着的主体与被认识的对象之分。

---

① 参见 Martin Heidegger, *Holzwege*, Frankfurt a. Main: Vittorio Klostermann, 2003, S. 67–70, 186。

② 参见 Alain Badiou, *Handbook of Inaesthetics*, Stanford, CA: Stanford University Press, 2004。

在"通感"与"内通"之间，可做比较研究，但绝不可简单比附。沿着比附的路子，敷陈再多的文献，也只能是"听止于耳"、止于七窍、止于聱聋之智了。如同在老子那里，庄子的真髓也是"无"，只有从"无"（感官）的角度理解"通感"，才会意识到，如果说道家也有"通感"之论，那它只是被置在一个初级位置，更等而下之的是耳目不通。

　　无论如何，我们应当感谢钱锺书，是他之将庄子"内通"误读为"通感"给我们提供了一个深入研究道家通感论的契机；借此契机，我们勾勒出道家通感论的基本结构或特征。本文起于献疑，但献疑过后，或者说，就在献疑的进程中，则于建构有所期焉。

黑格尔主张"为艺术而艺术"吗？

——兼朱光潜先生迻疏之商榷

阅读提示：朱光潜先生根据黑格尔所言"艺术有它自己的目的"而判定其属于"为艺术而艺术"论者。本文主要通过研读黑格尔关于情致、理念、作品思想的崇高性三个方面的论述，对朱光潜的这一论断提出质疑，认为：黑格尔将情致作为艺术的中心，而情致中又以理念为主导；其所谓的"理念"超越了现象的真实而代表了一个时代最本质的内蕴，它当然也不同于一般的道德说教、政治宣传，于是理念便成为对艺术之反映生活的最高要求，类似于马克思、恩格斯在评价文艺作品时对历史真实和典型环境中的典型人物的要求。这样的艺术观绝非"为艺术而艺术"论。且黑格尔亦明确要求艺术应"成为人民的教师"，要求作家"不仅有权利而且有义务只注意他自己的时代，按照符合他自己的时代特点去创作他的作品"，等等。假使硬要说黑格尔之让艺术回归其自身是"为艺术而艺术"，那么这在他其实也是为了让艺术更好地进入社会，行使其批判和引导的职能。资本主义上升时期的思想家一般都具有强烈的社会使命感，黑格尔亦非例外。

❋❋ 差异即对话

在其《美学》"全书序论"部分,黑格尔尖锐地批判了艺术的目的在于单纯地模仿自然、激发情绪等形式主义、消极浪漫主义的艺术观,从而提出了"更高的实体性的目的"说,这就是,"艺术的使命在于用感性的艺术形象的形式去显现**真实**,去表现……那种和解了的矛盾,因此艺术有它自己的目的,这目的就是……显现和表现。至于其它目的,例如教训、净化、改善、谋利、名位追求之类,对于艺术作品之为艺术作品,是毫不相干的,是不能决定艺术作品概念的"①。朱光潜先生对本节作了简要的迻疏:"黑格尔在批判艺术目的在道德教训说的基础上,从辩证的观点提出了他的基本论点:艺术自有内在的目的,即在具体感性形象中显现普遍性的真实,亦即理性与感性的矛盾统一。"然后,一言以蔽之曰:"这是'为艺术而艺术'论。"② 如果只是看了序论,我们觉得朱先生的说法是对的,但是通读《美学》全书之后,就不能不对这种说法的正确程度提出怀疑。

分析朱先生之疏义可以非常清楚地看出,黑格尔之所以被判为"为艺术而艺术"论者,关键在于他把艺术作品视为不受外在影响、"自成一种协调的完整的世界"③,并明确地提出了"艺术自有内在的目的"。仅此两点是否就足以作为一个正确判断的依据呢?不能!

---

① [德]黑格尔:《美学》第1卷,朱光潜译,商务印书馆1979年版,第68—69页。此处所谓"和解了的矛盾"究竟指什么性质的矛盾以及有哪些表现,详见第65—66页论述。根本上说,此和解了的矛盾乃是指概念与实在于理念中的和谐统一。

② [德]黑格尔:《美学》第1卷,第69页,译者注①。在该书另一处的译注中,朱光潜先生再次确认黑格尔"美是理念的感性显现"命题"实际上还是康德的'无所为而为的观照'说的进一步发展,是资产阶级'为艺术而艺术'论的哲学基础"(第148页,译者注③)。其判断依据与前文所言无本质区别。此外,还有一处注释批评黑格尔"不可能认识到正确的反映论和阶级观点"(第355页,译者注③),可视为对黑格尔"为艺术而艺术"的间接指认。

③ [德]黑格尔:《美学》第1卷,第335页。

黑格尔主张"为艺术而艺术"吗？

笔者拟从情致、理念、作品思想的崇高性三个方面提出疑问。

黑格尔说："艺术应该通过什么来感动人呢？一般地说，感动就是在情感上的共鸣，人们，特别是现在的人们，往往是太容易受感动了。谁在流泪，谁就是在栽种泪根，这泪根是很容易蔓延起来的。但是，在艺术里感动的应该只是本身真实的**情致**。"① 这种诉诸人的七情六欲的"真实的情致"是什么呢？是一种单纯的原始自然的强烈的"情欲"呢？还是一种虚无缥缈、空洞抽象的思想呢？皆不是。首先，"无论在喜剧里还是在悲剧里，情致都不应该只是荒谬无稽的主观幻想的东西"。② 譬如莎士比亚的名剧《雅典的泰门》中的主人公，是一个完全表面的仇恨人类者，朋友们曾经享受过他的慷慨款待，把他的财产毫不吝惜地挥霍殆尽，但待他陷入困顿时，他们都不顾怜他。于是他就变成了一个仇恨人类的人。黑格尔认为，这种情节是可以理解的，自然而然的，但本身却没有合理的"情致"。应该指出的是，我们不能同意黑格尔的论析，时代和阶级的局限使他没有看到，戏剧大师的真正用意在于通过雅典的泰门的前后遭遇不同的对比，揭露了自由资本主义时期金钱的罪恶以及世态之炎凉，表现了文艺复兴时期人文主义者对纯真友谊的眷恋和向往。其次，从另一方面看，"凡是有关真理的教条、信念和见解都不能成为可供艺术表现的真正情致，因为它们的基本要求在于认识"。③ 牛顿的惯性定律，或者哲学中有无绝对真理的问题，都不是艺术所要证明的，而且也绝对没有必要。凡是科学的认识和真理都不是艺术的真正的情致。那么，"情致"究竟是什么呢？黑格尔指出："我

---

① ［德］黑格尔：《美学》第 1 卷，第 296—297 页。黑体引加。
② ［德］黑格尔：《美学》第 1 卷，第 297 页。
③ ［德］黑格尔：《美学》第 1 卷，第 297 页。

※※ 差异即对话

们应该把'情致'只限于人的行动，把它了解为存在于人的自我中而充塞渗透到全部心情的那种基本的理性的内容（意蕴）。"这种内容就是"恋爱，名誉，光荣，英雄气质，友谊，母爱，子爱之类的成败所引起的哀乐"。① 总之，"情致"就是"一般世界情况"中的"普遍力量"具体化到个别人物身上，成为推动其行动的内因，也就是别林斯基后来所称荐的"诗的思想"。② 通俗地说，情致就是饱蘸着情感的理念。

这样，黑格尔就提出了一个与"为艺术而艺术"迥然有别的进步的艺术观点：艺术所以牵动着读者时而激昂振奋，时而怆然涕下，时而拍案叫绝，时而捧卷颔首，不是由于别的，完全是起于作品所表现出来的那种广阔无垠的生活内容和作家强烈的主观情感的完美融合和统一。同时，我们又看到，情致是艺术的中心。

而情致中理念则始终是核心、主导。那么这种"理念"是什么呢？由于黑格尔承认在客观现实世界之外存在着超凡尘世的能够生出整个自然、社会的"理念"，这就使他成为一个道地的客观唯心主义者。"就是说，在他看来，他头脑中的思想不是现实的事物和过程的或多或少抽象的反映，相反，在他看来，事物及其发展只是在世界出现以前已经在某个地方存在着的'观念'的实现了的反映。"③ 这样，世界的现实联系便被完全头足倒置了。例如"人"的概念，最初只是抽象的普泛的东西，而不是从大量的具体个别的人出发所抽绎出来的概念。真正真实的东西也就当推"理念"的了："现象之所以真实，并不是由于它有内在的或外在的客观存在，并不是由于它一般是实在的东西，而是由于这

---

① ［德］黑格尔：《美学》第1卷，第296、298页。
② 转引朱光潜《西方美学史》下卷，人民文学出版社1979年版，第535页。
③ ［德］恩格斯：《反杜林论》，《马克思恩格斯选集》第3卷，人民出版社1995年版，第363页。

黑格尔主张"为艺术而艺术"吗?

种实在是符合概念的。只有在实在符合概念时,客观存在才有现实性和真实性。"① 理念既否定了轻纱雾霭似的抽象思想,又否定了单纯不自然的实在,这样理念"就是概念,概念所代表的实在,以及这二者的统一"②,犹如蜜糖消融在开水里面。但这绝不是如两种颜料的单纯中和,概念在这个统一中应该始终发挥着主导作用。

从这种唯心主义哲学观出发,黑格尔认为,艺术作品之所以真实,同现实界一样,也是由于包含了丰富无限的自由的"理念"。真正的艺术美和人物典型都必须是生气灌注的有着深刻"意蕴"的活生生的形象。用黑格尔的话来说,艺术美的"理念"应该做到两点:"它一方面具有明确的定性,在本质上成为个别的现实,另一方面它也是现实的一种个别表现,具有一种定性,使它本身在本质上正好显现这理念。"③ 这就是说,艺术形象是个性与共性的统一,特殊与普遍的统一,具体与抽象的统一。正是在这个意义上,黑格尔称艺术是绝对独立的"一种协调的完整的世界",我们认为不能把艺术内容理解为超脱凡世的仙山琼阁。讲了艺术的思想崇高性之后,我们就会对此有更进一步的认识。

对于艺术的完美统一,绝不能像意大利近代哲学家克罗齐那样做形式主义的理解,认为凡是成功的表现都没有优劣的差别。我们知道,评价一部作品、一幅图画,除了视其形式完美与否外,还要分析其内容是崇高的还是比较崇高的,是卑劣的还是较为卑劣的。我们反对"题材无差别"论、"生活就在你的脚下"等以为任何琐碎的微不足道的生活素材都可以拿来表现一定思想的那种不愿深入沸腾生活的消极文艺思想。诚然,不能否认由于

---

① [德]黑格尔:《美学》第1卷,第141—142页。
② [德]黑格尔:《美学》第1卷,第135页。
③ [德]黑格尔:《美学》第1卷,第92页。

❋❋ 差异即对话

观众欣赏的千歧百异、作家生活阅历的千差万别和生活本身的丰富多彩，文艺应当给予全面的反映；但是，那些自觉深入斗争生活、时刻跟着时代的脉搏跳动的作家能够发掘出具有重大意义的主题，能够深深地摇撼读者心灵的作品，总比那从琐碎的日常生活出发的东西要更胜一筹吧！我们既需要冰心、朱自清的清新优美、恬淡轻松的散文小品，也更需要广泛地反映社会生活、能够回答时代问题的《子夜》一样的史诗。即使同一作家的作品，表现得同样完美，其社会作用的大小也是各有差异的。譬如茅盾先生的《林家铺子》《清明前后》和《子夜》都是描写了20世纪30年代初期中国民族资产阶级的雄心勃勃、勇于冲陷折关、机智多谋而又不免昙花一现、身败名裂的一代企业家、商人形象，深刻地启发人们去思考当时中国社会性质问题——中国没有也不可能走上自由发展资本主义的万里坦途，在帝、官、封的交相摧残下，中国更加殖民地化了。但是三部作品的价值或多或少总是有一定差别的。黑格尔说："任何内容都可以按照它的本质的标准很适当地表现出来，但不因此就配称为理想的艺术美。"为什么呢？这里关键取决于艺术的内容，"艺术作品的表现愈优美，[说明]它的内容和思想也就具有愈深刻的内在真实"。[①] 恐怕这就是那些徒有技巧而内容贫乏的作品很快为人们所遗忘、抛弃的原因吧！

对于那种认为牧歌式的情况最适于表现理想的批判，也足以证明黑格尔竭力强调艺术内容崇高性的一片苦衷。打开古罗马诗人维吉尔花香袭人的《牧歌》，我们仿佛闻到了诗人故乡草原的气息，一种田园的醉人的芳馥，牧人们的世界青苔缭绕、泉水叮咚，优美的大自然完全满足了人的一切需要。《牧歌》"其二"里描写牧人柯瑞东对漂亮的阿荔吉的热恋："啊，你跟我到卑陋的乡村去吧，/住在平凡的茅舍里以猎鹿为生涯，/你可以挥动木

---

① [德]黑格尔：《美学》第1卷，第92—93页。

黑格尔主张"为艺术而艺术"吗？

槿的绿叶来赶着群羊，/并且跟我在树林里学着山神歌唱。"① 牧歌以其闲逸优美的艺术风格，使我们得到了性情的陶冶、心灵的慰藉。但是，也必须指出，牧歌里的人物性格显不出什么较高尚的理想，没有理想人物性格所应有的那种顽强坚定。所以黑格尔对它表现出莫大的轻蔑和厌恶，牧歌"从它所**特有的**内容（意蕴）来看，就没有什么旨趣，可以作为表现理想的基础和土壤。因为它没有英雄性格所有的那些重大的动机，例如祖国、道德、家庭等等，以及这些动机的发展"，"这种乡村牧歌式的生活和人生一切意义丰富深刻的事业和关系都失去了广泛的联系"。② 然而，他却独独推崇歌德的牧歌诗《赫尔曼与窦绿苔》，虽然它写的仅仅只是两个青年倾心相爱、终成眷属这样一个窄狭的题材，但它"把当时革命与祖国的重大事件烘托出来"③，和最广大的最重要的世界打成一片了。不管人们对这部诗歌的评价如何，黑格尔的良苦用心却是非常清楚的，即艺术应该去表现伟大的人物和壮阔的生活内容。

情致的介绍使我们知道，它"是艺术的真正中心和适当领域，对于作品和对于观念来说，情致的表现都是**效果**的主要的来源"④；理念的分析使我们看到，艺术作品内容的普遍性不能以普遍性本身来出现，而必须"经过明晰的个性化，化成个别的感性的东西"⑤；那么，黑格尔对艺术思想崇高性的强调则启发我们得出这样的结论：艺术应该通过自身的特点——真实感人的艺术形象和一定的社会思想、时代精神的高度统一——来启发人们对生活哲理的思考。

---

① [古罗马]维吉尔：《牧歌》，杨宪益译，人民文学出版社1957年版，第7页。
② [德]黑格尔：《美学》第1卷，第243、244页。
③ [德]黑格尔：《美学》第1卷，第244页。
④ [德]黑格尔：《美学》第1卷，第244页。黑体引加。
⑤ [德]黑格尔：《美学》第1卷，第63页。

❋❋ 差异即对话

因此，我们可做一个简单的推理，如果说艺术是一个绝对独立的"协调的完整的世界"，那么，还应当指的是艺术应该也必须是一种完美的**统一**——个别形象和丰富的生活内容，而绝不是说艺术对现实的独立、与生活的隔绝；如果说艺术自有其内在的目的，那么指的就是艺术应该引渡人们达到真理的彼岸，而绝不是追求唯美主义的雕琢、绮丽、典雅，即完美的表现形式。朱光潜先生说："拿我们中国目前文艺为例来说，大多数文艺作品都体现社会主义建设总路线的精神，这种精神就是黑格尔所理解的'理念'或理性内容，这普遍的理性内容体现于不同作品的不同的感性形象。每一部成功的作品都是这个理念（总路线精神）的具体的感性显现，都是**理性与感性的辩证的统一**。"① 当然这段话本身是无可厚非的，我们只是企图从中提出一个近乎荒谬而又不能不令人正视的问题：当前文艺界提倡作家深入生活，通过形象思维，塑造出一系列新当代的英雄**典型**，反映"四化"建设的滚滚激流，激发人们生活的热情、为祖国侧身强国之林而奋斗的雄心壮志，如果按照朱光潜先生对黑格尔评语的两点依据，我们岂不都成了"为艺术而艺术"论者吗？因为我们都在要求文艺创造典型并发挥其认识教育作用。

此外，还有两个问题需要提出来，它们从另一角度证明黑格尔绝不是一个"为艺术而艺术"论者。

首先，艺术和宗教、哲学相比处于何种地位。

在黑格尔的客观唯心主义哲学体系里，现实界的万事万物都只是那个绝对理念的外现，艺术、宗教和哲学当然就不能超然独立了。三者相比既有共同之处，又有相异之点。

"艺术从事于真实的事物，即意识的绝对对象，所以它也属于心灵的绝对领域，因此它在内容上和专门意义的宗教以及和哲

---

① 朱光潜：《西方美学史》下卷，第468页。黑体引加。

黑格尔主张"为艺术而艺术"吗?

学都处在同一基础上。"① 这句话告诉我们,艺术、宗教和哲学都是研究理念的科学,关于绝对精神的学问,这就是它们的共同之点,即这种本质上的相同,也就是说艺术和哲学表现同一内容。这种错误的观点一直影响到早期的别林斯基。

虽然艺术、宗教、哲学都是认识真理的手段,但这并不是说三者完全可以分庭抗礼,它们之间不尽相同,各有特点。这种不同表现在哪些方面呢?黑格尔认为,"绝对心灵的这三个领域的分别只能从它们使对象,即绝对,显现于意识的**形式**上见出"。② 这也就是说,三者反映生活的方式不完全相同。

人类认识最高的真理需要有一个发展过程,它可分为三个阶段,运用三种不同的形式,艺术就是一种最初级、最原始的方式,它以感性形象显现真理。黑格尔看到,宗教往往利用艺术来呈现宗教的真理,以便于其被形象地把握到。③ 中世纪的文学基本上是作为宗教的附庸的。在《哲学史讲演录》里,黑格尔讲得最为清楚:"艺术是表现这种意识(关于上帝或神的思维和想象——引注)的媒介,由于它能将这内容之客观化在感觉里的飘忽即逝的假象把捉住,并予以固定永久的形式,那没有形式的圣石,那单纯的地点,或任何与客观性的需要有密切联系的东西,都从艺术那里得到了形式、色彩、性格和确定的内容,这内容是可以被意识到的,而且现在是作为对象呈现在意识面前。这样,**艺术就成为人民的教师**。"④ 黑格尔接着举例说,这样的教师有

---

① [德]黑格尔:《美学》第1卷,第129页。
② [德]黑格尔:《美学》第1卷,第129页。
③ [德]黑格尔:《美学》第1卷,第130页。
④ [德]黑格尔:《哲学史讲演录》第1卷,北京大学哲学系外国哲学史教研室译,生活·读书·新知三联书店1956年版,第69页。黑体引加。此处关于艺术成为人民教师一说包含两方面的意思:一是艺术以其可感的形象易于为普通大众所接受,二是艺术能够传达真理性的知识于人民。

✳✳ 差异即对话

荷马和赫西俄德，他们为希腊人制定神谱，"把所得来的（不管是从什么地方得来的）现成的混乱的与民族精神一致的观念和传说加以提高，加以固定，使之得到明确的意象和观念"。① 无需更多的说明，艺术认识世界的方式总是通过具体可感的形象而进入心灵领域的。

我们承认，艺术并不是认识真理的唯一方式，按照黑格尔的观点，它只是最初级、最原始的，还不是理想的。上升到更高一级的领域就是宗教，它由艺术所侧重的客体感性形象转移到慕拜者的心灵，"所以心胸和情绪，即内在的主体性，就成为基本要素了"。② 哲学则是对绝对心灵认识的最高级形式，它运用自由思考直接对理念进行研究，艺术的客体性和宗教的主体性在哲学里就统一起来了。

艺术反映生活的特点决定了它在社会中的地位——以具体可感的艺术形象作为人们认识真理的媒介，理想教育的工具，人民的教师，"艺术作为心灵的最高旨趣的本来真正的地位就是如此"。③

其次，是艺术的服务对象。

18世纪末19世纪初，由于对法国资产阶级革命专政的恐惧，德国一大批颓废浪漫主义作家，逃避严酷的现实，退隐于梦幻象牙之塔。作品形式散漫，语言模糊，且又炫耀书本知识，歌德曾对此进行了猛烈的抨击："最近一些作品之所以是浪漫的，并不是因为新，而是因为病态、软弱。"④ 黑格尔严正地奉告他们："艺术作品之所以创作出来，不是为着一些渊博的学者，而是为一般听众，他们须不用走寻求广博知识的弯路，就可以直接了解

---

① ［德］黑格尔：《哲学史讲演录》第1卷，第69页。
② ［德］黑格尔：《美学》第1卷，第132页。
③ ［德］黑格尔：《美学》第1卷，第131页。
④ ［德］歌德：《歌德谈话录》，爱克曼辑录，朱光潜译，人民出版社1978年版，第188页。

黑格尔主张"为艺术而艺术"吗？

它，欣赏它。因为艺术不是为一小撮有文化修养的关在一个小圈子里的学者，而是**为全国的人民大众**。"① 为了不负于艺术这一神圣的职责，他吁求作家"不仅有权利而且有义务要只注意**他自己的**民族和时代，按照符合他自己的时代特点的观点去创作他的作品"。② 黑格尔这些慷慨激昂的陈词，抨击颓废浪漫派的激烈态度，仿佛使我们看到了激进的资产阶级的蓬勃朝气和艺术功利主义者的伟岸身躯。

也许有人会提出这样的疑问，既然黑格尔把艺术的终极目的提高到和哲学任务一样崇高的地位，声称艺术是人民的教师，要为全国人民大众服务，那么，他为什么会反对艺术的道德教训说呢？这似乎是自相矛盾的。但是，懂得了情致、理念的基本特点之后，问题就不那么令人费解了。在黑格尔看来，如果把艺术目的仅仅窄狭化为一种教益，那么"快感、娱乐、消遣就被看成本身**无关重要**的东西了，就要附庸于教益"，如此艺术就不成其为艺术了。更重要的是，问题的症结还不在这里。对于教训说，他严词质问："这教训应该是直接地还是间接地，明说地还是暗寓地含在艺术作品里呢？"这就十分尖锐地提出了艺术作品应当是一种抽象的概念，还是一种完美统一的艺术形象的重大问题。"如果把教训的目的看成这样：所表现的内容的普遍性是作为抽象的议论、干燥的感想、普泛的教条直接明说出来的，而不是只是间接地暗寓于具体的艺术形象之中的，那么，由于这种割裂，艺术作品之所以成为**艺术**作品的感性形象就要变成一种附赘悬瘤，明明白白摆在那里当作**单纯的外壳和外形**。"③ 艺术形式成了一种多余的装饰，同内容完全分裂开来，那么艺术同哲学、政

---

① ［德］黑格尔：《美学》第 1 卷，第 346—347 页。黑体引加。
② ［德］黑格尔：《美学》第 1 卷，第 337 页。
③ ［德］黑格尔：《美学》第 1 卷，第 62、63 页。

治、法律条文还有什么区别呢？显然，按照道德家的观点来要求艺术，一切作品的那种令人如痴如狂的巨大引力将会茫然无存了，而化为枯燥无味的抽象品。

黑格尔不愧为一个创造性的天才，一个划时代的英杰。

但是，他毕竟不是一个马克思主义者。作为历史人物，和歌德、席勒等同时代的资产阶级知识分子一样免不了浑身上下散发着浓厚的德国小市民的庸俗气息。他的"理念"说到底"无非始终是抽象，即抽象思维者"①，与现实本身分属于两个世界。作品"情致"的核心只是资产阶级所常标榜的永恒的人性，艺术服务于"全国人民大众"也正是这种抽象的人性的必然反映。毫不奇怪，"每一个企图取代旧统治阶级的新阶级，为了达到自己的目的不得不把自己的利益说成是社会全体成员的共同利益"，就是说，他们在观念上是不得不"赋予自己的思想以普遍性的形式，把它们描绘成唯一合乎理性的、有普遍意义的思想"。② 虽然承认艺术反映生活的特点，但他又轻视感性世界，认为艺术愈向前发展，物质的因素就愈下降，精神的因素也就愈上升，哲学取代艺术也就势所必然了；反对艺术概念化，而自己又从抽象的"理念"出发。这些都是由那个客观唯心主义体系所衍生出来的基本错误。

开掘黑格尔《美学》这个极其丰富的艺术矿藏，提炼出灿烂辉煌的辩证法的纯金，扬弃那幽晦失色的唯心主义矿渣，为发展无产阶级文艺理论、繁荣社会主义文艺创作服务无疑是一项极有意义的事情，而为了达到这一目的，首先对黑格尔的艺术观有一个正确的认识恐怕是碧海泛舟的第一桨吧！

---

① ［德］马克思：《1844年经济学哲学手稿》，人民出版社2006年版，第115页。

② ［德］马克思、恩格斯：《德意志意识形态》，《马克思恩格斯选集》第1卷，人民出版社1995年版，第100页。

黑格尔主张"为艺术而艺术"吗？ ✽✽

附识：

多年没有沉浸过黑格尔了，也多年没有含咀过朱光潜先生了，他们都曾经是我求学过程中的指路明灯，有许多温馨的记忆。今天则突然抛出这篇文章，有读者一定会惊问我何以重拾旧时话题、有何新的学习心得以及新的针对性。我就把文章的写作缘起、来龙去脉以及今日之所思所想简要道来，请读者诸君明以辨之。

说来话长，此文系旧作，草于 1980 年 4 月下旬，时笔者为河南大学中文系本科二年级学生。此文甫成，即蒙恩师王怀通先生错爱，在其组织和主持的大学生学术研讨会上宣读，后收入内部印行的《河南师范大学①一九八〇年度科学讨论会论文集》（1981 年 3 月），载第 45—50 页，为笔者学术生涯的第一篇论文。作为西方美学的初习者，大约不足一年的历史，以此文挑战朱光潜先生的权威疏释，虽属"少年心事"，且有恩师鼎力支持，但对自己的论断是否确当的疑虑，一直不曾放下。2004 年 4 月 25 日受邀参加中国人民大学举办"著名美学家马奇先生逝世周年纪念暨中国当代美学研讨会"，席间闲谈得知马奇先生当年亦持此论，与朱先生有过通信，且得到朱先生认可，不说闻之雀跃吧，但至少说多年来压在心头的一块顽石终于落了地，倍感轻松。此逸闻记载于李世涛、戴阿宝二君对马奇先生的采访文章里，可谓"信而有征"了，谨抄录如下：

> 朱老治学态度严肃认真，别人指出他的错，只要他认识到了，就立即改正。一次，我读黑格尔《美学》第一卷的一段注释，其中说到黑格尔的"为艺术而艺术"的观点。我给朱老寄一封短信对此提出怀疑，他很快就复信说，不能说黑格尔

---

① 河南师范大学为河南大学曾用名，非今日之河南师范大学（主校区在河南省新乡市）。

差异即对话

是个"为艺术而艺术"的论者,我已记在书上,待以后再版时改过来。当然,朱老对自认为正确的观点是敢于坚持的。①

但不知何缘何故,我们看到的结果反正是没有改正过来。黑格尔《美学》第1卷最先是由人民文学出版社出版的,时间为1958年12月。第2版改由商务印书馆于1979年1月出版。在新版的版权页上有如下标注:"本卷原系人民文学出版社出版,现改由商务印书馆出版。此次重印,译者对译文和注释分别作了修订。"初版注释中查无出现于新版的那两处关于黑格尔与为艺术而艺术关系的疏论文字②,显系新版之增补。所以,马奇先生所读版本毫无疑问为1979年新版,其与朱先生通信也一定是发生在1979年以后至朱先生去世(1986年3月)之前,而期间此书多次重印,朱先生当时完全有机会加以修正的,但实际是直至我们看到的2017年4月的重印本(汉译世界名著版),朱先生的注释仍是只字未改。为什么朱先生说改而竟未改呢?料想这里有三种可能:一是朱先生思之再三,对马奇先生的不同意见最终未予接纳;二是虽然认可了马奇先生的批评建议,但后来终于大抵是忘记此事了;三是1979年以后,出版方没有给予朱先生修订的机会。

---

① 李世涛、戴阿宝:《思想深处的美丽烛光:马奇先生访谈录》,《文艺争鸣》2003年第3期。
② 初版注释虽无将黑格尔与"为艺术而艺术"相关联的显性文字,但朱先生对于黑格尔理念的如下评论,细读起来,也是暗含了如此意向的:"黑格尔所谓'绝对','自由','无限','自在自为',其实都是一回事,即一个独立自在的整体,**不受与其它事物的关系所限制**,只有把一个对象看作一个独立自在的整体,即理念与现象的统一体,它才是绝对的,无限的,自由的,自在自为的,**也才是美的**。"(黑格尔:《美学》第1卷,朱光潜译,人民文学出版社1958年版,第3页注①。黑体引加)在这样的叙述中,黑格尔的意思似乎是:美的理念或艺术是独立自足的,与任何外在的事物无关。黑格尔的理念恰恰不是这样,理念的天职是对所有外在事物的征服和整合;其理念论美学,相应地说,也不是拒绝生活,而是拣选生活,将其带入艺术的领地。朱先生在此的错误是执思于理念的观念性(自足)而忘却了其现实性(指涉)。

黑格尔主张"为艺术而艺术"吗？ ✻✻

鉴于黑格尔美学对中国美学以及文艺理论研究和建构的巨大影响[①]，并且黑格尔之是否主张"为艺术而艺术"牵涉对其整个美学体系的把握，再者查阅近40年来文献迄无专文论处[②]，末次

[①] 如李咏吟先生所梳理和概括的，见其《朱译黑格尔美学与现代中国文艺学建设》，《文艺理论研究》2017年第5期。

[②] 关于黑格尔之是否主张"为艺术而艺术"，学术界虽乏专论，但也时有涉及。例如，汝信先生指出："平心而论，黑格尔是不能对纯艺术论的恶果负全部责任的。黑格尔认为艺术不应被当时现实环境下的庸俗的物质利益所支配，不应把艺术贬低为满足闲散者的欲望的一种工具，因而主张艺术的目的在于它自身，这似乎与普希金主张纯艺术的原意是相近的。"（汝信：《论车尔尼雪夫斯基对黑格尔艺术哲学的批判》，《哲学研究》1958年第1期）他认为，是"纯艺术论者利用了黑格尔的理论"（同上）。25年后，他再次强调："主张'为艺术而艺术'的思想与其说是来自黑格尔，倒不如说更多地是来自谢林和德国浪漫派。黑格尔美学中的某些提法可以被利用来为'纯艺术论'辩护，但整个说来，黑格尔并不十分赞成这种理论而且对它的评价不高。正因为这样，后来别林斯基的继承者车尔尼雪夫斯基把黑格尔作为'纯艺术论'的主要代表来加以批判，也是不够公平的。"（汝信：《西方美学史论丛续编》，上海人民出版社1983年版，第257页）。又如，蒋孔阳先生批评黑格尔把"艺术的根本任务"说成是"显现理念"而非"反映现实生活""把自然'观念化'，也就是把自然的东西向心灵还原"等美学思想对于"以后资产阶级唯心主义的美学家"之"使艺术向着神秘化的方向发展（走向神秘的'为艺术而艺术'——引注）"是难辞其咎的，其与浪漫主义者之"极力要把艺术从现实中抽离出去""给艺术寻求超现实的'绝对'的基础""使艺术变成一种绝对精神"等等也是息息相通的。（蒋孔阳：《德国古典美学》，商务印书馆1980年版，第261页）这种批评与汝信先生的观点看起来虽不大一致，但细品其意味，亦非全然相悖。再如，朱立元先生直截了当指出，"黑格尔决不是唯美主义或艺术至上论者"，因为对黑格尔来说，"艺术的目的在于通过审美作用实现认识功能，在这过程中也就自然地包含或体现出伦理教育作用"，其美学体系可以被恰当地理解为"**以认识功能为中心的真、美、善三种功能的统一说**"，具有鲜明的"**理性主义特色**"（朱立元：《黑格尔美学论稿》，复旦大学出版社1986年版，第123页。黑体引加）。复如，陈望衡、李丕显两位先生则是直接点名批评朱先生给黑格尔冠以"为艺术而艺术"这种做法"似欠妥当"（陈望衡、李丕显：《黑格尔美学论稿》，贵州人民出版社1986年版，第92页）。这些发表于本文撰写或前（汝信）或后（蒋孔阳等）的论断都在说明，无论黑格尔与"为艺术而艺术"论者是什么关系，但至少不可随便在二者之间画等号。与此相关，我们需要记住，"对黑格尔而言，教化是其哲学的核心议题"（克劳斯·费维克：《黑格尔的艺术哲学》，徐贤樑等译，商务印书馆2018年版，第6页），以及黑格尔"坚持艺术作品在教育和教化过程中的特殊运用"（同上书，第7页）。

❋❋ 差异即对话

则是猜想马奇先生当年既为短笺，自然非长篇大论，未必有拙作这样的系统论述，于是乎，笔者不揣少年时的轻狂和谫陋，将旧作略加技术处理，拿出来发表，也就具有了一定的必要性。不是不悔少作，或者，敝帚自珍，而是它目前实在还有其些许的用处。

　　本人真诚期待两位前辈的学术通信能够早日公之于世，以善结此一桩学术公案。不过，又转念一想，即便以后确证朱先生说过接受马奇先生的意见，根据马奇先生的谈话，我们现在就不怀疑，但也不能由此而断定朱先生真的就永远地改变了自己的观点。窃以为，朱先生是有可能犹豫不决的。这猜想绝非毫无根据的臆断，因为"为艺术而艺术"论者并非不关心社会，只是说他们以一种特殊的方式介入社会，如阿多诺所言：

> 更确切地说，艺术是通过其与社会的对立性位置而成为社会性的，那一位置是惟在艺术作为自主之物时才能取得。不是去遵从现存的社会规范，也不是把自身修造得"于社会有用"，而是将自身凝结成一自在的本体，艺术由此而恃其纯粹之存在批判社会……[1]

实际上，原本就不存在我们曾经想象的并予以批判的即远离现实、躲进精神象牙塔的那类"为艺术而艺术"论，如王尔德就多次宣称过通过艺术改造社会的抱负，他之远离生活实则是为了实现其入世抱负的一种策略，即由此而获得社会批判所必需的审美距离和立场。[2] 同样，如果我们硬要把黑格尔也归于"为艺术而

---

[1] Theodor W. Adorno, *Ästhetische Theorie*, hrsg. von Gretel Adorno und Rolf Tiedeman, Frankfurt am Main: Suhrkamp, 2000, S. 335.

[2] 关于"为艺术而艺术"论之社会性的论述，可参见金惠敏《消费时代的社会美学》，载其《消费他者：全球化与资本主义的文化图景》，商务印书馆2014年版。

黑格尔主张"为艺术而艺术"吗？

艺术"论者的话，那么这只能是说他选择了一条与政治功利主义和情欲市场主义划清了界限的、让艺术承担起更崇高的任务的、他自认为是更符合艺术理想的康庄大道罢了。对于黑格尔来说，让艺术回归其自身，实则是为了让它更好地进入社会，行使其批判与引导的职能。

对于"为艺术而艺术"这种逻辑上的悖论性，朱光潜当不是不了解，要知道，他可是中国现代文艺史上老牌的、资深的"为艺术而艺术"代表人物，其文艺思想的基调一直就是所谓"形式主义"的"为艺术而艺术"。而犹如其他人的医学救国、实业救国，在他是艺术救国、救心（怡情养性、净化人心），以无功利而行功利之实。[1] 显然，问题并不出在学理上，而在于他必须顺应意识形态的潮流而彻底涤除"为艺术而艺术"这种据信是反动的、没落的和颓废的资产阶级毒素。如果说其发表于1956年6月第12期《文艺报》上的《我的文艺思想的反动性》可视为他对自己"为艺术而艺术"思想的公开的忏悔和自我清算，那么出现在黑格尔《美学》译注中的将那一"美是理念的感性显现"命题草率定性为"为艺术而艺术"论，以及连带着对康德审美无功利说的仓促批判，则应是他进行过自我检讨和批判之后的一次心理余震，当然这种余震的时间长短因人而异，可以是三两年，也可以是持续终生。

完全可以想象，对于马奇先生的提醒，朱先生内心一定是左右为难、无所适从的：依据其学术认知和情感履历，无论黑格尔的理念论美学还是康德的自主性吁求当均不属于"为艺术

---

[1] 笔者曾在《尼采与中国的现代性》一文指出："朱光潜虽然倡导超功利主义美学不遗余力，而实际上他也抱定了如梁启超、鲁迅那样改造国民性的良苦用心的。在他看来，美学在一种特殊的意义上也是可以济世的。"（《文艺研究》2000年第6期）

※※ 差异即对话

而艺术"①，但按照现实主义的文艺思想，特别是列宁要求于文艺的党性和人民性原则，这些资产阶级思想家如此高蹈、凌绝的艺术理想则绝对有不食人间烟火之嫌，是难以完成无产阶级革命事业所赋予文艺家的反映现实的光荣使命的，如果还没有成为阻碍的话。

当我们今天能够不再顺着当年被清算的或自我清算的朱光潜的意识形态目光而重新打量黑格尔美学屋宇、而客观地品藻"为艺术而艺术"之是非曲直的时候，面对朱光潜或可能发自内心或可能有违其本心的错误疏注，真有恍若隔世之感："邻人满墙头，感叹亦歔欷！"历史的这一页已经翻过去了。

作者谨识
2018 年 10 月 13 日
北京西三旗

---

① 在论述黑格尔将美学作为理念的感性显现命题时，朱光潜认为黑格尔是反对康德审美无功利的形式主义美学观的，并指出，在西方形式主义占主导地位的美学和艺术思潮中，黑格尔是"孤立的"，其对理性内容的强调"没有发生多大影响"（朱光潜：《西方美学史》下卷，第 470 页）。此外，在介绍别林斯基的美学思想时，他还偶然提到"纯艺术论"（"为艺术而艺术"）"与黑格尔无关"（同上书，第 513 页）。这证明他并非始终如一地把黑格尔美学归在"为艺术而艺术"范畴，或者说，关于黑格尔之是否主张"为艺术而艺术"，他是摇摆不定的。我们倾向于将朱先生的这种左右摇摆看作他在学术与意识形态之间的一场拉锯战，其间当然也存在学术上认识不清的原因，而意识形态之强大的导引作用则在于选择性或排他性地膨胀了其学术上偏左的那部分阐释。经核查原书，将黑格尔描画成资产阶级性质的"为艺术而艺术"论者，均为新版新增之疏释，似刻意为之。其他主题在新版中亦多有来自"左"倾意识形态的强制阐释。呜呼惜哉！

民间文学与现代性的建构和反思

——读户晓辉先生《现代性与民间文学》*

阅读提示：民间文学貌似没有界限分明的特征或自性存在，它一直被意向性地建构，被实际地挪用。在现代性的建构中，它被作为教会文化、庙堂文化的对立面，意味着个体性的解放、自由、自尊和自我实现；而在现代性的反思中，它又被作为对未完成的即不完满的现代性计划或启蒙辩证法的拯救，意味着完整人性、道德理性和超验价值。民间文学之所以能够被不断地发明、逼出（显现），反过来证明它也确有其自在，这自在就是它相对于每一占统治地位的意识形态总是表现为异质、他者和增补。说到文学，尽管它可以有种种属性，但民间无疑是其最根本的属性。就此而言，所谓"文学"就是"民间文学"。

一直以来我抱有一个不成熟的想法，就是文学没有历史，流行的各种文学史不过是用非文学的绳子将文学穿缀起来。"历

---

* 本文原题为"所谓'文学'就是'民间文学'"，载《民间文化论坛》2005年第1期。

史"就像康德所说的"时空",是我们用来整合客体的主体形式。

如果说这个观点还不太牢靠的话,那么民间文学则可能是它最坚定的支持者。民间文学具有野生性、自发性、原创性,换言之,这就是它的反文化传承性;一旦它借鉴了先前的文学,或者被提升、改写,它就不再是"民间文学",而成了"文人创作"。

由于持有此一信念,当户晓辉先生以其《现代性与民间文学》[1] 大著见赠时,看见这个书名心里就犯起嘀咕来:这莫非又是一本赶时髦的货色?拜读之后才恍然大悟:原来他所谓的"民间文学"不是指作为我们研究对象的民间创作,而是指我们对民间文学的研究以及在这研究中所形成的理论和方法,即作为一门学科的"民间文学"——在这一意义上,"民间文学"当然与充分历史性的"现代性"有关,这种关联甚至可以说,如作者所证明的,真的达到了是"现代性"意向性地发明了"民间文学"的程度。

这是一次或许有些意义的误会,它尖锐化了作为"自在之物"的民间文学与作为"显现"或"现象"的民间文学之间的不同和对立。户著的价值在于描述了中西方民间文学或民俗学(户著将二者等视)如何自觉或不自觉地在现代性语境中建构出其研究对象的过程,并因而将话题引向民间文学学科自身的反思和拷问,最终且有意图达及人类对自身文明的回望与批判。这无疑是一部"小门脸、大厅堂"式的佳构。有兴趣的读者自可"转朱阁、低绮户"以窥堂奥,不必我来饶舌复述其富丽卓绝之处。我要做的是现象学地讲述它对我的触动、启发以及浮想。自然我对它的这一现象学阅读,既是它的,也是我的。

不错,从起源上说,民间文学确就是"现代性"的发明。但

---

[1] 户晓辉:《现代性与民间文学》,社会科学文献出版社2004年版。

民间文学与现代性的建构和反思

是为了充分揭示现代性与民间文学的复杂关系，我们就需要对似乎是单一性的、一以贯之的现代性进行区分。在此我想将现代性划分为两种：一是"外向现代性"（outward modernity），一是"内向现代性"（inward modernity）。

所谓"外向现代性"，就是指现代性对其自身的积极建构，它是目光向外、向前的，态度是积极的、乐观的，形式上是理性与情感、现实与想象的互动，总之是自信的主体的自我张扬。这样的现代性表现于西方是那奠定了现代西方文明基础的文艺复兴和启蒙运动，而在中国则是尚未被重视的戊戌维新和过高地意识形态地估价了的五四运动。过去通常以为文艺复兴的"外向现代性"建构主要是向古代借取资源，但另外或许同样重要的是就近、就便在民间汲取灵感和力量。薄伽丘、乔叟、拉伯雷，甚至但丁、莎士比亚以及歌德等，不仅直接引用或二度加工来自民间的故事、意象、趣味和各种观念，而且更从中阐发出那多半属于他们自己的反宗教的活泼泼的人性精神来。中国五四前后的白话文运动，以及刘半农、沈尹默等自觉地诉诸体制的歌谣征集活动，不用说都是以"民主""科学"为旗帜的现代启蒙大业的一个构成部分。

启蒙知识分子虽然并非不知道创造了"民间文学"的"民"是相对于主流社会如僧侣、官绅的另一类人群，被统治、被挤压、被固定在下层和边缘，但坚持只有他们才代表了人类的真谛、历史的未来，只有他们才配得人的称号，他们是所谓人的普遍性。这可以解释何以周作人、胡愈之也包括顾颉刚等人能够轻易地就从"民间"之"民"跳向"民族""国民""全民众"。而在西方的赫尔德，它不止"是一个民族最真实和最不受污损的部分，因而应该是本民族精神的本真的解释者"[①]，更被超越性

---

① 户晓辉：《现代性与民间文学》，第86页。

❋❋ 差异即对话

地理解为人类全体或就是真正的人性。边缘之"民"蕴含了普遍的价值,它甚至就是普遍价值,就是普遍价值之唯一的化身。至于这普遍性是在"民族"的抑或在"民族"而"人性"的层次上并不十分紧要:从"民"到"民族"是有可能需要一个质的"飞跃",而从"民族"到"人民性"再到"人性"则就是往前挪动挪动而已。

"民"被用来论证现代性以及现代性的合法性,而它之所以能够被用于此一目的,源自启蒙知识分子的一个根本信念:"民"的价值就是现代性的价值,或言之,"现代性"植根于"民间",植根于"人性",因而它就是普遍的。

"外向现代性"在其外向推进过程中自会显出其不尽如人意的方面,这是最轻描淡写的说法了。在激进的批判看来,"现代性"就是殖民主义、帝国主义、霸权、对他者的奴役、整个人类的劫难,一个经典的观点说,它"从头到脚,每个毛孔都滴着血和肮脏的东西",等等。现代性最终走向了它的反面,是所谓"启蒙的辩证法"。"现代性"换用哲学的术语就是主体性或理性。现代主义者相信,理性的错误必须由理性来克服,而不是由他者(黑格尔)。理性对自身的纠正依靠的是反思,这就是我们所说的"内向现代性"。它是理性主体的收心内视,是其对自我的反省和拷问。结果就是哈贝马斯的"现代性——一个未完成的计划"的现代性自信:既然"现代性"处在一种未完成态,那么第一,它终将被完成;第二,"现代性"计划其蓝图从根本上就仍然是确当的,尽管另一方面也可以说,由于"现代性"的未完成性,我们还不能忽视其"不完满性"。应该注意哈贝马斯措辞的一语双关:"未完成"的德语词是"unvollendet",其表面意思是一项工作的尚未完成,英语翻译为"unfinished",但德语的"完成"(vollendet)同时就是尽善尽美,英语却未必,"未完成"因而可理解为"未达到尽善尽美"。哈贝马斯是个乐观主义者,他相信,"现代性"只要完成其"计划",它就可以臻于完美。套用一句俗话,"现代性"的道路是曲折的,但前途却是光明的。

"后现代性"与"现代性"绝非永远地不可调和,当"现代性"能够正视其"不完满性",而当"后现代性"并不完全否定"现代性"时,它们就在我们所谓的"内向现代性"上握手言和。"现代性"与"后现代性"当然有许多针锋相对之处,如果"内向现代性"不能将"后现代性"包容进来,它们就仍然可能是对立的,但至少在一点上它们是共同的:"现代性"无论其来源、其将来走向如何,在目前它就是"不完满",因而就需要对它进行批判,无论是站在其内的反思性批判,还是可能在其外的批判。

如果说在"外向现代性"中,民间文学被用作反教会、反封建的批判武器的话,那么在"内向现代性"中,批判的矛头则指向"现代性"自身。"后现代性"无论是否可以被归于"内向现代性",但它的的确确促进了"现代性"的自我反省。

对"民间文学"的发现、"民间文学"意识的觉醒以及理论上相对次要的"民间文学"作为一门学科的诞生,在中国至少在20世纪80年代中期以前,由于不充分的现代性或者现代化作为一个民族集体计划所具有的巨大号召力,都不是"内向现代性"自我反思的积极成果。经过当代文学中的"文化寻根热""新儒家"对传统文化价值的现代性转换、后现代主义思潮的引入和研究,以及另一方面在现代化进程中所实际地遇到的资源问题、生态问题、社会政治问题,主流的民间文学观才有了一些较大的变化,如在政府文化部长孙家正先生的一个讲话里所体现的,"民间文化"被作为对现代文明、科技进步使人类所付代价的精神补偿,作为被疏远、被遗忘了的我们自己的历史由来;因而保护"民间文化"也就是守护和光大我们民族的文化传统。"后现代性"的"民间文化"观，最终又被"现代性"所收编。孙文指出，民间文学的价值在于它"往往带有更多的民主性的精华"；"中华民族之所以能够独立于世界民族之林，就在于拥有了真正体现鲜活民族精神的、在人民群众生产生活实践之中创造的文化"。① 在此显然的是，"民间"的就是"民主"的、"人民性"的，具体地说也就是"民族"的。"民间文学"的当代命运就是"民族文化"传统的命运。这种观点隐约透露出："现代性"在中国甚至还不能说是"一个未完成的计划"，而是"一个刚刚启动的计划"。因而"民间文学"在中国相当一个时期还将被用于启蒙、用于"外向现代性"的建构。

"民间文学"尽管在西方例如在赫尔德那里也是被作为"民族的信仰、快感、感觉和力量"②，因为唤醒德意志民族意识是德国启蒙运动的一大任务，但是就其主要情形而言，由于对人性以及人性之普遍性的偏好，"民间文学"对"民族"愿望的表达，一开始就是以人性及其普遍性为支撑的。"民族"的要求唯其有此普遍性的支撑才显得"义"正而"辞"严。因此，西方的"民间文学"更多的是对"现代性"的批判性回应，对"现代性"所摧折了的、所排挤了的健全人性的呼唤和抢救。由始以来的人类学，英国伯明翰学派的文化研究，美国学界对少数族裔文化的突显，女权主义对男性编码的抗拒，目前方兴未艾的"全球文化"理论，等等，实际上同"民间文学"一样都承担着"现代性"反思的使命。可以预言，随着"现代性"在中国的迅疾展开，我们的"民间文学"也将在所谓的"内向现代性"中找到现实感和用武之地。

---

① 孙家正：《在中国民族民间文化保护工程试点工作会议上的讲话》（2003年10月30日），《文艺研究》2004年第1期。

② 户晓辉：《现代性与民间文学》，第87页。

民间文学与现代性的建构和反思

许多后现代思想家都论证过文学本质上就是后现代性的，或者变换为更尖锐的说法，就是女性，就是他者，就是社会无意识，就是永远的边缘和被抑制。我们可以由此而进一步断定说，**所谓"文学"就是"民间文学"**。今天假如我们还能谈论文学的本质的话，那么它一定就是"民间"。在"内向现代性"这里，文学是民间的，而在"外向现代性"那里，相对于其时居于支配地位的教会文化、庙堂文化，文学也同样是民间的。文学或者就是民间文学，是可以与"外向现代性"、与"民族"身份或"国族"意识结盟的，但这种联盟是暂时的、不稳固的，一旦"现代性"争取到统治地位，文学或民间文学就将即刻转变成它的敌人。

其间"民间文学"自身并无多大变化，它依然是其自身，所变化者只是它与"现代性"的意向性关系，如我们已经勾勒的，先是被"外向现代性"、后是被"内向现代性"所意向地建构。

问题于是就回到了我们开始时所提出的作为"自在之物"的民间文学与作为其"显现"的民间文学的对立。当然可以像户著那样将"自在"的民间文学依据胡塞尔的现象学作为"超越性"的客体悬置不顾，而专注于其在意识中的"呈现"。但是显现从来就是显现者的显现，显现者总是通过显现而显示其"自在"。如果从"自在之物"这个角度说，显现就是它的"事功"，而"事功"也就是其自身，它在"事功"中存在。说到"人事"，我们总是在有所作为中证明我们自己的存在。我们是什么？我们就是我们的作为。撇开我们的作为而追究我们的"自在"如何是没有意义的。一个浅显的道理，法律不可能只是惩罚恶行而赦免作恶者。所谓"人犯"是该人之"自在"与其"显现"的统一体。在这一意义上，当尼采宣称"没有事实，只有阐释"时，他说的就是"事实"在"阐释"中的"呈现"，即"事实"的"自在"与"阐释"的"呈现"的统一。

❊❊ 差异即对话

由此说来,在哲学上可能根本就不存在"自在"的民间文学与"显现"的民间文学的对立。"民间文学"已经在与"外向现代性"和"内向现代性"的先后结盟中呈现了它的"自在"性,即总是异质,总是他者,总是增补。

感谢户著,我们已经知道了民间文学的"自在"。

回不去的乡村美学

——"天福"、《返乡》与"在"乡

阅读提示：当代流行文化的一个显著特点是"模拟"。这种"模拟"并非要替代原本、回到原本，或者说，在原本不在场时聊胜于无。原本已不再重要，重要的是对原本的"模拟"。质言之，"模拟"仅止于"模拟"。从来的"乡村美学"都是对乡村文化的模拟，都不是乡村文化本身。在波涛汹涌的城市化浪潮的冲击下，乡村土崩瓦解，本真的乡村文化与乡村趣味也一起烟消云散。看起来好像是逆城市化而动，"乡村美学"，诸如"农家乐"旅游、"乡愁"哲学和文学，等等，实则是对城市化的补偿、丰富和增强，而乡村却是回不去的：在陶渊明的田园诗中，在中国传统山水画中，回不去；在日甚一日的城市化大潮中，在"模拟"的乡村美学中，更是回不去。"返乡"似乎要寻找一个睽违已久的对象，然则陷入"模拟"美学的"返乡"却并不在乎这一对象的真实存在。"模拟"是一种没有对象的认识论。要找出这一对象，不能通过"返乡"，而只能是"在"乡，此"在"是海德格尔的"此在"。"返乡"是对象化，"在乡"则是取消对象，从而取得与对象的同一。

❋❋ 差异即对话

　　当今已经没有乡村。乡村已经崩溃。乡村的崩溃表现为：第一，乡村被空壳化。凡有技能的或者仅是体力的纷纷涌向城市，成为农民工、保姆、保安、喝破烂儿的，等等。也有留在乡村的，那多半是老弱病残。乡村被荒弃了。乡村的生命枯竭了。第二，乡村作为城里人的旅游目的地。目前有不少城里人周末假日到乡村体验"农家乐"；然而，当乡村遍地都是"农家乐"时，真正的乡村生活其实也就终结了。农家乐与其说是农家生活的展示，毋宁说是城里人对乡村的想象剩余，是城市生活的差异性补充。城市时代的一切民俗都是伪民俗，它们是被生产出来的，被用于观看的。第三，"乡愁"的泛滥。这主要表现在例如沈从文、孙犁、刘绍棠这类作家的创作中，以及海德格尔的家园哲学。它们与农家乐无异，是城市化的帮衬，如果不是帮凶的话。在不可抗拒的城市化大潮中，任何以"返乡"为主题的文学和哲学，都将是为城市张目，为城市化疗伤——以便继续城市化。城市化成了社会主导话语；乡村话语看似以乡村为本位，坚守此本位，而实则是作为对城市话语的补偿，作为对城市意识形态的强化。

　　容或由于以上这些先入之见吧，当拜读过著名散文家张天福先生的散文集《返乡》①之后，我心中多少是感到一些不安的。这不安绝非因为作家的文笔不够优美，情感不够充沛，结构不够谨严。非也！集子里可谓篇篇佳构，字字珠玑，激情澎湃，情境相谐，立意雅正。其序文"走进本源"甚至堪称当代中国文学家最深湛的哲学论文。这不安，或准确地说，是惋惜，来自意识到此等天上文字非我时代所可接纳，其间似有一趣味上的鸿沟。我感觉，今日的读者怕是再也无法消受它"天"赐的"福"分了。"天"意味着自然，"福"意味着满足，"天福"

---

① 张天福：《返乡》，线装书局2012年版。

不祈求命运的偶然和垂青，现代人若是自己决定复归自然，那便是得其天福了！

如今的阅读趣味清晰地朝向如下几个方面发展：一曰求"信息"，即追求信息"量"、信息"流"，所以新闻报道成了"一代之文学"，或时代之文体，如楚之骚、汉之赋、唐之诗、宋之词、元之曲、明清之小说，等等。信息类似于从前所谓的"真理"或"求知"，但真理和知识均具有绝对和终极的意味，而信息则是流动的、变化的、瞬间的，没有目的或信仰。信息以信息自身为目的或信仰。信息求异，真理求同；信息逐新，真理趋返，所谓"反者道之动"。二曰求"震惊"，但凡奇闻逸事、隐私八卦、血腥色情永远是当今读物的热点。现代主义文学曾向新闻报道学习，其成果就是对"震惊"效果的追逐；不仅是要新，还要奇，更要产生震撼，给人以持久的冲击。这"震惊"貌似有"崇高"的效果，但缺乏深度和理念，不留回味和思索的间隙。三曰求"安慰"，这是那些于丹一类心灵鸡汤的东西，这只老母鸡可以是孔老夫子，可以是佛祖，也可以是耶稣。这种安慰确可以多少弥补人在追新逐奇中所产生的虚幻感，使人得到暂时的满足，但结果也可能是更其无边的虚幻感、幻灭感。归纳起来说，这是"现代性阅读趣味"，而促成此种趣味的当是英国社会理论家鲍曼所指出的"流动的现代性"：现代性使"一切坚固的东西都烟消云散了"，它亦信奉"苟日新，日日新，又日新"的古训，但其"新"不再承载些微的神圣的"天命"和意义。

在传统的意义上，《返乡》堪称乡村美的典范、古典趣味的再生。这里没有时间概念，没有故事情节，有的只是以慢节奏对自然风物的精雕细刻，其中仿佛一切都停滞了。欣赏这类文字需要足够的耐心。这里没有知识，没有真相，有的是文化"传说"，民间故事，一种与历史真实无关的想象（如关于秦相李斯的传说）。欣赏这类文字要先把自己变得朴智，即赤子化。这里

✳✳　差异即对话

可能是逃避世俗的心灵港湾，即作者所谓的"返乡"，但现代人未必就进得去。《返乡》不是心灵鸡汤，那是大众的，大众可接近的，而它是唯美的，精英的，设置了高高门槛的。

　　阅读《返乡》这种美文，很容易联想到陶渊明的田园诗以及中国的山水画。但那并非"乡村美"，与农民的心理、旨趣毫无关系。那是文人士大夫的视角和趣味，是属于精英主义的。在他们那里，乡村只是表达其隐逸情结的素材。"暧暧远人村，依依墟里烟。狗吠深巷中，鸡鸣桑树颠"，让人多么陶醉的乡村美景啊！它是温暖的、亲切的；你若愿意，是也可以把它读作乡思、乡愁的。但曲终一句"久在樊笼里，复得返自然"则败露出一个不和谐的乡村局外人的形象，我们对于"乡村"美的畅想和幻想在此尴尬而止。农民没有"久在樊笼里"的经历和经验，也当然不会有"复得返自然"的感受和感叹。"自然"是"文化"的发明，就像"原始人"是19世纪"文明人"的发现一样。窃以为，如同陶渊明，作者也是有精英主义或"文化人"的情结的，尽管精英主义和文化未必尽是坏事。

　　《返乡》以乡村美景、乡村亲情、乡村伦理对抗城市或城市化的丑陋、冷酷和邪恶。其中《带血的黄土》一篇是此种对抗之令人惊悚的表达。城里务工的儿子在一个漆黑寒冷的早春之夜与伙伴们轮奸了因担忧他而出来接他回家的母亲。在这个故事中，一方是城市，一方是乡村；一方是被城市资本主义污染了的孩子，一方是在乡村生活因而保留了最自然的人类情感——母爱——的母亲。乡村与城市的对立被表述为善与恶、美与丑的对立。这是现代文学的一种思维定式了，如在哈代、劳伦斯、沈从文、路遥那里所突出地表现的。然而，这种对立性的设置根本上却是有问题的。正如威廉斯在其《乡村与城市》中以英国经验所证明的，乡村有乡村的美，也有乡村的丑，而城市同样是美丑两

回不去的乡村美学

面性的。① 假使，与哈代们相反，将城市视作文明、进步，那么乡村则必然是愚昧、落后。例如马克思在其《共产党宣言》中就说过，资产阶级所创造的"巨大的城市""使很大一部分居民脱离了农村生活的愚昧状态"；在全球范围内说，它使"农民的民族"从属于主要在城市里生活的"资产阶级的民族"，使农业的、"未开化和半开化的""东方"从属于工业的、"文明的""西方"。② 显然，马克思的立场是站在城市一边的，而城市显而易见在他就是"文明""进步"之同义语。我们无意评论马克思视角的对错，借此我们只是想举证，不同的视角产生不同的乡村和城市及其相互关系。

但是，任何视角对于乡村美本身都将是遮蔽性的。可以说，几千年来乡村美很少得到过如其本然的呈现。乡村美一直是由与农民毫无相干的文人雅士如维吉尔、陶渊明、华兹华斯、沈从文来表现的，他们笔下的美与农民的情感体验毫无关系。乡村美要么被作为逃避世俗的桃花源，要么被作为对工业文明的解毒剂，它从来不是它自身。真正的乡村美是无言的，它不能被任何人代言——"言而非也"。它需要我们俯下身来，静静地谛听。谛听是麦克卢汉的"听觉空间"，是摈弃了"视觉空间"之透视主义而对整体世界的拥抱。谛听是庄子所谓的中央之帝"浑沌"，不"倏"不"忽"，在"统觉"中交通世界。谛听是孔子的"克己"，是列维纳斯的对绝对他者的承认。③

---

① 参见［英］雷蒙·威廉斯《乡村与城市》，韩子满等译，商务印书馆2013年版。
② 《马克思恩格斯选集》第1卷，人民出版社1995年版，第276—277页。
③ 或有人提出这里在借用海德格尔以"谛听"为"归属"的思想。不错。但海德格尔之声言其隐居于乡间是为了更好地进行"哲学"思考（参见其《我为什么要呆在乡下》一文）让我们怀疑其"谛听"的真诚。追根溯源，与其说我们在借鉴海德格尔，毋宁说我们在借鉴老子，因为海德格尔对其乡间生活的叙述不过是对《老子》第80章"小国寡民"的演绎，而且老子是诚实的，长篇大论的哲学著述在老子是很勉强的。乡间不需要"哲学"，无论你如何定义"哲学"。

❋❋ 差异即对话

  谛听就像是肖洛霍夫、柳青、陈忠实，甚至浩然，忘我地浸入乡村生活的流动与本色，不是"代"农民言说，而是"让"农民言说："让"没有强迫的意思，它至多只是提供一种契机；"让"是作家主体的躲开，留出缝隙，让真理自我呈现。虽然这些作家的创作并非没有意识形态的剪裁，但这剪裁恰好反证了消极"无为"之"让"之于彰显本源的积极意义。

  天福有原生态的乡村故事，高雅与粗俗，爱情与色情，理性与狡黠，奉献与自私，以及拒绝任何归类的本真经历与体验。我相信，当其抛弃流行的城乡二元对立的"审美现代性"架构，而转至于谛听"本源"之乡，将"返"乡修正为"在"乡，他是一定会为我们提供另一幅乡村图景的。我们满怀信心地期待着！

时间、自然与现代性工程

——于会见绘画艺术的生态对话主义

阅读提示：如果在于会见的绘画艺术与歌德对现代性时间的思索、与老子对自然和人为关系图式的勾勒之间构建起跨越时空的哲学桥梁，我们将会发现：第一，"现代性"立身于一个时间与永恒的悖论，它需要"时间"以"成就"自身，而此"成就"则同时意味着对永恒的追求与此"成就"的虚无。第二，"生态主义"的核心是处理自然与人为之关系，它不能只是一种偏爱自然而贬抑人为的理论，它也不是简单地要求在二者之间建立起一种平衡；而是说，如老子哲学所展露的，"人法自然"，但自然亦法人，这转换为现代语言就是，自然与人为之间应该是循环的关系，它们构成了一个生态学环圈。我们的生态理想不是自然主义，当然也不是海德格尔所批判的"人道主义"，而是我们所称谓的"生态对话主义"。

流行评论将于会见称为"现代画家"，不错，于会见笔下几乎全是看起来改天换地、日新月异的现代工程，他多次为此主题而获得官方大奖，但"现代"或"现代性"究竟又是什么呢？

※※ 差异即对话

于会见：《为大地输液》，380cm×200cm，亚麻布油画，2012年

时间、自然与现代性工程 ❋❋

于会见:《崇高》,150cm×50cm,亚麻布油画,2011 年

※※ 差异即对话

初识于会见艺术，多数人很自然地将其定位于"生态主义画家"，这也不算错，于会见有强烈的生态危机感，但"生态主义"或"生态危机感"难道就只是对发展的约制或抵制吗？

不是说"现代""生态主义"这类术语不足以标示、统领于会见艺术的复杂、多元与含混，问题是虽然其含义已经不言而喻，如"生态主义"早就弥漫为一种情绪和态度，简化为一种标语口号，所有的理论探讨和学术研究似乎都只是一种情感的宣泄或贴标语、呼口号，但恰恰是这种被以为的不言自明性阻退了我们对于会见艺术与现代性理论和生态主义的深究和阐发。其实，"现代""生态主义"原本就包含着远为深广的含义，只是我们未能开掘和利用而已。

本文将于会见的艺术置于现代性谱系，置于中国思想传统，具体说就是，在于会见与歌德、老子之间建立起跨时空的哲学连结，这不仅会深化我们对艺术家本人的理解，也会丰富、微妙乃至于刷新"现代性"以及"生态主义"等理论术语的意谓。需要声明，我们不是"术语控"，赋予流行术语以新的意义面向代表着我们对于一种思想转向的阐发和倡导。

让我们从歌德的一句诗开始吧！

一 "停留"的时间与永恒

Verweile doch, du bist so schön!
"你多美呀，请停留一下！"

德国大文豪歌德因创作了长诗《浮士德》而永垂不朽，其主人公浮士德因于弥留之际喊出了这行诗而无限地延长了其生命！于是这也可以说，歌德是因着浮士德这诗语绝唱而一劳有逸地让读者记住了他的名字。或许不算夸张，德国文学也是由于这句诗而由"民族文学"一跃成为"世界文学"。所谓"世界文学"就

时间、自然与现代性工程

是进入资本主义现代化或全球化之进程的文学。

事情的原委简单说是这样：浮士德一生孜孜以求、自强不息，但他所有的努力和尝试都以失败或不能满意而告终，唯有最后在仿佛听到其治下人民围海造田的劳动喧嚣和铿锵时才发出由衷的赞叹和满足："你多美呀，请停留一下！"

歌德称，这是"最绝妙的瞬间"。这瞬间众所周知就是他所铸造的那一著名的浮士德精神范型："要日日不息地去开拓生活和自由，然后才能配作自由与生活的享受。"个中要义乃开拓与进取。然俗人不察，以为浮士德精神就是歌德的全部。其实，对于据称是建设新天新地的"现代性工程"，对于佩戴着"自由"和"生命"美名的启蒙理性，歌德也是心存疑虑的，且这种疑虑就蕴含在其措辞"停留"（verweilen）本身。从其德文形式上可以辨认出来，"停留"是对结构化时间的破除，是对永恒的暗示。我们知道，一切劳动和创造及其意义都只能建立在时间之上，如海德格尔所言，生命的意义在于"向死而生"，但时间的特点又是转瞬即逝、自我否定。"停留"于一个反面指示了时间的"瞬间"特性及其自我否定性。借魔鬼靡菲斯特之口，歌德承认，那"最绝妙的瞬间"也是"最后的、糟糕的、空虚的瞬间"。他意识到，一切在时间轴线上的劳动和创造都终将化为乌有，归于虚无。得之于时间的一切迟早要还给无情的时间。歌德陷入一个不可解脱的悖论：一切丰功伟业需要时间意识、时间限制，而一切丰功伟业的极致却是去时间化和永恒化，即自我取缔。歌德心中有天使，也怀揣着魔鬼，但天使与魔鬼并非两物，各自独立。它们本属一物，一体而两面。

面对于会见教授所创造的大地上的劳动、建设场景，就其绘画性层次上，我们大概也会像老浮士德那样在内心里发出高山仰止般的惊呼："你多美呀，请停留一下！"但如果我们只是感动于这样的"美学"场景，只是"美学"地观赏于会见的绘画，

❋❋ 差异即对话

那么这有可能是恰恰违背了画家的初衷和个性。于会见是"非美学"的,像海德格尔那样,是"反美学"的,也可以说,是"反艺术"的。依海德格尔之见,自"美学之父"鲍姆加登以来,"美学"便开始逐渐堕落为"现代性工程"的附庸或帮凶。于会见要"停留"这种"美学",要"解除"(undo)这种"美学",要把这种"美学"从其"时间性"中解放出来。他雄心勃勃,风骚霸气,挥巨笔如青龙偃月刀,势将时间在大地上的一切"杰作"——在他眼中,这些不过是垃圾、不祥之物、对有生命的大地的涂炭和屠戮,等等——尽行扫除,期以恢复无时间无空间的、无以言致的崇高。"反者道之动"。由此说来,于会见是当代的靡菲斯特,一个伟大的虚无主义者!

二 人法自然与自然法人

中国圣人老子曾告诫我们:"人法地,地法天,天法道,道法自然。"这是说,做人的最高境界是以自然为法。虽然如浮士德在时间中的劳动是人的命运,但这命运应该是人的生命的自然发生、展开和如鲜花般的绽放。老子举荐"人"与"地""天""道"一起为"域中四大"。但让人感到大惑不解的是:从来就反对人为世界的老子何以竟将"人"列为"域中四大"之一?须知赤子非"人"啊,而人之所以为"人"是因其经过社会和符号的教化与锻造。这样的"人"岂堪为"大"?以往的注经家多会打圆场说,"人"之为"大"(道)以其"法自然"耳。今日的一切生态学者大都在"自然"面前却步。他们未能看到,"自然"也有"法""人"的一面,也有类人的一面。这不是康德意义上的"人为自然立法",而是说自然也有一个生长、表出的环节,虽然是魏晋玄学家如洛阳郭象所说的"自生",但毕竟是要"生"出来、表现出来的。而生出、表出的典范则是

— 200 —

"人",人创造了语言、技术、社会制度与规范、意识形态等"象征秩序"。不过话要说回来,这样的象征秩序又必须合于自然。于是我们看到,"域中四大"形成了一个环圈:从人到地、到天、到道,而后又从道和自然开始,进入人而继续循环。这是"自然"的循环,但也是"人"的循环,即有发生、有表出、有人为。

面对技术的世界,我们一方面需要"人法自然",另一方面也应认识到"自然法人"。完整的生态主义不偏废于其任何一面!于会见作品的第一要求显然是"人法自然",但在其将人归属于自然、隐于自然的同时,他还能够将此自然之思展示出来,展现给我们。这是否说明,他也是将"自然法人"的一面考虑了进来?歌德、海德格尔是考虑进来了,于会见当亦不后于先贤,否则他哪里会奔走"展览"?哪里会欣欣然于"展览"这样一个充满悖论的标题?

深入观察,于会见既不倾向于纯粹的自然主义,更不支持海德格尔所批评的"人道主义",他向我们昭示的是这样一种理论,我们愿意称之为"生态对话主义"。这种理论假定自然与人为之间一种动态对话关系的存在。人类谛听自然,人类属于自然,但人类亦是自然的杰作、宇宙的精华,其作为代表着自然的奔涌而出。在古希腊,如海德格尔告诉我们的,"自然"一词意味着发生、开显。查询拉丁语词典,"自然"(natura)的条目下赫然排列着"出生"的义项。即使在今天的法语中,"自然"(nature)与"出生"(naître)之间的链接亦隐约可见。人类诞生于自然,是自然的延伸,但这延伸不能是无节制的发展和膨胀;人类必须沿着自然的轨道而声张自身。

"你多美呀,请停留一下!"

于会见的眼神是忧郁的,但此忧郁中还放射着美的光芒!

于会见的绘画是冷色的,但其间也有温暖人心的热气在氤氲升腾着。

于会见,"痛并快乐着"!

正如哲学家汝信在中国美术馆所举办的于会见画展开幕式上(2012年9月6日)指出的,像毕加索那样,于会见对人类在大地上"异化"活动的控诉何尝不是一种对人类美好未来的期盼呢?!

审美现代性及其相关理论研究的三个误区

阅读提示：审美反对现代性吗？人文主义是科学主义的解毒剂吗？日常生活审美化现象亘古就有、不具有时代特色吗？要准确回答这些问题，需要先行了解现代性、理性、主体性这些概念的完整结构，了解精神与实践、思想与现实、使用与交换之间的异化性距离。

"审美现代性"理论及其冲动既关涉我们作为人类之永恒的审美需求，又将这永恒的审美置于现前的以"现代性"为其本质特征的社会语境，因而成为当今文论界、美学界和艺术界最重要的话题，说它是文学理论皇冠上的明珠，可能一点儿也不过分。[1]

本文不谈成就，这方面谈的已经足够多了，而是专意勘察其所存在的研究误区。虽然我们并不自信到一旦澄清了这些模糊认识，就会获得一个正确的"审美现代性"概念，但可以坚持的

---

[1] 当然这并不意味着对"审美现代性"的所有研究都必须顶着"审美现代性"的头衔，与中国在此名目下研究的熙熙攘攘相比，英语世界则要沉寂得多。而反对"审美现代性"的声音，例如朗西埃的感性分配政治倒是要更受追捧一些（参见 Silvia L. López, "Beyond the Visible, the Audible and the Sayable: Rethinking Aesthetic Modernity in Latin America", *Parallax*, vol. 20, no. 4, 2014, pp. 293 – 302）。

差异即对话

是，指出误区的存在将开辟出对于"审美现代性"一些新的理解和视域。

一 "审美"反对"现代性"

审美现代性研究在目前中国的最大成果就是将"现代性"与"审美"对立起来，将"启蒙现代性"与"审美现代性"对立起来。不过这个最大的成果也是最大的"成见"！

其实并不存在什么两种现代性，"启蒙理性"原本就包含着"审美现代性"；启蒙思想家的理性话语不仅不排除感性的艺术，而且还给予艺术自主性以深刻的理论支持，理性绝不处在与感性相平行和对立的层次上，毋宁说，在现代性框架之内，它超越了通常意义上理性与感性的对立而成为独立"自由"的主体性。这是康德何以在美学上标榜"自由美"的原因，那是对于一个主体性原则的贯彻。所谓"审美现代性"即文艺上的现代主义[①]，其矛头所向绝非以主体性为主导价值的现代性，恰恰相反，它以一种特殊的方式重新肯定了这一现代性理想。

简单地说，"审美"与"现代性"均以笛卡尔—康德以来的"主体性"哲学为其根基。那么，二者何以被一些艺术家和具有艺术偏好的理论家对立和对抗起来了呢？"本是同根生，相煎何太急"？

主要原因在于，审美主体性只有"精神"的实践性，而不存在"社会"的实践性。主体性原则一旦付诸社会建构，就必然发

[①] 我们所谓的作为"审美现代性"表征的"文艺上的现代主义"，包括但绝不限于哈贝马斯在其名文《现代性：一项未完成的计划》之"审美现代性观念"一节里所指陈的据说只是以一种被改造过的时间意识为其兴奋点的爱伦·坡、波德莱尔、先锋派、达达主义和超现实主义，而是指一切以审美自主性为武器对资本主义社会现代化过程进行批判的文艺倾向、主张和流派。

审美现代性及其相关理论研究的三个误区 ✻✻

生各种变形，乃至于走向它本身的对立面。因而，所谓"审美现代性"就不是对主体性"本身"而是对主体性之"异化"的批判，是对主体性之"社会化"的批判。犹如关系性思维在中国，主体性在西方根深蒂固，我们不能期待它被颠覆。

对"工具理性"的否定，就是说，对理性之被工具化地使用及其社会后果的否定，不能导向对"理性"本身的否定。"审美现代性"理论切不可"忘本"，不可"忘恩负义"！

二 "人文主义"反对"科学主义"

与此相关的一个严重的"成见"是，许多研究者和一些处身其中的哲学家相信，20世纪哲学存在科学主义与人文主义相互对立的两大潮流。

首先应明确，"科学"精神不等于"科学主义"，"人文"精神也不等于"人文主义"。原因是，"科学主义"，根据威廉斯的研究，是一个"带有批判性的字眼"，即一个贬义词，"用来定义科学在某方面的局限"。他注意到，"同样，人文学科有其明显的局限，但尚未有一个通用的词汇来定义这个局限"。[①] 其实这样的词汇早就有了，就是"人文主义"，20世纪60年代以后该词在后现代主义诸流派中日渐被赋予否定性的意义。

如果说"科学""人文"来自启蒙传统，那么"科学主义"和"人文主义"的出现则是由于"启蒙的辩证法"，如霍克海默和阿多诺所阐明的。这就是说，无论在其肯定的抑或否定的意义上，"科学主义"与"人文主义"都具有同源性，即共同秉承启蒙哲学所确立的对于理性的绝对信仰。"科学"精神的实质就是

---

① [英]雷蒙·威廉斯：《关键词：文化与社会的词汇》，刘建基译，生活·读书·新知三联书店2005年版，第427页。

"理性"精神,而"理性"精神也就是"人文"精神。"科学"与"人文"是同一"理性"的两翼。依照康德,人先验地具有"纯粹理性",这使他得以统摄和认识经验的世界。作为启蒙计划或许是其主体部分的康德哲学既是"科学主义"的,也是"人文主义"的。

所谓"科学主义"与"人文主义"的冲突于是就不是两种思想潮流的冲突,而是理性发展过程中其内部所歧出的问题,即理性的异化问题。"理性"需要"科学"和人的"主体性"以开辟自己的道路,而一旦理性放任于"科学"和"人文",就会出现它所意想不到的"科学主义"和"人类中心主义",我们知道,"科学主义"常常就是"人类中心主义"。这是自"工业革命"以来,20世纪尤甚,我们所面临的一个重大的现实问题。转换为哲学的语言说,人类"主体"怎样才能克服我们"主观上"的"科学主义"和"人文主义"而回归到其"客观上"的真实存在。

三 "日常生活审美化"亘古就有,没什么新意

就其字面意义而言,"日常生活审美化"确乎古已有之,没什么新意。

但由费瑟斯通所发展的"日常生活审美化"则是另有语境因而别具新意的。它描述的是消费社会的文化特征,指艺术和美学在社会各个领域的扩张和渗透。不过他尚未特别说清楚的是,"日常生活审美化"是"现代性"的必然后果。

对于"现代性"有各种界定,什么"启蒙理性",什么"工具理性",什么"主体性",什么"对传统的发明",什么"民主""科学",等等,各有意义,但都未说到点子上。还是马克思一针见血:"商品"包含了现代资本主义社会的全部秘密。对

审美现代性及其相关理论研究的三个误区

于马克思主义者来说,"现代性"就是"商品化"。

商品具有二重属性:使用价值和交换价值。对于以价值增殖为目的的商品生产来说,最理想的情况就是,以最小的使用价值赢取最大的交换价值。波德里亚其实不必区分以使用价值为其所务的"生产社会"和创造"符号价值"的"消费社会"。生产使用价值不是资本主义生产的目的,其目的在于交换价值。这交换价值本来是商品之客观的社会属性,为整个"社会劳动"所决定,不以生产商之愿望为转移。但贪婪的资本家竟然在"交换价值"上大做文章,这就是将使用价值符号化,让使用价值承载超过其自身的意义,因而对消费者来说,购买商品就不再只是购买其使用价值,而是其符号价值。例如,"名犬""宝马""香奈儿"不再是物,它们成了尊贵、奢侈的象征。物,在此而意彼,成为"物符",进入"物体系",一个结构主义的世界。真的是"物莫非指,而指非指"了!

"日常生活审美化"在费瑟斯通那里被用于描述现代社会的"文化"变迁,而在波德里亚,除此而外,更含有对资本主义的价值批判[①]——不过要指出,他错误地将"商品化"和"审美化"对立了起来:"经常有人说西方的伟业就是将全世界商品化,将每一事物的命运都拴在商品的命运上。而事实将表明,那伟业从来就是将全世界审美化——其弥漫全球的景观化,其图像

[①] 特里·伊格尔顿愤然揭露,"后现代那套把戏"所玩弄的所谓晚期资本主义的"文化转向""从物质向非物质的过渡""创意工业""文化的面孔""'审美'的形式",等等,不过是说,"资本主义已经整合了文化,以为其自身的物质性目的服务"。它们绝非意味着,资本主义现在是柔顺地服从了"审美、无目的、自娱、自足的管制"(审美自主)。"恰恰相反,资本主义生产这一被审美化了的方式结果证明是较从前任何时候都更加的冷血和工具化。"(参见 Terry Eagleton, *Culture*, New Haven & London: Yale University Press, 2016, p. 152)伊格尔顿的讥讽显然有针对波德里亚和杰姆逊的意味。

— 207 —

化改造，其符号学的组织活动。"① 事实上，商品化本身便蕴含着"审美化"。

"日常生活审美化"已今非昔比，它被"商品化"所定义，被定义为"现代性"的一个后果。它如果不是一直被误解的"审美现代性"，也是"现代性审美"——以"现代性"为其核心的"审美"。因而在我们，"日常生活审美化"将成为一个对现代性进行反思和批判的后现代概念。

---

① Jean Baudrillard, *The Transparency of Evil: Essays on Extreme Phenomena*, trans. James Benedict, London and New York: Verso, 1993, p. 16.

文学文化学要略

——兼及文学本质主义和文化本质主义的迷误

摘 要：应该有勇气承认文学研究越来越边缘化了：文学的功能已经被技术所催生的各种文化形式所分解和更好地替代，文学和文学研究的存在价值因而便大打折扣了。我们不能奢望文学能够回到其曾经占据过的社会中心，但坚持它应该放置在它本身所允许的恰切位置。文学文化学拟将文学引向文化，以作为未来文学研究的一个选项。而此前提性工作则是要完成对于文学本质主义和文化本质主义的批判。文学文化学是一门大学科，有许多工作要做，但草拟一个研究纲目，并阐明其基本原则，应是目前需要走出的第一步。

关键词：文学文化学，文化研究，文学性，文学结构/功能

将文学与文化联袂而成"文学文化学"绝非那种不期然的灵光乍现，亦非什么域外舶来品，更非什么海客谈瀛，"烟涛微茫信难求"，毋宁说，视"文学"为"文化"或者"人文化成"实乃最"宅兹中国"、最中国本土，且如今虽非令人趋之若鹜却依旧在被顽强赓续着的一个悠久的学术传统。这也许就是传统的真

义,无须做大张旗鼓的宣传,它早已流入民族的精神血脉,化为其规则无意识。

我们所拟谈论的"文学文化学"诚然与这一本土、古老、深邃的传统不无关联,但自觉地、有计划地去衔接、复兴和创新这一传统,则是当代中国和世界之多重语境强力协推的结果。在这诸多语境性力量当中,其最直接可见者有三,且尤其值得关注的是,它们均从其各自所特有的方面形塑和刷新了文学文化学,如果这一学说确乎古已有之,且于今仍不绝如缕的话。

一 英国文化研究与文学文化学

其第一重语境当首推由西方学界所传来的文化研究思潮。19世纪以降,多种多样的大众文化形式在现代历史的长河中渐次展开:先是报纸,后是广播,接着是电视,然后就是当下正在如火如荼地发展着的跨媒介融合。每一种技术形式都催生和助长了文化的大众化,而文化大众化的一个直接后果就是对精英文学观念的挑战和冲击。以英国为例,早期英国文化批评家阿诺德抨击美国报纸趣味低级庸俗,将文化定性为以文学尤其是诗歌为中心的人类"所思所言之精华"。承继阿诺德的问题意识和观察视角,在20世纪,诗人T. S. 艾略特、F. R. 利维斯作为文学界人士,他们都是"文学—精英主义者"或可谓"文学—中心主义者",即将其所从事的文学(创作和批评)作为文化之核心,相信文学对世界的救赎作用。对于宗教的衰落,艾略特诊断其原因是现代人与宗教之间曾经的感性联系的减弱乃至完全丧失。与此相反,诗歌的职能则一直是对感受性的营造和锤炼,由此艾略特便寄望于诗歌通过其感受性的语言而唤醒和恢复整个社会的感受性,从而与疏远了的宗教重新建立亲密的联系。在艾略特,文化是宗教的表现或延伸,而宗教是在文化背后促成其凝聚和统一的力量，因此诗歌对宗教的拯救也就是对文化的拯救。相对于艾略特文学精英主义的重重迂回，利维斯则是直接将其摆在桌面上，他绝不含蓄地指出，"文化总是为少数人所持有"①，而且这少数人不是别人，而是如艾略特与其本人那样的文学家和批评家。这些保守主义批评家的一个特点是将文学性的文化与流行文化对立起来，例如艾略特公开宣判后者就是反艺术的和反文化的。

雷蒙·威廉斯一般被认为是大众文化的辩护士，但也同样非常重视文学的文化作用，即文学在形成其所谓社会"共同文化"和"共同情感"中所发挥的积极作用，这一点与保守主义批评家无异，其所不同的是他认为各种文化都参与了一个民族文化共同体或文化星丛的建构。在他，文化是全体人民的文化，而非某一阶级的文化。如果说其后声名崛起的斯图亚特·霍尔着力于凸显文化的差异方面，那么威廉斯的主要倾向则是从诸般差异的文化中寻找其最大公约数和最强链接。威廉斯曾表示其所从事的"文化研究"事业就是通过"对整个社会生活方式各种元素之间关系的研究"而"尝试着拓展一种完全不同的社会整体理论"。对于马克思主义经济基础决定上层建筑这一公式，他修订为对"一个领域中互相决定力量"的研究，其中他尤关注文化的力量，而文化的力量就是一个社会之统一性的力量。② 英国文化研究虽然没有直接提出"文学文化学"的主张，但其对于文学与文化、社会及其结构性关系的论述，实际上已堪称一种英式"文学文化学"了。甚至，只要从"文化"角度界定"社会"或"社会的整体

---

① F. R. Leavis, "Mass Civilization and Minority Culture", in his *Education and the University: A Sketch for an 'English School'*, Cambridge: Cambridge University Press, 1979 [1943], pp. 143, 163 – 164.

② ［英］雷蒙·威廉斯：《文学与社会学——纪念吕西安·戈德曼》，张云鹏译，《差异》第11辑，四川大学出版社2022年版，第115页。

性",那么如威廉斯所谓的"文化社会学"就可以等视为我们的"文学文化学"。①

二 文化的扩张与文学的变形

今日之文学文化学的第二重语境是当代审美文化形式急剧膨胀。如果说文学的本质特点在于提供审美娱乐价值,那么就此而言,例如就其强烈度、普及性、便捷性等方面看,文学早已不是文化的竞争对手。如今的社会大众可以不读文学作品,不读文学经典,不读诗歌,但照样可以"诗意地栖居"在世界上而不感到任何的缺憾。时下坊间鼓捣的所谓"枕边书"和"我的私人阅读书目"等活动,实在是为文学争取大众读者的无奈之举,其中那些一直束之高阁的哲学经典、政治经济军事名著、人物传记,等等,都在打"文学"牌,即都在追求趣味化、娱乐化、时尚化,是可以理解为在"大众"和"通俗"面前的降尊纡贵或就是弃械投降,以结好结欢于"文化"。中央电视台推出的"百家讲坛"之讲经、讲史、讲古典小说,以及主流话语所要求的将马克思主义理论"大众化",都可见出当前"审美""文化"大潮的冲击力。纵使我们不能说当今社会一切皆文化,但如果认为文化已经无处不在大约不能算作一个错误。

不过文学本位主义者也确乎是正确地看到,在当代各种文化形式如体育赛事、明星演唱会、电影电视、节日庆典、电子游

---

① 在其《文化与社会》这部英国文化研究的奠基之作中,威廉斯仅有一次提到"文学文化(literary culture)"(Raymond Williams, *Culture and Society, 1780-1950*, Garden City, New York: Doubleday [Anchor Books], 1960 [1958], p. 125),似乎十分接近于我们的"文学文化学"概念,但实际上它指的是阿诺德所谓的以"文学"为价值核心的"文化",而我们知道,阿诺德是不会把大众文化和现代机械文明归类在作为"甜蜜"与"光明"的"文化"名下的。

戏、抖音节目之中，文学在语言、在故事原型方面具有基础性和资源性作用。作为人类历史久远的一种精神或心理形式，文学是不会退出人类生活的。通过语言的特殊使用而创造出美的意境、意味、新感性、新视角差不多就是人类的天性。但可以预见，文学绝不会只是以其历史上已然定型的方式存在，如以小说、诗歌、戏剧和散文的经典定义而存在，文学可能以电影电视、流行歌曲、商品广告、标语口号、节日祝福乃至洗手间里的温馨提示语等非典型形式而存在。文学形式于是转变为文化形式。对于这类文化形式，我们既不能称其为传统意义上的文学，也不能否认其与既往所认定的文学具有某种相关性。只有那些执着和拘泥于文学性和非文学性之二元对立的学者，才会去宣布此为文学、彼为非文学。在一切都被文化化的当代语境，从前例如关于报告文学是文学还是报告、再如司马迁的《史记》是史学还是文学的争辩已经没有意义。

或许可以称这些新的文化形式为"审美文化"，作为"审美"向"文化"的妥协，但问题在于，当今又有哪些文化形式没有包含审美的元素呢?！审美已然不能被继续作为文化产品的一个区别性特征，因而"审美"通过向"文化"的妥协而其内里实乃对"文化"的招安这样一种怀柔的方式，试图重返对"文化"的控制中心，也只能是徒劳无功和徒增笑料罢了。审美已不再能够命名或提升任何当代文化形式。从前的文学弥散了，不是烟消云散，而是泛化或变身为层出不穷、日新月异的各种文化形式。它们需要新的命名和定位。如果说"文学文化"将面临"审美文化"那样的风险，那么调换次序而称其为"文化文学"也不见得更为贴切，因为它仍然假定了一个貌似独立的"文学性"的存在。这是文学文化学需要解决的难题：在文学与文化的双向奔赴和会聚中寻找和确认一种新的存在。

※※ 差异即对话

三 文学的文化政治学

　　文学文化学在当前的第三个语境是全球范围内对文化作用的重视。且不提英国文化研究、法国后结构主义、美国后现代主义、英国社会理论对于文化在社会中的弥漫程度的并非夸张性的描述，例如波德里亚对图像增殖为"拟像"从而取代现实的警示，杰姆逊以"文化转向"对当代资本主义新景观的概括，伊戈尔顿之将法国后结构主义命名为"文化理论"，费瑟斯通的"日常生活审美化"，海登·怀特对历史诗化的指认，布尔迪厄之将文化带入社会学研究场域，等等，我们单是浏览一下那些更具政治指涉性和影响力的文化论述，其荦荦之大者便有：美国政治学家塞缪尔·亨廷顿的文明/文化冲突论，他把冷战后的冲突描述为文明或文化的冲突，似乎意识形态的冲突已不复存在，且似乎意识形态与文化无关[①]；美国华人学者余英时之认为有什么样的文化就有什么样的政治制度，且意识形态的选择亦与文化传统密切相关；在21世纪的中国，习近平总书记之视"文化自信"为最基本、最深沉、最持久的力量，将其作为道路自信、理论自信和制度自信的根基。其实自"五四"以来，甚至在梁启超即已开始，许多中国知识分子就将国家兴亡与文化联系起来，认为文化决定了国民性，而国民性则造就了民族或国家。辜鸿铭和鲁迅虽然对中国文化态度截

[①] 海登·怀特不这样认为，他指出："后现代主义文化主义所传授的是，不存在超越性的意识形态，而且任何公认的社会科学的科学性必然会导致对于其自己意识形态的内容、目的、目标的认可。"（海登·怀特："后记"，载理查德·比尔纳其等《超越文化转向》，方杰译，南京大学出版社2008年版，第272页）这里暗示，在后现代主义的语汇中，文化与意识形态处于一种交合难分的状态。或许可以这样表述二者的关系：意识形态是被政治化了的文化，而文化则是被日常生活化了的意识形态。

然对立，但在坚持文化对于社会的决定性关系上并无不同。"文之为德也，大矣！"① 这是历朝历代中国主流知识分子的共识。

在文化之日益显出其政治重要性的大语境下，文学如何通过进入文化，进而发挥其政治影响力，或者说，如何为当代政治做出独具特色的贡献，具体言之，在建立和强化中华民族的"文化自信"方面，文学可能找到怎样的着力点，应该成为中国之文学研究者的一项政治使命和义不容辞的时代担当。

文学为政治服务，也许没有根本性的错误，其错误仅仅是技术性的。如果我们将政治界定为与国家命运、人民福祉等宏观层面相关的思想和治理，那么文学为政治服务与文学为人民服务就没有本质性区别，而如果这一政治是通向天下大同或者说人类命运共同体，为了全人类从各种外在的压迫中解放出来，争得幸福、尊严、自由，那么这样的政治恰恰是文学有史以来其伟大作品所百折不挠地追求和维护的目标。但同时必须看到，除在极少数非常之语境下，如战时状态，文学不可能直接地为政治服务，为经济军事服务，文学的主要事业是为传承、创新文化服务，从而间接地为国家政治经济军事服务。

文学应该在文化中找到自己的用武之地。如前文所提示，这并非多么新鲜的主张，在中国文学思想史上，文学的文化功用观有着源远流长的传统：一是儒家发端于"诗三百"的"诗教"，如汉儒毛亨在其《诗大序》中所表述："正得失，动天地，感鬼神，莫近于诗。先王以是经夫妇，成孝敬，厚人伦，美教化，移

---

① 刘勰之"文"同时包含"人文"和"天文"两个方面，"天文"是"人文"的自然理据，而"人文"亦不限于各种体裁的创作，因此其"文"有今日广义"文化"之意味。退而言之，即便其"文"为狭义之"言"文，但由于其对"文之为德"的推崇，如称引《易》之"鼓天下之动者存乎辞"，其理论规划也是包含了下文拟涉及的"诗教"和"文教"的。是故窃以为，"文之为德也"讲的也是"文而化之"即"文化"的作用。

风俗。"① 诚然,儒家诗教具有强烈的政治功利主义,甚至直接的工具化要求,如孔子曾直言"迩之事父,远之事君",但这种纲常伦理在诗中的建立和强化一般则是需要通过"情""兴""动""感"等诗歌本身的审美特性来实现的,就是说,文学需要以其特有的感性的方式实现其文化的效用,而这种感性的方式,如丹麦当代比较文学家拉森所发现,实际上同时也是文化的方式,文学与文化在感性上相通、相同,因此文学可以没有任何障碍地进入日常生活和日常经验。② 在这一意义上,"诗教"于是便接通了可称之为"文教"③的传统。此"文教"无论在方式上抑或在内容上都包含了诗教,而且还应该说,诗教一旦以诗性的方式施教,它就是一种"文教"。诗教的过程不是纯粹在头脑里发生的推论过程,它入乎心,入乎耳,摇荡情性,作用于具有特殊的历史和经验的接收者,因而可以界定为一种诗性的人类学实践。中国的"文教"传统由《周易》铸就和定义:"刚柔交错,天文也。文明以止,人文也。观乎天文,以察时变。观乎人文,以化成天下。"④ 这一文教的核心思想通常被提炼为"人文

---

① (汉)毛亨传:《毛诗正义》(十三经注疏),北京大学出版社1999年版,第10页。

② 拉森反对将文学媒介化、工具化,他指出:"文学不是这样的一种文化现象,即唯有我们忽略其所表现的或多或少的审美光鲜,然后才能够欣赏文字的普通含义和它们更深邃的意味。不!文学是一种文化现象的原因在于,它本身就是一种审美现象,正因为如此文学才得以激发读者对文本和世界的感官体验。"(Svend Erik Larsen, *Literature and the Experience of Globalization: Texts Without Borders*, trans. John Iron, London: Bloomsbury, 2017, pp. 17 - 18)

③ "文教"一语古来有之,最早见于《尚书·禹贡》:"三百里揆文教"(注:掌管文教)。后有东汉荀悦在其所撰《申鉴》中将其作为"五政"之一:"宣文教以章其化"(注:章者,彰明也,表彰也。化者,风化也,风俗也)。笔者所言"文教"之主要依据是《周易》的"人文化成"思想,但与《尚书》和荀悦的"文教"概念亦非相悖。

④ 高亨:《周易大传今注》,《高亨著作集林》第2卷,清华大学出版社2004年版,第224页。

化成",其特点是突出"化"之为教的方式,如《诗大序》所反复申言的:"风,风也,教也。风以动之,教以化之。"此"化"者,非刚性的法制和法治,而是柔性的引导和劝诫,是所谓"文明以止",而非野蛮胁迫;进而,此"化"者,非观念的货运和搬运,不做任何改变,而是一开始便进入深度的加工和转化。"化"之温和劝说特性,决定了它本身在"化成天下"的过程中隐隐包含了一个对话的邀请。

就其共同点而言,文学的文化政治学,或者,文化的文学政治学,乃是儒家传统"诗教"或"文教"的现代称谓。文学文化学比哲学、话语规训等都更得"人文化成"的真髓。用文学的方式教人某种哲学或话语,固无不可,但文学则仅仅成为枯瘦的媒介,而非完整的世界。文学的感性绝不仅仅是一个我们接近世界的方式问题,它关涉的是我们能不能接近世界的问题。文学可能被抽象为媒介,而文化则永远不能被简单地作为一种精神,因为文化就在日常生活之中。文化是较文学更基本、更基础、更深沉、更顽强持久的存在。

四 文学结构—功能论对文学文化学的允诺

受以上三方面大势之驱动,将文学和文化的关系不是在对立而是在融合的意义上重新思考和规划就被提上了文学研究的议事日程。文学文化学应该说是应运而生,生逢其时,大有作为。

当前国际上将文学作为一种文化形式来研究,尤其是评价已经非常流行,如文学经典的选取必须考虑文化的多元、历史叙事等问题,如美国施瓦布(Gabriele Schwab)教授提出文学是一种文化接触形式,如前文提到的拉森将文学的功用置放于人类学语境,即文学在其功用上是文化性的,等等。迄今欧美直接将"文学文化学"作为一个新学科的主张虽不多见,但无疑已经为其做了充分的酝酿和培育，基本上就是呼之欲出了。

我本人与拉森有不少学术联系，他在给我的来信中确认，他的文学文化论主要体现在文学的文化功能方面，换言之，在文学文本的具有人类学性质的接受和传播方面。我的看法比他要更彻底一些：我同意文学的存在方式是文化性的或文化人类学性的，但文学之所以在文化中接受和传播与文学自身的结构密不可分。就是说，如巴赫金所指出的，文学文本自身包含着非文学性元素，由此而与社会现实保持着一种链接，否则将是自成一体而自外于社会。[1] 或者说，即便人类有知情意三大禀赋，情者为审美、为文艺之专属领域，那么文学的效能也仅仅是审美娱乐作用。非文学性元素何以能够寄身于审美的文学之内，这难道不会显得不协调、拼凑和凌乱吗？不会的，其原因在于文学文本乃一结构，而结构之功能就是将杂多统一并协调之，但这种统一协调绝非同质化、一元化，一切都变成了"一"，而是一体而多元：所谓"一体"乃是结构内的多种元素都是为了一个审美的目标服务的，从而结成一体，但在这样共同的努力中，各种元素并不因此而完全失去其自身，它们仿佛为文学所临时征用，就像引文一样既是文本的一部分，又保留其不被降伏的存在。文学客体是一只脚在文学门内，一只脚在文学门外。文学客体是一种意向客体，此客体在意识中有存在，在意识之外的现实中也有其存在，而且不是毫无关联的存在。读者差不多总是不费吹灰之力就可以看见二者的相关、相似或同一，察知或感知与其本人的直接或间接关涉。文学作品的活力不在于其纯粹的文学性，而在于其中始终存在着文学性与非文学性的张力，如车尔尼雪夫斯基所说，真正的艺术总是让人想到生活，一件艺术品若是与生活毫无关联，那就不会让

---

[1] 参见［苏］巴赫金《文艺学中的形式主义方法》，钱中文主编《巴赫金全集》第2卷，河北教育出版社1998年版，第315页。

人想到生活。因此，较拉森更进一步的是，我相信文学作品作为一种审美结构，其自身也是包含了非文学性要素的。文学结构是复合的、复杂的、多元的、多声部的。如果有人争执说一定存在着"文学性"或者文学的"自主性"这类东西的话，那么它绝对不是某物、某自在之物，而是多种元素在结构中相互作用所产生的一种光晕，这种光晕笼罩了整个文本，以至于使人误以为此文学文本就是文学性。文学文本就其构件而言，乃至就其作为结构的构件而言，都不等于文学性。所谓"文学性"乃是结构的效果。

以文学结构—功能论取代审美本质主义的文学性假定，我们就可以很放心地推论说，文学之内包含了生活和生活方式，包含了我们赖以生活的文化。文学内部的非文学性和文化性的存在允诺了一个文学文化学的诞生。而如果像唯美主义那样将文学做一个独立自治的世界，与外部世界相平行或对立，那么一切对于文学的研究，无论是文学的外部研究抑或内部研究，都将是不可触及审美本质的，因而成了无关紧要的研究。再进一步的推论将是文学是不可研究的。韦勒克的"文学理论"最终会取消一切有关文学的研究，包括其本人无论内外的研究。

五 文学与文化的相互包含

可以认为文化在文学之内，也可以反过来认为，文学在文化之内。就文化内在于文学而言，一个民族的文学经典之所以成为经典乃是因为它蕴含并彰显了一个民族的核心价值观，其实那些俗常所以为的作为文学之核心的文学性要素，例如形象、意境、故事性、修辞、趣味、刺激等倒是显得外在、表面和工具化，即似乎只具有媒介性的意义。当然，一个民族的核心价值观也是多元迭合的结构，或者说，是分层迭合的。单单从文学性本身是无法解释经典之何以流传和接受且经久不衰的，其原因不在文学性而在文化性,在于其对一种文化传统的传颂和传承。各民族文学经典的区别性特征即其于文化上的不同。

再就文学内在于文化而言,这要比文化之寄身于文学内部更好理解,也更容易得到承认,文化生活丰富多彩,而审美的文化形式只是其一种,换言之,文学就在广大无边的文化之中。文学处身在文化之中并不拉低文学的品位,它是文化的结晶,文化的光辉,是一方面强化其文化,而另一方面也反思和拷问文化,因而它也是一种刺激文化变革的动力。当然,文化自身亦绝非仅仅是惰性的:它本身即包含着对变动不居的物质性,包含着人类的生命、生活和生产,因而文化自身的变革力量根本上乃是其内在的物质性力量。而文学作为一种精神形式,将此物质性力量提升到意识面前,从而使之从自发状态迈向自觉状态。威廉斯错误地以为马克思主义的经济基础决定上层建筑公式妨碍其理论中对文化改变社会之积极作用的凸显,他没有清楚地看到,这一公式既能阐明文化的底部,亦可张扬文化中发挥引领的精神力量。再者若是按照他的定义,文化为"整体的日常生活方式",那么这换用马克思主义的说法,文化就是经济基础与上层建筑(包括意识形态)在总体意义上的互动和协调。

关于文学与文化的关系,有必要提及一个显而易见但又常常被忽略的事实,即文学和文化是一个相互循环的圆圈。文学从神话、传说、民间故事中拾取素材,做成更完美的作品,而这样的作品则将以更完美的形式回赠给日常生活,充实之,丰富之,发展之,然后便是下一轮的循环,生生不已。

例如,作为文学作品的《三国演义》的前身是民间传说,在宋代是说话、影戏等文化/艺术形式[1],而后经历了一个文人反复

---

[1] 参见黄毅《〈三国志平话〉与元杂剧"三国戏"——〈三国演义〉形成史研究之一》,《明清小说研究》2007年第4期。

创作、最终又回流民间的过程,其中关公形象的演变尤其表现为如此的一个过程。有学者考证,关羽由史书上的一名普通战将和一度在民间生活中的凶神恶煞而逐渐演变为忠义化身、万能之神,主要有赖于罗贯中对其所进行的文学性再创作,包括移花接木、张冠李戴,乃至无中生有等再结构化、再情节化之处理。① 清人王侃早就识得此中之曲折:"《三国演义》可以通之妇孺,令天下莫不知有关忠义者,演义之功也。"② 还有学者特别注意到凡人关羽之神化圣化过程中的一个重要媒介"关公戏"的作用:"关公戏的繁盛,是关公崇拜的直接产物;而关公戏的传播,又直接强化并扩大了关公崇拜的影响。从某种意义上说,关公戏是官方文化与民间文化互相渗透的结果。然而关公戏与关公形象无疑在民间文化与价值体系中有着更为巨大、深远与不可替代的影响。数百年来,作为舞台艺术形象的关公与作为信仰偶像的关公,已合而为一,走进了民间的现实生活,影响着普通民众的行为方式,构成了一种特殊的文化现象,具有复杂与丰富的内涵。"③ 这里关公戏之所以能够成为沟通文学与文化的重要桥梁,乃是由于戏剧形式的大众化特性:就如同今天的影视剧,戏剧是大众化的艺术,观赏戏剧不需要阅读文本所需要的识字能力。

清人姚元之记录的一件轶事,再次表明了文学性的《三国演义》之进入日常生活肌理的深刻程度:"尝闻有谈《三国志》典故者,其事皆出于《演义》,不觉失笑。乃竟有引其事入奏者。《辍耕录》载院本名目,有《赤壁鏖兵》、《骂吕布》之目。雍正

---

① 参见李祖基《论〈三国演义〉与关帝信仰的形成》,《厦门大学学报(哲学社会科学版)》1998年第4期。
② 朱一玄编:《明清小说史料选编》上册,南开大学出版社2006年版,第84页。
③ 朱伟明、孙向锋:《关公戏与三国文化的传播》,《华中师范大学学报(人文社会科学版)》2008年第5期。

间，札少宗伯因保举人才，引孔明不识马谡事，宪皇怒其不当以小说入奏，责四十，仍枷示焉。乾隆初，某侍卫擢荆州将军，人贺之，辄痛哭。怪问其故，将军曰："此地以关玛法尚守不住，今遣老夫，是欲杀老夫也。'闻者掩口。此又熟读《演义》而更加愤愤者矣。'玛法'，国语呼'祖'之称。"[①] 从追求历史真实的角度，我们可以责备那些入戏过深者"愤愤"然也，但从人类总是生活在其所创造的文化之中而言，实在是不足为奇，不足为笑料谈资。历来人们援以为证的所谓"信史"，如果不是全然的文学虚构，那也是有大量的虚构掺杂其中，而我们就在这种虚构中生活，这就是文化。言文学即在文化之内，诚不谬也。

六　文化之为用

时下文化自信已成为学术研究的一个中心话题，研究成果众多，但有一点似乎关注并不够，就是说，"文化自信"被望文生义地认为是对文化本身的自信，文化是自我信任的对象，这容易导致文化本质主义的错误。每个民族之所以对其自身的文化有一种自信心，主要原因不在此文化本身如何的精美绝伦，而在于其功用，就是说，自信的对象不是文化，而是文化之用。这个"用"有信仰的、精神的、心理的，可以"放心""安心""安身立命"，但同时也有物质性的功用，就是这种文化有助于一个民族生产方式和生活方式的发展和革新，有助于一个民族与整个世界的接触、交往、双赢。有了"用"这一方面，文化就接通了民族的生命及其活动；而民族的生存是高于民族的文化的。简单说，文化不是用来供奉的，而是要拿来使用的，可用则留之、承

[①]（清）姚元之：《竹叶亭杂记》，载朱一玄编《明清小说史料选编》上册，第84页。

之，继之，发扬光大之，否则就修正它，改变它，使其适应于"现实"和"时代"之需。所以，习总书记在谈到文化自信时，将无论其来源的一切文化，包括本来文化、外来文化等，均以"现实文化"和"时代文化"之需而择取和吸纳，均要根据"现实"和"时代"之所需进行"创造性转化"和"创新性发展"。

  文化之为用的性质决定了它的变异性和开放性，文化大变革的时代乃是民族之生死存亡的时代，鸦片战争以来中国文化的变革或称革命都是民族救亡图存的需要。保守派"中学为体，西学为用"主张的根本错误在于将文化凌驾于生存所需之上，头脚倒置。在生命面前，中学西学皆为用。中国古人早就了解"移风易俗"以殷盛其民、富强其国，马克思主义的基本原理也教导我们经济基础决定上层建筑、社会存在决定社会意识以及意识形态，而我们中不少人是忘记了祖训，且不知道在文化问题上也是要坚持马克思主义唯物论的。我们坚信中华文化在中国历史性的崛起过程的巨大作用，中华文化将为中华民族伟大复兴提供深层的支持，但由于文化之为用的性质，我们对待传统文化仍是要吸取精华、排出其糟粕，对于外来文化，我们的态度亦复如是，如毛泽东所说，"应当以中国人民的实际需要为基础，批判地吸收外国文化"[①]。在文化和"人民的实际需要"之间，究竟孰轻孰重、孰之为本孰之为用，明明白白，无须赘言。

七　结语

  文学文化学代表了一个合乎文学自身性质的研究方向。作为一门学术，文学文化学可以在文学中发掘文化要素，彰显文学的

[①] 毛泽东：《论联合政府》（一九四五年四月二十四日），《毛泽东选集》第3卷，人民出版社1991年版，第1083页。

文化贡献，尤其是研究文学经典的文化价值；同时，文学文化学也可以反过来在各种文化形式中发掘文学的要素，阐明文学在其中所发挥的作用。在文学中研究文化，在文化中研究文学：这于传统文学研究而言，不是对它的取消，而是对它的扩展，是对其社会功能的释放，因为文学从来就是无所不及、无所不包的；而于文化研究来说，这不是返回其所反对的精英主义，而是提升文化研究的自觉性、自反性和批评性，让文化研究成为一种确认或变革文化的力量。

在当代，由于文学与文化合流的大趋势，如果说传统文学学科在于培育学生的文学素养，那么现在就要扩大为培育学生的文学—文化素养。因此可以预见，中文学科如果不想成为一种远离尘嚣的古典学，那么它就要转变为文化学，一种包含了文学研究和教育的文化学。在当前建设新文科的大背景下，理工科院校应该发挥其技术优势，而率先完成从中文学科向文化学科的转型。文化研究系科和方向在国内外大学的设置以及对文学的跨学科研究的急剧发展已经为此提供了可资借鉴的经验。

附 录

走向消费伦理

——致金惠敏(2007年9月21日)

迈克·费瑟斯通

阅读提示：从评价性的角度观察消费文化，其价值有两方面的含义，首先是它与经济价值的创造有关，其次是它与一般价值问题相联系。这两个方面相互关联。消费需要靠生产来维持，而生产若是要维持挥霍性的消费，则可能带来严重的环境灾难，这同时也就是人类的灾难。在消费中提倡一种对自然、对地球家园的负责任的"消费伦理"，换言之，唤醒消费者的责任意识，于是便提上了当今消费文化研究的议事日程。

迈克·费瑟斯通（Mike Featherstone, 1945— ），社会学家，文化理论家，英国伦敦大学哥尔德斯密斯学院"理论、文化和社会"中心主任、教授，同名学术期刊和丛书（London: Sage）主编。著有《消费文化与后现代主义》（1991年初版；2007年第2版）、《消解文化：全球化、后现代主义和身份》（1995）等。但除了这些基本资料不难搜索到之外，要介绍清楚其人其著、其学术贡献则殊觉其难，

❋❋ 差异即对话

因为费瑟斯通横跨许多领域，像他组织的一次会议名称"无所不在的媒介"一样，其足迹和影响差不多也达到了"无所不在"的程度。可以不夸张地说，如果从文化的角度阐释当代社会变迁，想绕开费瑟斯通的工作几乎没有可能。

亲爱的金惠敏教授：

请转达我因不能参加您有趣的论坛的歉意①。您知道，很长时间以来，消费文化就一直是我研究工作的中心话题。而《消费文化与后现代主义》第 2 版（2007）的出版，则为我提供了在一个新的方向上推进我的观点的契机。您总是敦促我，要找出我自己在消费文化方面的立场，您是正确的。现在，可以说，我已经尝试这么做了，即努力地去凸显那些需要做出评价的问题。以下所论就是我目前所达到的立场的一些反映。

《消费文化与后现代主义》意在提出这样一些基本问题：随着符号、图像、消费品和经验的过度生产，我们是否正在迈入一个新的后现代的时期？旧的社会学变量（阶级、生活机会、地位竞争等）的消失，因为用它们越来越难以读懂其他人的符号，是否意味着我们就超越了社会图绘？这提示我们，与物品、商品以及娱乐相联系的符号和图像已经以某种方式漂离出它们在"社会"、在制式化之社会关系中的锚地。被生产出来的物品，其区别和定制，加上被广告、操作指南书、手册、电视以及现在的互联网所发布的劝告，都在急剧地增殖着。一切都变得更加流动、更加快速：这种加速不仅表现在物品的生产循环上，在生产批量

---

① 2007 年 9 月 22 日我与中国青年政治学院孟登迎先生在北京组织召开了"消费社会与文学理论的新挑战"国际学术研讨会。费瑟斯通曾决定与会，后因健康原因而取消。作为弥补，费氏爱成此信，表达对会议的支持。上海外国语大学文学研究院周敏副教授提供了此信的初译稿，特此致谢！

及模式的多样性上，同时也体现在与之相伴的信息、图像和评价上。

本书试图勘定这些趋势在多大程度上是新的（一个宣示自身的勇敢的新的后现代时期），或者在多大程度上它们就是植根于现代过程的一个部分。一个不停地逐新的现代：追逐差异的生产，追逐新的经验和感觉。它执拗地提醒我们，也存在着先于西方或与西方平行的另一类的现代性计划，例如在中国、日本及其他地方迅疾发展的消费文化所表现的那样。早在本雅明"拱廊街计划"所描写的19世纪巴黎都市生活出现之前，审美泛化的过程就已经有了悠久的历史。进一步，本书还要追问这些过程是被如何发展、提高和实践的。简单地说，在物品和经验的生产中，有哪些文化专业人士（艺术家、作家、知识分子），哪些文化媒介物（时尚、设计、新闻记者等），在哪些场域，变得重要起来。这一过程不仅见于前现代的消费文化，也出现在后现代主义的构成（例如"何人、何地、何时以及多少"等后现代维度）之中。归结为一点：我们是否仍有可能提供一个"关于后现代主义的社会学"（a sociology of postmodernism）而同时却能够避免一个"后现代的社会学"（postmodern sociology）的被质疑的过分称谓？

更近一些时候，这些问题，如果被置于当前全球化过程这一语境，就会变得愈加暧昧和难解。现在，我们来谈其中一些比较重要的问题。

消费文化与价值。在此，价值有两方面的含义：第一，消费文化与经济，与价格和价值创造之间的关系。消费被视为经济的一个分支，它不仅与生产相联系，也与金融——货币价值的生产、流通以及可利用性——相关。第二，消费文化与一般价值问题的关系，即与那些被认为是具有社会和文化价值的事物（价值和"需求"）以及与美好生活的基础之间的关系。

✱✱ 差异即对话

在第一种意义上说，消费文化可以与积累财富、使效益最大化的经济冲动相联系。消费需要钱，但钱是要花掉的钱，而不是要存储起来的钱。或者，从全球美国计划方面看，必须有信贷，即发生在各个层面上的借贷行为：政府（债券）、企业（贷款）以及个人（信用卡）等。然而，消费文化尽管被呈现为迎合个人化的需要（**我的**选择，**我的**价值，**我的**生活方式），它仍然被嵌入、一再地被嵌入社会游戏、阶层体系、以及通过炫耀消费和展示所表现出来的声望竞争之中。人们依旧希望解读别人身体和物品的符号，也依旧希望被别人"解读"。

这类消费文化的地位竞争不断遭遇通货膨胀。在此，我想到新贵们不断增加着的财富和社会权力，他们享有高度的流动性和奢华的生活方式。根据最近的一项调查，新贵开始让位于超级富豪（指拥有 4 亿美元以上财产的人），他们创造出一个新的消费市场，这里一系列超昂贵的奢华品正在取代乏味的老牌奢侈品，如阿玛尼（Armanis）、普拉达（Pradas）、劳力士（Rolexes）和玛莎拉蒂（Maseratis）等。全球化的新贵和名流们提供了高消费、奢华生活、休闲和旅行等美好生活的强有力的形象。他们经常招摇于电视、广告和杂志，加入关于档次略低、适用于不同消费群体的奢侈品品牌的讨论。

然而，能否永久地享有这些选择将由第一层意义上的价值之生产来决定。我们知道，长远地看，金融收益必须以某种方式与财富的积累和价值的创造相联系。泡沫经济会崩溃，信用链也会断裂。这一与东亚（特别是中国和日本）不断偿还美国债务相关的过程，包含了一个重要的地缘政治维度。这一过程深陷全球力量均衡之纠葛，而且已开始由西方向东方转移。

经济危机的余波（例如目前美国的次级抵押危机的衍生结果）以及不良贷款的影响，能够对消费文化生活方式的总体评价产生显在的作用——这种生活方式既是我们大家都渴望、并为之

走向消费伦理

努力工作的偶像式生活方式，也是维持全球经济系统的价值。

不良贷款将减缓全球经济中经济价值的创造，减少把今天的债务投向未来的潜力（通过抵押和各种转化等）。这种再价值化过程也可能很快将其他被外化了的成本包括进来，它们现在返回到借贷明细单上。以前的债务循环会返回，并需要重新支付，如同我们在污染的代价，在对自然和其他生命形式的破坏中所见到的那样——资本主义和国家资本主义系统是一直不情愿将其作为真正的成本去核算的。

公共意见因而能够呼唤"伦理消费"的新模式，其特点是让社会和自然少支出一些。这与在第二个意义上的价值相联系。

全球变暖不仅带来新的成本，还有新的"整体成本"形式，这最终都要算进商品的价格。浪费、污染以及自然"充足的"的原材料供应之枯竭，还有基础结构——支撑一切生命形式的地球——都不是可以无偿使用的。这些问题如今变得异常迫切。最近有关于全球变暖的科学预言指出，我们几乎不可能（1%—10%的概率）避免全球气温增加那致命的2摄氏度，它将使得数以百万计的人口面临干旱、饥饿和洪水。而我们距这个不可逆转的气候变化点只有不到10年的时间了。

然而，有谁愿意或者能够首先削减呢？我们知道，国际牌局的后—京都竞赛正在进行。每个人都有一个铁定的原则为持续其自身的经济利益和消费模式做辩护。每个国家都有自己的国家利益，有自己的难处以及正当要求。政治家依靠这样的修辞：经济增长，发展，一个消费社会——商店里摆满了货物，道路上跑着新车。这些是富足的标准，是政治家之能够重新当选的合法性保证，除非公众意见发生剧变而另有选择。

如此看来，生活本身就可以成为价值。维持世界上所有生活形式的必要性可以成为一个中心价值，一个将人们连在一起的全球价值。可考虑的剧情设计是开创这样一个新时代——相对地限

❋❋ 差异即对话

制消费，相对地限制复活的民族主义，因为不同的国家和集团正被拖入日益激烈的地缘政治斗争，和可能的为争夺稀少资源而发生的武装冲突。

在这样的背景下，今天被愈益认可的有关消费文化生活方式——廉价的空中旅行，环游世界的度假，海外资产，大规模的海陆空货物运输——的许多支撑性观念都会开始坍塌。

今日的美国政治体系是以对以下两个方面的维持为基础的：第一，由公共和私人债务所支持的高消费的美好生活（扩展——或者最坏是可以保持——在美国是无法持续的资源基地或生态足迹）；第二，全球恐惧（恐怖主义）政治，其中军事机器被用于支持对资源的直接攫取，或者用于支持那种在胁迫下的所谓"协商"——表面上是通过WTO（世界贸易组织）和世界银行所达成的新自由主义性质的经济条约，而实质上两大组织的目的则是系统地开辟市场，并强制推行一种知识产权统治。但是，这两个方面都正变得更加不确定，其持续的全球化的后果，不仅长远地看，而且越来越在短期内，就被证实是成本过高的，尤其是在现在，即在我们不得不将地球的存在也作为一个因素来做综合性考虑的现在。

那么，消费文化就与一个全球经济——它对地球的破坏性后果正通过科学研究的复证变得日益清晰——纠缠在一起了。但若从现存的价值模式返回，将不仅牵涉到对价值的重新思考，而且关乎对习惯/习性以及惯常的社会习俗的重大修正。英国最近的调查显示，在承认全球变暖的人们中间，只有极少数愿意考虑做出一些牺牲，比如少乘飞机去国外度假和限制购物。消费伦理，一个传播得越来越广的话题，涉及了各式各样的两难处境。然而，要发明并施行一个伦理，譬如，一种新的"节约"型的生活方式，若不以宗教、政党或民族国家的计划为锚地，将是难以想望的。

走向消费伦理

能够为这样一个关于消费伦理的论辩开辟场域的,应该是正在兴起的全球公共空间。以全球气候变化以及消费文化的局限为起点,一个更加活跃的公共空间将被激发出来,在此,全球公众不仅能够讨论人的需要和价值等抽象的问题,而且也可以探讨关于各类生活形式之可持续性这样实际的问题。这些与在第一种经济意义上的价值的基础问题相关,也与超越所有权而趋向某种形式的创造性共享权的可能性相关。

因此,关于如何控制或削减有害于地球上集体利益的消费模式的讨论就提出了重要的伦理和价值问题。这些可以与关于生活形式的全球团结联系起来,对此宗教话语过去多有探讨,而现在所需要的不仅是一个更加宽广的全基督教的框架,而且还要有更加广阔的精神的和无神论的参数。这也就进一步提出了消费的后-物质形式以及一个不同的社会游戏类型的可能性问题。美学将在这样的游戏中占据一席之地,不过是在非常不同之范围内的游戏/展示(play/display)空间。这些游戏可能呈现出许多不同的形式,赫尔曼·黑塞所描写的《玻璃珠游戏》仅是诸多可能性的一种。

最后,我要加上一点,目前,我正在从事一些美学主题的研究,包括日常生活的审美化问题,是计划写一些文章的,我期望将来有机会与中国学者一道就某些关键点进行探讨。那么,我希望我已经讲清楚了,从美学和消费文化问题返回到被许多人认为是社会和经济生活的中心问题,其实并不十分困难。

再现·后结构主义·文化研究

——克莱尔·科尔布鲁克教授访谈录[*]

阅读提示：再现是西方哲学和政治的传统主题，是深入现代性问题的门径，是后结构主义所质疑的主要对象，因而有"再现危机"一说。此外，它也牵动了文化研究的神经，涉及对文学艺术的界定。由于不存在绝对真理但生命又不能没有意义，再现将一再地被再现、被争论，人类在同时为可能和不可能的再现中挣扎并以挣扎的方式持存。在本访谈中，我们看到，科尔布鲁克对后结构主义之德勒兹式的解读是再次加剧了再现与被再现的对立（如果其缝合无从保证成功的话）；不过，这也引发了我们对当代哲学和文化研究诸多问题例如"语言论转向"的重新思考。

克莱尔·科尔布鲁克（Claire Colebrook）：文学理论家，文化研究学者，后结构主义研究专家，尤以德勒兹研究驰名国际学术界。现为美国宾州州立大学英文系教授，曾任英国爱丁堡大学现代文学理论教授（2000—2008）。主要著作有

---

[*] 本访谈最初进行的日期是2005年12月5日，地点是英国爱丁堡大学克莱尔·科尔布鲁克教授的办公室。2007年9月3日科尔布鲁克教授寄来书面加工稿，2009年10月31日双方做了最后的技术处理。文中所有注释均为金惠敏所加。

《新文学史》（1997）、《伦理学与再现》（1999）、《吉尔·德勒兹》（2002）、《理解德勒兹》（2003）、《德勒兹：疑难导引》（2006）、《哲学著作中的反讽》（2002）、《弥尔顿、恶魔和文学史》（2008）以及《德勒兹与生命的意义》（2009）等。

金惠敏（以下简称"金"）：科尔布鲁克教授，首先感谢您拨冗接受我的访谈请求。让我们就从"再现"（representation）这个概念开始吧！我注意到，在您那本充满洞见的《哲学与后结构主义理论》（初版时为《伦理学与再现》）[1] 一书，您将"再现"作为研究现代西方文化的核心论题。您指出，"再现"与现代性具有本质性的关联，这关联表现在两个方面：一是对于民主、身份、权利、自治和自决的政治要求；二是将主体与客体相分离的认识论，其中是主体构造了客体。根据您的考察，这两种情况均预设了"再现"的内在性，即再现必须是一个自身再现。这听起来好像很逻辑、很雄辩，我过去也是持此观点。但是对于您这样地表述现代性，我现在有两个问题，希望您能澄清一下：第一，哲学的"再现"与社会、政治的"再现"究竟有何关系？前者必须为后者负责吗？您关于这两者关系的描述我感觉有些可疑。我认为，在社会和政治的意义上，现代性的核心是"个人主义"，它并不一定需要一个来自哲学上"再现"的支撑。第二，我的一个阅读印象是您对"再现"似乎很批评。如果确实如此，我们究竟应该怎样评论"再现"或现代性？

克莱尔·科尔布鲁克（以下简称"科"）：好问题！我或许

---

[1] Claire Colebrook, *Philosophy and Post-structuralism*: *From Kant to Deleuze*, Edinburgh: Edinburgh University Press, 2005. This book was originally titled as *Ethics and Representation*: *From Kant to Post-structuralism* by the same publisher in 1999.

❋❋ 差异即对话

可以这样为两种意义上的关联做辩护,就是借助吉尔·德勒兹(Gilles Deleuze,1925—1995)在其《差异与重复》一书对"再现"的批评。在这本书里,德勒兹谈及"再现"的哲学意义。对他来说,由于这一概念只是发展到了现代性这里——自笛卡尔以降,到康德,到康德之后——才以其最清晰、最集中的形式展现出来,那么总体言之它就是西方形而上学的一个关键概念了。如果我们认为存在和知识根本上是导向身份的,情况则必然是:每一存在都力争实现其自身,都依其本有潜能以某种方式去成为什么。这是亚里士多德的论点,德勒兹认为这个观点是理解从柏拉图主义向形而上学传统过渡的枢纽。因此从其最根本点看,每一存在就是其自身;它以其规范性身份出现,这身份一方面以其物理属性为根基,因为生命总是力争实现其类属;另一方面又与再现性认识相通连,因为人类的任务就是去体知每一存在本有的潜能究竟是什么。

这个概念与政治上的再现和现代性有两方面的关联:其一,唯当通向民主和自治,人类才不再屈从于前定的和专断的规范,而是依据其自我构形的理性能力实现自身。这一自我实现的规范最先为亚里士多德的伦理学所讲述,后来在现代民主中变成了具体的政治,于是政治再现这样的概念就不再被视为纯粹的权力转移,而是作为一种持存(sustaining)的方式,就其实际之可能性说,是人的自我定义或自我再现的能力,是将自己呈现给自己的能力。其二,将注意力更多地投向当代的情况,我们不能不说 20 世纪见证了一系列反本质主义的演习,从存在主义和女性主义到自由主义和实用主义,等等。在此,没有什么内在的本质或属性,某物之成为某物必须通过其再现。因此将再现建立为一种直接的律令就应当被认为具有直接的政治意义;各种身份政治运动,各种形式不同的战略本质主义,均以此为支撑。

再现·后结构主义·文化研究

德勒兹提供了一项反对性的演习，他不是把身份看成再现所启动、所成就，而是观察到生命本身就具有使各种再现系统诸如语言、政治群属（political populations）等成为可能的力量或趋向，但生命的这种力量或趋向又不会被再现所耗尽。德勒兹《差异与重复》的生命因而就是去追询思维能否越出再现的范式，不去考虑协约是怎样在关系中建立起来，而是要说明再现和关系何以会出现。我想德勒兹之直接从对再现的形而上学批判过渡到政治学是有不少问题的，因为它几乎就是说，只要人们建立了某些形式的"微观政治学"（其中一些团体并不要求再现，而是以某种行动去破坏身份的稳固性），他们便能够从那些西方形式的政治规范中解放出来。尽管如此，在我看来，德勒兹还是从诸多层面上重申了长期以来对社会身份拜物教的现代抵拒，他提示非身份（no-identity）具有显而易见的价值。我以为这就是他会对"生成—妇女"（devenir-femme，英译为"becoming-woman"）① 这类概念是如此不做批判反倒是赞美有加的原因。

金：是否整个说来后结构主义理论对"再现"都持批判态度？假定这不错的话，那么请您说明后结构主义者是如何反思和批判"再现"的。作为研究福柯、德里达和德勒兹的专家，关于他们您至少写过四本书了，您可否进一步介绍一下他们对"再现"的批判相互间有何不同？德勒兹好像更特别一些吧？

科：通常以为，德里达、福柯是批判的哲学家，因为他们研究的主要是思维怎样在再现系统内活动，而德勒兹则与"语言论范式"决裂，他试图揭开此类系统的起源。当然啦，德勒兹本人

---

① 对"生成"和以"生成"为核心的一组概念包括"生成—妇女"的解释，可参阅 Claire Colebrook, *Gilles Deleuze*, London & New York：Routledge, 2002, pp. 125 - 145。注意："生成"不是"成为"，"生成"最反对的是"成为""什么"，"生成"没有目的，它只在一个无终点因而才永恒的过程之中。换用法语说，"devenir"仅仅表示与"venir"（来）方向相反的一个运动，与"起源"和"终点"无关。

※※ 差异即对话

就是这样陈述他自己与福柯的关系的,并且理论家们如约翰·普罗特维(John Protevi)①也是这样阅读德勒兹与后结构主义的关系,即在后结构主义聚焦于语言和再现之后,德勒兹则走出了"下一步"。

　　我不同意这种看法。福柯在《事物的秩序》②中,还有德里达在他早期论胡塞尔的著作中,都对语言论范式持批判态度,都不承认知识或社会关系是因语言而构成。因此,我认为,后结构主义尽管形式多样,但无一不在批判那种认定现实乃是经由符指或再现而构建起来的观点。与此相反,他们接受了一个更加尼采化的观念,即生命是由各种方向不同的力量所构成的,其中没有一种能够被固定于或认同于某个单一的系统。

　　德勒兹有所不同啦,他坚持——跟从柏格森——尽管我们之所以知晓生命是由于它出现在实际的关系之中,但是这并不排除我们仍然能够感知实际关系所从出的那些纯粹关系。我还想,这是我们要谨慎对德勒兹的地方,因为它似乎准许了一个朝着生命、生机论和科学的转向,而这些都是令人文学者忧心忡忡的东西。不过我并不认为德勒兹本意就如此,他对现象学以及现存的一切都做出了严厉的批判;诚然从另一方面说在他觉醒期的许多著述中这一点也是显而易见的。

　　金:您知道,"再现"也是英国文化研究介入较深的一个主题。您认为后结构主义的"再现"批判对文化研究有影响吗?有何影响?

　　科:文化研究的"再现"是社会政治性的,与媒介和文化生

---

①　约翰·普罗特维,欧陆哲学研究专家,现为美国路易斯安那州立大学法语研究系教授,著有《政治物理学:德勒兹、德里达和身体政治学》(2001)和《政治情感:将社会联系于身体》(2009)等。
②　福柯的《词与物》在英译时被改称为《事物的秩序》,但据说也是作者原来喜爱的标题。

产问题相关,它与后结构主义对再现范式的批判存在着一种总体上的对抗关系。假定可以说传统形式的英国文化研究和鼎盛于20世纪80年代的理论已经让位于实证研究,那么哲学反思性的理论与政治介入性的文化研究就当以此为契机,握手言和。不错,伯明翰学派是不再活动了,在英国那些与法国理论有关的学科也改变了其身份,但是出现了一种新的思想学术浪潮,其中多为德勒兹式的,它们都在致力于两大学派的联姻。

金:"语言论转向"是否可以将"再现"也包括进来?您知道,罗蒂(Richard Rorty)将西方哲学史划分为三个阶段:本体论,认识论,最后是语言论。依您所见,我们能否因文化研究对"再现"的关注而将其归入"语言论转向"?

科:我认为罗蒂对分析哲学和语言论转向的诊断是相当正确的,但他将海德格尔和德里达读作对那一转向即转向确定性的解毒剂则是错误的。比起罗蒂所批评的那些人,德里达和海德格尔其实**更是**而绝非更不是基础主义者,他们都不赞成罗蒂的这样一个观点:哲学所能做的一切无非就是使教益性的对话成为可能。罗蒂、德里达、海德格尔和德勒兹具有相同的目标,即对语言的实证主义关注,但他们在解决方案的议定上则各有不同。其最重大之区别乃在于对实用主义的两种理解。罗蒂的实用主义是对话性的:既然我们不能越出我们的语言游戏,那么我们所能做的一切就只能是以一种更加生动和富于想象的方式游戏于语言。相比之下,德勒兹尽管也自称一个实用主义者,但他是将实用主义界定为一种实验的方式,这种实验意在超出语言,超出经验和感知(以及社会性)的规范,以此而创造错误认知的激进相遇。

金:对待大众文化,英国文化研究与法兰克福学派立场截然不同,这都是常识了。但它们之间仍有过去一直被忽视的共同点。英国文化研究从意识形态或政治的角度处理"再现"。它与

❋❋　差异即对话

法兰克福学派的区别在于"大众再现"不只是为资本所主控,而且也被受众所解构。在"再现"问题上总是存在编码与解码的互动①。如果从这一方面考虑两个学派的相似性,我们能否称英国文化研究为一种英式的批判理论呢?据我所知,雷纳·温特(Rainer Winter)教授就试图拯救英国文化研究中的批判力量,例如他在威廉斯对大众文化的辩护中嗅出其激进的民主政治意味。

科:我并不十分熟悉您这里所描述的复杂关系,但我还是尽我所能地回应您的问题。我承认英美文化研究由于视再现和流行文化之实现方式不止于意识形态一途而成就了其自身,我承认,在大众性传播内部有自我形成和抵抗的积极要素。但这里的"再现"概念是一柄双刃剑:一方面,不存在无再现形式的政治集团,这些再现形式将他们构建为大众身份。而另一方面,正是那种同质化的再现同时也是常规化和贫弱化。

我同意您的提议,存在一种特殊的英式文化批评,它对文化研究采取一种使其能又使其不能的态度。我认为这也可以说明朱迪斯·巴特勒(Judith Butler)当今在英国文化研究中令人惊异的普及性。她的著作直接批评这样一个观念,即自我先在于其社会再现;不过同时她也将再现之必要的规范结构视作限制性的和常规化的。这里我再次看到法国理论传统(以及对阿多诺的一些阅读)提供了一条更加富于成果的和积极的路径。既然说到此处,那么我想您提出一个英式批判理论的可能性就是正确的。这种批判理论的价值将是它混杂的谱系:不再有纯粹马克思主义的、社会学的或者后结构主义的文化理论,它也将对英语世界以外的潮流开放。

---

① 参见 Stuart Hall, "Encoding and Decoding in the Television Discourse", Stenciled Occasional Paper, CCCS, University of Birmingham, 1973。

金：如果说可以将英国文化研究当作一种英式批判理论，那么我们是否因此而能够视"文化研究"为一项新的事业，或新的思潮？而如果这也不错的话，进一步，那么我想知道您是如何看待"研究文化"（culture study）这项活动与作为一个思潮或流派的"文化研究"（cultural studies）之间的关系的。其中涉及的问题主要有：第一，"研究文化"是如何从"文化研究"中发展出来的？要不，它们之间是否有过一些争辩？第二，"研究文化"是如何进行对文化的研究的？换言之，"研究文化"在研究文化时做了哪些新的努力？采取了哪些新的视点？或者，依据哪些新的原则？第三，如果"研究文化"不再那么意识形态化，那么哲学化，则后结构主义是否仍然可能像它过去对"文化研究"那样对"研究文化"施加其影响？

科："研究文化"从"文化研究"中脱颖而出，可以理解为是受了后殖民理论和第三波女性主义这两场重要运动的影响。英国的"文化研究"如果说是热衷于阶级和民族身份，那么持有英国身份内部的声音而关注于其他文化，则要求更加复杂的批评方法。今天的情况尤其如此，因为现在的身份问题不仅包含远为丰富的移民经验，而且还有在面临全球不确定时人们为之战战兢兢的不健康民族主义的复兴。女性主义方面的影响亦不可小觑，其原因在于女性主义不得不正视：假使只是一般地谈论像"女人"一类的范畴，这在文化上将是言不及义的；再者，女性主义最深层的一些问题——例如现世主义——也不能不微妙地呈现为文化差异问题。

我并不认为有谁能够在"文化研究"和"研究文化"之间做出严格的划界，因为传统上文化研究所关心的问题——在此我们可以想一想雷蒙·威廉斯的概念"感受结构"——至今仍然在

※※　差异即对话

牵动着我们，不过我们需要将其**表接**（*articulated*）① 于一种更加强烈的对于全球主义和杂交性的意识。从前人们在后结构主义的玄论与文化研究的应用政治学之间竖起一堵界墙，而这从另一方面看实则意味着一次机会的丧失，意味着后结构主义与我们的相关性依然有着待开掘的余地。后结构主义总是使一种对于认知、身份和超越的政治学的批判成为可能，也就是说，使一种对于任何形式之基础主义的批判成为可能——这也将意味着我们需要重新考量"文化"这个概念，考量只是盯着"一种"文化是否还有什么意义。由此就需要新的批评模式，而这类模式又不能是**绝对的**实用主义，因为实用主义只是不停地追问究竟是谁的利益、身份和力量被各种争辩和决定所推动。后结构主义的一个重要问题也是反基础主义。可是假使我们不是先行给予政治问题一个基础，我们又能在哪儿开始呢？与自由主义的实用主义即为罗蒂所钟爱的那一类型不同，后结构主义并不接受基础的缺失就一定等于放弃对于真理和正义的全部要求。相反，在德勒兹和德里达的著作中存在一种承诺（以各种不同的形式表现出来），即承诺思考文化的界限以及在此界限上思考将带来政治开放的种种新形式，而它们当然并不就是传统上所规定的那些民主形式。

　　金：由于电子媒介的弥漫，近年我们中国学者关于文学存在的命运有很多争论，美国批评家 J. 希利斯·米勒在中国撰文启动了这样的争论，他担忧电子媒介将导致"文学"的终结。在这些论辩中学者们经常将印刷文化与电子文化尖锐地对立起来。若是从此角度看，当然会有一个"文学"的终结了。作为印刷文化

---

　　① "Articulation"是文化研究的一个关键词，以前多译为"接合"，但这种译法未能传达出它的结构主义语言学来源：接合总是表现为话语的接合，是通过言说的接合。故拙译为"表接"，用"表"即"表述"来点明接合的特征。参见 Maja Mikula, *Key Concepts in Cultural Studies*, Basingstoke: Palgrave Macmillan, 2008, p. 8, "Articulation"。

的"文学"具有这样一些意味：它在语言学上是有深度的，有意义的；它是属于精英的，起码要求一个识字的能力。但是，"文学"作为印刷品又发挥着将精英大众化甚或将神圣大众化的作用。18世纪文学在许多情况下是指流行文学，市场取向的那类。当时"文学"因大众化而欣欣向荣。可以说，大众化对于"文字"并非一件坏事。① 我想了解您是如何看待这种关于文学危机的讨论的。

科：人们并不把文学文本的电子化形式视作一个危机。相反，现在对于电子文化和电子媒介倒是存在一种轻率的、不加思量的拥抱。例如最近在科学评价的操作上，科研人员被允许提交电子形式或互联网出版物（而不是传统意义上的专著）；政府亦将大量的资金投入文本的电子化。或许一个有意思的现象是，尽管有种种预言在说书籍形式的文学行将终结，但这样一个终结则是远未出现。

不过，您的问题在另一条有趣的思想路线上。假使如您所说书籍这种具体的形式促成了某种精英主义，限制了被赋予特权和能赋予特权的某些材料的流通，那么这样的限制将会怎样因着新的媒介形式而改变呢？一个简单的回答就是，即便在英国也不存在完全自由的对文学的追求，这涉及了更广大的文化修养（cul-

---

① 关于新媒介对文学存在的影响，可参见金惠敏《媒介的后果——文学终结点上的批判理论》（人民出版社2005年版）。顾名思义，本书旨在探讨"媒介的后果"，就是说新媒介对于文学和文学研究将会产生怎样的新的意味。该书提出，在第一层面上新媒介造成的是趋零距离、图像增值（从"增殖"到"增值"）和球域（glocal）互动的全球化；到第二个层面才涉及文学，即这三种现象对于文学的后果。而要回答这一层面即文学会怎样的问题，则需反观自身首先解决文学是什么的问题。与传统做法不同，本书回避给予文学一个形而上学的定义，它径直指向文学的生命内蕴，即"距离""深度"和"地域性"。媒介扩张对文学的威胁于是被诊断为对这三个文学要素的致"命"影响。可以认为，该书为研究新媒介与文学和文学研究的关系建构了一个批判理论的新框架。学界对此书多有关注和评论，但似乎少有人觉察到作者于理论上的探险和发现。

tural literacy）问题。我们看到，一方面是政府在极力推动中学毕业生进入大学比例的扩大（接近50%），而另一方面同样有力的趋势是使这样的教育与日后的就业挂钩。这意味着传统文化修养方面的教育——标准的人文学位轨道——仅仅适用于为数较少的学生，他们有条件不去跟随直接的职业训练。

回到您问题的核心，即数码媒介的出现与一个可能的文学危机，可以从两个角度来看。从积极的角度看，新技术将扩大教育及相关资源的利用，使得教育体制更加开放和多元，而这同时又不需要大规模的金融支撑来改善实际的环境。若从消极的角度看则是，教育上和文化部门最近对此类数码和电子资源的使用已经开始导向同质化，而不是为新材料、新资源开创一条道路。

金：文学本质上是反再现的，或者更通俗地说，它是不可解释的，不可翻译的。过去文学界人士多持此看法，而今后结构主义更是奉此为圭臬。在文学创作界甚至也在文学"研究"界，理论都是一个不招待见的异类，处境非常尴尬。最近又听得人们抱怨文化研究，说它也是那一类货色的新理论、新教条。作为一位文学理论和哲学教授，您可否介绍一下理论以及文化研究在英语学科的情况？否定的或积极的都行。

科：在英国、美国和澳大利亚，理论的终结或死亡是看得见的。另外还有一个朝着一种实证主义形式的转向，例如注重档案和数据的文学历史主义以及返回到社会学、经验性而非阐释性之模式的文化研究。这种理论之死和终结部分在于对文学之近乎神圣的，用您的说法是，"不可解释的"本质的吁求，您知道，发出此吁求的是那些位于后结构主义中心的法国理论家。不错，可能是应当如此地阅读某些作家是怎样去颂扬某一类别的现代主义，不过这将造成具体文学批评实践的无所作为和瘫痪。因而毫不奇怪，经过20世纪80年代一阵理论潮之后就有一种退却，即退却到各种形式的历史主义、档案研究以及实用文化研究。

但是，倘若理论竟然变成了一种教条或少数几个法国名字的宗教似的法术，那么这只是因为其更为激进的潜能被忽略了而已。新的文化研究对巴迪欧（Alain Badiou）、朗西埃（Jacques Rancière）以及后德勒兹们的接受是有可能如您所提到的造成一种新教条，但也并非必然如此。我们需要抵制另外一种理论的潮流，其中有其独特语境和倾向的欧洲文本被不加质疑地整体引进。现在如您所区别的转向"研究文化"而不再只是"文化研究"则好像预示了一种新的可能性：我们不必从理论退却——我们能够从反思退却吗，假定所谓从理论退却就是这个意思的话？同时我们也不必龟缩在理论之内，而是允许所有这些流别和文本提供新的或许也可能是怪物般的批评模式，这样的模式既不把文学神圣化为不可解释的存在，也不把它视为一种可随便消费的文化商品。[①]

[①] 关于"理论的终结"问题，可参看泰瑞·伊格尔顿的《理论之后：文化理论的当下与未来》（李尚远译，商周出版 2005 年版），以及金惠敏的相关评论（金惠敏：《理论没有"之后"——从伊格尔顿〈理论之后〉说起》，《外国文学》2009 年第 2 期）。

美学:从现代到后现代

——《国际美学前沿译丛》总序*

阅读提示:当代美学的发展尽管流派繁多,新旧杂陈,主张各异,但总体上看,有三个弥散而突出的特征:后现代主义,以艺术作品为中心,球域化(glocalization)。今后一种美学如果仍是自怡于作为传统形而上学宫殿的侧厅,不去了解最新的和最激进的艺术事件,不积极参与跨界文化交往,将失去继续存在的价值。

最近数十年美学经历了巨大的变革。就此而论,它与哲学是同呼吸、共命运的,因为我们看到哲学也经历了这样深刻的变化。这里只要我们简单地比较一下半个世纪之前与今天的哲学情境也就够了,我们将发觉这种变化是如何的巨大和深刻。20世纪50年代的西方哲学仍可被划界为不同的文化和政治帝国,如果以地域而论占据主导地位的是德国、法国和英美,而若以其他视角观之,则有纯粹学术性的与激进的马克思主义的,等等。人

---

* 《国际美学前沿译丛》由吉林人民出版社自2003年2月开始出版。总序初稿为阿莱斯·艾尔雅维茨所撰,金惠敏翻译并做了部分增补。

们也可以在英美哲学、欧陆哲学和苏联哲学之中做出具体的划分，或者提出其他有效的辨别和指谓，如在"西方的"与"正统的"马克思主义之间。

美学同样如此。在德国文化情境中，20世纪的大多数时候就像19世纪，美学主要是被作为哲学的组成部分，如本体论、认识论和伦理学所扮演的那样，因而它也就继续着19世纪的传统哲学体制。在法兰西文化中，美学则倾向于成为一个独立的理论领域，如为苏里奥（Étienne Souriau，1892—1979）所提倡的，而在英美世界，美学主要是用于分析趣味或美，不论它属于自然还是艺术。

是60年代的法国结构主义削弱了传统的哲学体制，美学当然是这一体制的一个构件：美学所代表的是，用保尔·瓦莱里那至今令人难忘的话说，"一个被称作哲学的宫殿的侧厅"。结构主义打破了古典的学科壁垒，在这方面它部分地接受了马克思主义理论及其对现存之一切均持批判性姿态的影响，并且一开始就用"方法"去取代哲学的"世界观"，以此它颠覆了19世纪所建立起来的学院哲学的研究传统。但也正是在60年代末期，另一欧洲传统却赢取了显赫的地位，虽然它并非从欧洲而是从美国开始传播。这就是法兰克福学派的批判理论。其主要成员是30年代为逃离纳粹迫害而后来定居于美国的一批德国知识分子，其佼佼者有马尔库塞、弗罗姆、罗文塔尔等，他们的理论直接影响了60年代末激进的学生运动。此外，法兰克福学派的重要性还在于它将黑格尔传统引入美国文化。

70年代初期结构主义不再局限于语言学、符号学、人类学，而是大举向哲学、精神分析学、历史哲学、认识论等领域扩张，从而它很快就演变为70年代末和80年代初在法国境外盛极一时的"后结构主义"。

70年代的许多哲学都是被如此急剧地改变了的，它们被改变成为各种不相称的理论、研究的杂糅，冠以"后结构主义"和超越了法兰克福学派原义从而与女权主义、后殖民理论相结合的"批判理论"，这些名号旋即被等同于或联系于一个更庞杂和暧昧的文化概念，即"后现代"理论。

这究竟还是哲学吗？问题相当尖锐，因为最近数十年已经很难判断一种理论话语是否应当被称为"哲学"。哲学与其他话语实践的本质区别是它的自我反思性品格，但是也许有人会异议于此，而此种异议则又可能变成一个哲学性的主题，变成一个更需投入但注定一无所获的问题。

如果说这就是最近数十年哲学所走过的道路，那么美学的道路又是什么呢？在许多方面美学踩着哲学的足迹。我们知道，美学界在很晚的时候即直到80年代才发现了解构论、批判理论以及后现代话题。在此意义上，所谓"踩着哲学的足迹"就不仅是指走哲学所走的道路，而且也意味着落后于哲学。为什么竟如此不堪呢？首要的原因是，美学仍然是传统理论的囚徒：它研究美，而不研究丑；它关心对称，而非畸形；它很在意理想的"艺术品"，而不大留意实际的艺术活动；它经常地谈论抽象的理论框架，而不去触及具体的艺术作品。换言之，美学家们饱学于美学理论，而对实际的艺术家、艺术新作、新潮和走向则所知甚少。理由很单纯：如果说审美反思的范例性对象是自然美，那么按照康德那个在英美文化语境中20世纪大多时间都很风行的传统，艺术美就只是自然美的延伸。既然美不仅是先验的而且也是普遍的和超历史的，那么就不必特别注意个别的艺术作品以及艺术史上的新变：它们毫无例外地都遵循着同一范式，产生着同一审美效果。

在有些国家，美学研究的传统是将艺术与对它的审美反思相分离。这不只是康德美学的结果，而且特别是在德国、在中欧和东欧诸国，还是后期黑格尔之影响所致：在他的哲学体系中也是这样，即美学旨在使艺术"变得有意义"，赋予它以那种只有哲学沉思才有可能给出的秩序，"更糟糕的事实是"，黑格尔可能会说，当以哲学的方式处理艺术的时候，因为艺术在此只提供范例，而不指导美学和哲学。再者，20世纪上半叶的大部分时段只有文学（尤其是小说和诗）和音乐这两个艺术领域才被作为这样的艺术的典范。唯在极少数情况下，例如在梅洛-庞蒂那里，绘画和雕刻才得到了应有的注意。必须指出，直到20世纪中期电影和摄影都未被真正地当作艺术的样式，因而它们也不是哲学思维的对象，甚至设计或其他实用艺术也都不在艺术之列。

由于结构主义的兴起及其所带来的变化，美学仿佛一夜之间便丧失了其大部分的合法性，因为结构主义抨击传统的学科界限，抨击艺术史的形式主义，以及它还接受法兰克福学派的思想影响，该学派的新马克思主义方法论不理睬那种对个人和社会领域的条块分割，而是将所有的人类艺术事实包括艺术作品都是作为内在地与社会和历史相联系——这些都是致命的。美学开始被视为资产阶级过去的残迹，"艺术作品"甚或"艺术"同样都是这样的东西。在一些激进的法国作者例如朱丽娅·克里斯蒂娃、路易·阿尔都塞或者彼埃尔·马歇雷那里，"美学"和"艺术"不过是意识形态的幻构；在阿多诺和大部分法兰克福学派人物眼中，人们可以说"审美理论"，而不能再说"美学"，因为后者表示着哲学领域内传统的学科划界。因此，20世纪70年代、80年代、90年代早期，美学只是龟缩在传统的和传统主义的学科壁垒之内，困守着其合法而陈旧的理念概念和术语。

后现代艺术与后现代理论的诞生和剧增将美学从此困境中拯救了出来。从60代末到70年代初，从80年代末到90年代，两个历史的间距显然已足可以容许传统的现代概念如"艺术品""美学"甚至"美"的新生和增殖。那帮助此类概念得以传播的也是概念和新概念作品的无处不在，这些作品纷纷要求"艺术作

✽✽ 差异即对话

品"的名分,以及至少说在一些发达国家,也是"审美泛化"(aestheticization)的无处不在。所谓"审美泛化"是指对日常环境、物品,也包括人对自身的装饰和美化,对此潮流80年代曾有过广泛的讨论,特别是在沃尔夫冈·维尔施和迈克·费瑟斯通的著作里。进一步说,美学也因此淡化了其形而上学的意味,我们知道,即使"形而上学"本身也不像它在60年代、70年代和80年代初那样举足轻重。

美学之能够作为一个重要理论话语而重出江湖,一方面需要与哲学的结盟,另一方面更需要来自其所反思的对象的鼎助。

美学达到了自己的目的,这主要得力于艺术与其他一系列符号艺术事实如文化、新媒介的混合,并且对从前的如现代主义、超现实主义和矫情主义等艺术实践的重新估价也为其鸣锣开道,这类估价旨在为当代的也就是后现代的艺术和文化提供新的透视。

第二项条件被成功地满足了,这显然可以从刚才所指出的事实中见出:开始在80年代后期出现的新美学关切新的艺术趋向和运动,洞晓各个艺术创造领域所发生的重大事件,以及不同艺术门类的历史。如果像过去学院派美学通常所做的那样,只是拿几个经典范例,如莎士比亚、莫扎特、托尔斯泰、毕加索,现在已经不足以展示艺术活动的全景;一个美学家要想获得或者确保其理论的可信性,因而就不得不去了解最新的和最激进的艺术事件。

这个美学家当然还应该是一位哲学家,尽管主要是作为致思于艺术的哲学家。这是因为,在绝大部分情况下,美学不再被看作关于美的反思,而是首先被视为对于艺术的反思,是艺术的哲学,虽然分析美学多少有些例外。作为哲学家的美学家还必须熟悉那一系列虽非与艺术直接相关但毫无疑问具有某种联系的问题:政治的装饰和审美泛化,艺术与文化的动态关系,在所谓

"图像"或"视觉"转向之后的视觉艺术和视觉文化的崛起,商品化的全球文化与艺术的增殖,新媒介的出现,等等。新近哲学的另一个特征是,它试图再次取得普遍的有效性,为此它寻求普遍的、跨文化的,甚至于超人类的艺术、文化、人类和生命的特征。

90年代似乎是一个美学复兴的时期。但是与过去不同,90年代的美学不再是一个孤立的学科,而是一些源自不同文化、理论和哲学之传统的各种理论话语的集合,其特点就是混杂,即以艺术为主要(但也不是唯一的)话题的各种因素的结合。文化也开始出现为一个与美学相关的主题,这不仅是因为现代主义在高雅艺术与大众(或消费)文化之间所划出的严格界限变得逐渐模糊起来,而且二者之间还表现出弥合的趋势,因而就需要一种新的哲学分析和评价。再者,美学理论不再受制于民族特性或者首先为此特性所标志,而是变得越来越国际化和全球化了。一种哲学的或美学的理论于是不再能够被界定为"德国的"或者"法国的",人们只能说它"在"德国或者"在"法国。今天我们看到的大多是,杰出的个人或"学派"的理论,是他们作为个体创造并传播这样或那样的理论。值得注意,那些来自弱小文化或发展中国家的美学家对于不同的哲学和美学传统却持最开放、最热切、最敏感的态度。无论是在艺术和文化中,还是在美学和哲学方面,他们都积极地使用和改造着不同来源的影响。

《国际美学前沿译丛》力图反映十数年来国际美学界的风云变幻,但我们也意识到这不是一套书所能承担得起的大任。本丛书主要萃取西方美学家的新作,从艺术到文学,从文化哲学到严格意义上的哲学美学,选材力求广泛。我们的目的是希望读者由此而对国际美学近年的走向和成就有窥豹之了解。相信读者能够鉴别出其中哪些内容仍旧是"西方的",而哪些在何种程度上已经是国际的或全球的。不过现在我们可以确定地指出,借用英国

❋❋ 差异即对话

社会学家罗兰·罗伯逊（Roland Robertson）的话，它们是"球域的"（glocal），即同时是全球性的和地域性的，是普遍性与地方或地域之特色的融合。正是这样一个"球域化"（glocalization）帮助我们建设一种创造性的"球域"美学，它同时葆有人类经验和不同传统的普遍性与个性。没有普遍性，我们的审美经验将无以沟通，而没有个性，我们将不是我们自己。我们生活在悖论之中。不过，这悖论恰正是生命赖以存在、发展的张力。

最后，我们想特别提及丛书责编也就是总策划杨晓红女士，她的不疲倦的对于学术文化的热情，加之以艺术而非技术的编辑劳动，成就了丛书的出版。我们感谢她，相信读者也将感谢她。

丛书总编谨识
2002 年 12 月 8 日

对话自我理论：
反对西方与非西方二元之争

赫伯特·赫尔曼斯

（拉德堡德大学，荷兰）

阅读提示：金惠敏教授以其论述文化自信的文章相赠，读之欣欣然，禁不住诱惑，撰写了一篇西方视角的短评。我主要是想展示，在西方最近几十年的出版物中，流荡一种日渐浓郁的对于对话自我理论（dialogical self theory）的兴趣。人们相信，对话自我理论应该被发展成为全球化世界社会的一个组成部分，有此必要，且必将大有收获。在此语境中，我讨论了四个方面的议题：其一，对话自我作为西方个人主义的替代方案；其二，对话自我理论的来源及其一些主要原则；其三，全球立场与地方立场之间的紧张关系；其四，承认那些产生于不同文化和不同自我的声音的他者性（otherness）和异在性（alterity），其必要性究竟何在。我试图表明，西方社会科学的最新发展与金惠敏关于中国文化自信的论断不谋而合、遥相呼应。

❋❋ 差异即对话

在对文化自信的论辩中，金惠敏教授提出，身份本身并非自在之物，并非孤立的实体，或者什么纯粹的自我建构或自我实现，恰恰相反，它总是"一种结构，一种必须借助于一个外围的他者来完成其自身叙事的话语"①。于是，他继续指出，"文化自信的建构过程便必然地牵涉我们对待外部文化或异质文化的方式，是它们对我们进行定位和再定位、塑型和再塑型、构造和再构造"。

过去几十年，在西方国家的社会科学界也发生过一个类似的关于在全球化社会中如何定义身份问题的讨论。作为此辩难的一部分内容，自由、自主的个体这一西方理型越来越成为批判审查的对象。受启蒙运动之将自主作为理型的影响，一个现代性的自我概念或身份概念被广为传播。根据这种概念，自我或身份被认定为自由、独立的实体，可以脱离社会环境而进行定义和研究。在此理型的基础上，心理学家发展出了种种理论和概念，假定自我本身存在某种本质，拥有其独立的私家基地，而社会环境则全然是外在的东西。诚然，不少心理学家也承认社会环境对自我具有重要的影响，但他们固执地认为，自我可被定义为某种本身具有核心本质的东西，对它的研究可以不考虑其社会环境。成千上万例对个体自尊的探查正是这种观点的代表性例证。

作为这种"容器自我"（container self）的主要批评者之一，社会学家彼得·卡莱罗（Peter Callero）审视了 20 世纪自我心理学的主要趋势。他列举并分析了当代主流心理学中一系列的自我概念，如自我一致、自我提升、自我监察、自我效能、自我调

---

① 金惠敏：《文化自信与星丛共同体》，《哲学研究》（北京）2017 年第 4 期，第 119—126 页。作者曾在葡萄牙布拉加大学主办的第 10 届对话自我理论国际大会（2016 年 6 月 13—16 日）上用英文宣读过此文的主要内容，赫尔曼斯时在现场，并有互动。这里他所评论的是此文的英译稿，暂未发表，其引文不注页码。赫尔曼斯的这篇评论文章为外交学院英语系赵冰博士翻译，可晓锋校对。——译者注

节、自我呈现、自我验证、自我认识、自我控制和自我设障等。在其结语部分，他列出了这些概念的共有特征：其一，重视自我的稳定性，轻视其变化性；其二，重视自我的统一性，轻视其多样性；其三，也不注意社会权力。用其本人的话说，即为："［主流心理学］的一大趋势是，强调稳定性、统一性和一致性，而不重视社会建构的社会学原则。被社会所建构起来的自我或许会环绕着一套相对稳定的文化意义系统而形成凝结，但这些意义**则从来不是永恒的和不变的**。同样地，社会建构的自我尽管看起来或许是有中心的、统一的、单一的，然而这一符号结构与环绕着它的社会关系是一样地**多维和多样**。最后，社会建构的自我从来不是个体之某种有界限的品质或心理特性的简单表达；从根本上说，它是一种社会现象，在其中，概念、形象和理解都是由**权力关系**所深深地决定的。当这些原则被忽视或遭到拒斥时，自我也就通常只能被概念化为储藏一个人之所有特性的容器了。"[①]

一 对话自我对西方个人主义的批判

对西方主流心理学自我概念之个人主义偏好的批判也是构建对话自我理论（dialogical self theory, DST）[②]的基础性工作。这一理论出现于20世纪末期，是西方社会科学一个新的进展，是

---

① Peter L. Callero (2003), "The sociology of the self", *Annual Review of Sociology*, 29, p. 127. Italicized mine.

② Hubert Hermans & Harry Kempen (1992), "The dialogical self: Beyond individualism and rationalism", *American Psychologist*, 47, pp. 23–33.
Hubert Hermans & Agnieszka Hermans-Konopka (2010), *Dialogical self theory: Positioning and counter-positioning in a globalizing society*, Cambridge, UK: Cambridge University Press.
Hubert Hermans (2018), *Society in the self: A theory of identity in democracy*, New York: Oxford University Press.

※※ 差异即对话

对于在西方之社会的—科学的自我概念中占据主导位置的个人主义和理性主义的一个反动。它将自我和对话两个概念组合在一起，由此一个对于自我与社会之间相互联系之更深入的理解便成为可能。通常情况下，所谓"自我"是指某种"内在"的东西，某种发生于个体头脑内部的东西，而"对话"则主要与"外部"之物相关，指的是发生在人与人之间的相交往的过程。"对话自我"这一复合概念将外部之物带给内部之物，反过来又将内部之物融入外部之物，以此超越了内与外的二元对立。在此理论之中，自我行使着作为各种不同"自我位置"（self-positions）或"主我位置"（I-positions）之间多元关系的功能，而社会则为不断发展着的对话个体所寓居、刺激和更新。为了恰切理解对话自我，我们必须在社会的主我位置与个人的主我位置之间做出区分。社会的位置（例如，我作为老师，作为父亲，作为领导）类似于社会角色，它们均接受对于一定社会语境中个人行为之社会期待的导引。此外还有个人的位置（例如，幽默的我，热爱巴赫音乐的我，作为体育迷的我）。这种区分使个性化角色（personalized roles）的创造成为可能，在这样的角色中，社会的位置与个人的位置被结合在一起。例如说，一个教师可以表现为一位风趣幽默的教师、一位见多识广的教师、一位专制独裁的教师或者一名助人为乐的教师。以此方式，社会的行为接受了个人的表达，个人和社会之间从而得以表接。

自我与社会的相互连结不允许我们继续使用那种将自我本质化和严密封装起来的概念。进一步说，它也避开了"无自我社会"的局限。我们知道，人类个体心灵给予现行社会实践创新以其丰富性和创造性，但在这样的社会里，人们是很难有机会从中获得什么益处的。自我与文化的关系必须依据多样性的位置来构想。没有多样性的位置，便没有对话性关系的展开。这种观念要求我们必须将自我视作"包含了文化"和将文化视为"包含了自我"来研究。消极言之，这种观念避开了各执一端的认识陷阱，即以为自我就是个体化的和自我包含的，或者相反，以为文化就是抽象的和非个体性的。

二 对话自我理论：自我作为心灵的社会

对话自我理论并非社会科学中从天而降的一个新生事物。它诞生于两种传统的交合点上：美国实用主义和俄国对话主义。作为一种自我理论，它以威廉·詹姆斯和乔治·赫伯特·米德关于自我运行的经典构想为灵感源泉。作为一种对话理论，它详细阐述了巴赫金关于其所提出的对话过程的生产性洞见。尽管这些作者的一些基本观点对于对话自我理论的发展可算厥功至伟，但我们还是超越了这些作者，因为我们发展出一种理论，它能够接受而非拒绝来自如下一个清晰的认识的挑战性冲击，这一认识就是：我们是全球规模的重大历史变化的一部分。

我与彼得·卡莱罗的观点相一致，我要加强的是，在自我内部，既有稳定的位置，也不乏变化的位置；既有统一性（向心运动），也兼具多元性（离心运动，即各有其特殊能量和发展轨迹的众多位置）；位置的组织为社会权力的差异所决定。考虑到这些特点，自我便可定义为由主我位置所构成的微型社会，这些主我位置同时也是整个社会不可分割的组成部分。

行文至此，我们能够看到，对话自我作为一个动态的微型心灵社会与金惠敏文化自信观点之间具有紧密的联系："如果说文化自信不仅是对自身文化传统的坚持，也是为更好地坚持即丰富和发展这一传统而对他者文化之有益成分的汲取，以此而营养和强壮自身，那么文化自信也就必然意味着一种文化间性、主体间性或文化的主体间性。"作为一种补充，我愿意进一步指出，如果在个人层面上的自信不仅意味着坚持自己过去的行为方式，而

差异即对话

且包括为了更好地生存而从他人的自我那里汲取养分，那么，这样的自信必然就与主体间性和文化的主体间性有关。在这种情况下，一个全备的对话自我便是对金惠敏所提出的对话社会的适宜补充。

在金惠敏看来，自我从来不能离开对他者的指涉而存在。自我决不等于自我中心，相反，自我是他者中的自我，是孔夫子所谓的"和而不同"（"correspondence in differences"①）。唯此，一个"文化星丛"才有望达成。与该观点密切相关，对话自我理论认为，意味深长的其他人或其他群体并非全然位处自我之外，而是内化为"自我中的他者"。由于在自我中寓居有其他的个体或群体，自我便总是承担着其作为"心灵社会"的功能。在这个微型社会里，自我是"他者中的自我"，而他者又是"自我中的他者"：此他者在自我组织的内部作为"另一人"来发挥作用。举足轻重的他人或他人群体在自我中可能被呈现为或多或少占据主导地位的或拥有权力的他者，它们在自我中发挥着模范、向导、权威的作用，抑或充当那种组织个体自我的鼓舞人心的角色。

再者，与孔夫子"和而不同"概念息息相通，对话自我理论一个颇具代表性的做法是，将自我把握为"多元中的统一"或"统一中的多元"：自我的存在样态是主我位置的多元性，这些个别的主我位置之所以能够协同一致地发挥其作用，乃是由于自我内部个别的主我位置之间，以及不同自我——它们构成了社会整体——所拥有的诸多主我位置之间，存在着一种对

---

① 孔子的"和而不同"有多种译法，"correspondence in differences"为金惠敏的译法，意在凸显差异之为本体论根基、相通之为现象学发生（或曰事件）、对话则为差异与相通无限之往复循环等蕴涵。赫尔曼斯是在这一译法的意义上将"和而不同"与其"对话自我"做比较研究的。——译者注

对话自我理论:反对西方与非西方二元之争

话关系的质性。①

三 全球立场与地方立场之间的紧张关系

在一个全球化的世界社会里,个体和群体不再处身于某一特定的文化之中,这样的文化具有自身同质性,与其他文化截然对立,而是日益生活在不同文化的交界处。② 民族和文化之间愈益加强的相互联系不仅导致了不同文化群体之间愈益加强的联系,而且也导致了个体内部不同文化之间愈益加强的联系。不同的文化走到一起,彼此相见;同样的情形也发生在同一个体内部的各种主我位置之间。这一过程可能产生新的身份,如接受法国教育的人却作为中国公司的商业代表,参加国际足球比赛的阿尔及利亚妇女而后却现身清真寺做祷告,居住在印度的说英语的雇员却通过互联网给远在美国的青少年上技术培训课,一位在津巴布韦接受大学教育的科学家却移民英国,拼命地在那里找工作,等等。此处的关键是跨文化进程,它导致了汇聚于单个人自我之内的文化位置或声音之多样性的形成。这样的位置或声音将会相互协商、达成一致、产生分歧、制造紧张、爆发冲突(比如说,作为一名德国人,当与同事意见相左时,我会习惯于坦率地讲出自己的想法;但在我现时工作的伊朗公司,我发现还是恭敬为上)。这些例子均表明,

---

① Hubert Hermans & Agnieszka Hermans-Konopka (2010), *Dialogical self theory: Positioning and counterpositioning in a globalizing society*, Cambridge, UK: Cambridge University Press.

② Arjun Appadurai (1990), "Disjuncture and difference in the global cultural economy", in Mike Featherstone (ed.), *Global culture: Nationalism, globalization and modernity*, London: Sage, pp. 295 – 310.
Hubert Hermans & Harry Kempen (1998), "Moving cultures: The perilous problems of cultural dichotomies in a globalizing world", *American Psychologist*, 53, pp. 1111 – 1120.

※※ 差异即对话

不同的文化声音卷入了多样性的对话关系之中，在那些有待确定的场域产生或积极或消极的意义。换言之，全球与地方的连结绝非只是个体之外的一个现实，而且也被相当程度地整合为行动中的对话自我的一个构成部分。

全球与地方的动态关系甚至也表现在对文明进程的研究之中。全球系统科学家谢芙尔（W. Shäfer）指出，人类历史格局图不久前还显示，大的文明居少数，小的地方文化占多数。然而，自从科技文明开始向全球弥漫以来，此格局图就立刻变得面目全非了。我们日益居住在一个被全球传播的文明之中，而其内部又存在着许多地方性的文化：这样的文明是"一个相互连结、遍布全球的科技实践的解域化整体"[1]。互联网提供了这一全球文明兴起的重要证据。然而，谢芙尔又补充说，尽管互联网用户数量在世界范围内不断增长已是一个不争的事实，但其方方面面依然是地方性的。用户终端是全球关联与地方文化相交接的场所。这也就是说，在全球范围内流通的信息和知识总是被转化、改编，以适应人们在其地方性情境中的具体需求。

对地方和全球关系的这种论述与金惠敏所援引的亨廷顿的观点颇相呼应："在未来的岁月里，世界将不会出现一个单一的普世文化，而是将有许多不同的文化和文明相互并存"，因此"在人类历史上，全球政治首次成了多极的和多文化的"。关于未来世界图景，亨廷顿有其远见卓识："我所期望的是，我唤起人们对文明冲突的危险性的注意"，将促进全球范围内的"文明的对话"。

---

[1] W. Shäfer (2004), "Global civilization and local cultures: A crude look at the whole", in S. A. Arjomand & E. A. Tiryakian (eds), *Rethinking civilizational analysis*, London: Sage, p. 81.

对话自我理论:反对西方与非西方二元之争 ❋❋

四 对他者性和异在性的承认

金惠敏斩钉截铁地断言,若不指涉他者性或异在性,自我便不能存在。同样道理,假使离开他者性和异在性,对话自我也难以成立。对话的潜能在于超越交谈中双方均熟稔不疑的情境。在其交流中,谈话参与者可能在表达或强调他们自己的观点时没有意识到和吸纳另一方的观点。唯当对谈参与者能够并且愿意承认对谈另一方的异在性及其自身合理性,进而,能够并且愿意考虑他人先前的信息和讲述,并因此而修正和改变自己的原初观点时,对话的创新性才有可能发生。

在其《尼各马科伦理学》中,亚里士多德将在较高水准的交流活动中所体验到的他者描述为"另一个自我"(alter ego)。这个他者与我自己(自我)相像,同时他或她又不像我自己(alter)。要处理好全球化世界的差异,必须具备认知和回应处在其异在性之中的他人或其他群体的能力。作为发展完好的对话的一个主要特点,异在性在一个由差异走向对话的世界里必不可少:其始也,诸多个体和文化都以差异性呈现给对方,他们不理解彼此的这些差异,但随后作为对话过程的结果,这些差异就变得可以理解和兴味盎然了。

在自我中认出他者性是后现代自我的众多面向之一。这种后现代自我对于对话自我来说至关重要。他者性概念(自我中的他者)直通具有直接的伦理蕴涵的异在性概念。异在性包含在与实际他者和在自我中的他者的对话性关系,当他者被从他本人的观点、历史和特殊经验而看见、接近和欣赏之时,他者的异在性也就得到了承认。扩展列维纳斯的著作,库珀和我(2007)提出,在一个充分发展了的对话自我之中,不仅实际他者位置的异在性得到了欣赏,而且对于自我中的位置的异在性亦复如是。不能认

※※　差异即对话

为，文化群体或国家之间相交流中的异在性与某一个人与其自我中主我位置之多样性的交流中的异在性是毫不相干的两种东西。实际上，他者—异在性与自我—异在性，就如同自我与他者一样，是相互包含的。

结　语

对话自我理论将自我作为众多主我位置的一种动态的多元性，它们被组织在"心灵的社会"之中。这一理论既关注个体之间、群体之间、文化之间，也关注自我之中不同主我位置内部的对话性关系，代表了对那种将西方与非西方对立起来的意识形态的抗议。如此的对话自我理论应当被看成对于金惠敏在当代全球化社会里阐论文化自信的一个有益补充。

增订版后记

准确说，这个增订版应该是增删版，增加了《让质料说话》《当代国际对话理论与比较文学体系重构》《麦克卢汉与审美后现代派》《文学文化学要略》等篇目，删去第一版所收《关键词何以关键？》《阐释的政治学》两篇。其他部分则一仍其旧，仅做个别技术处理。

关于本书主旨，第一版"自序"已有交代，此处不拟重复。但读者若欲知道笔者还有什么新的话要说，那么经过三年多来新冠疫情的考验，我只能说我是越来越坚信"差异即对话"这个命题了。文化间在不断地强调自身的差异性，并借此以达成对话。这既是一种现象描绘，也是一种理论演绎。其事实性与真理性合二为一，不相分离。当然我决不反对其他人对这个命题提出质疑和批评，当然这更不意味着本人不再继续推进这一研究，其实这些年关于"间在论"的著述就是对这一命题的拓展和深化。

本书能够再版，实得力于刘志兵编辑的积极推动。其较真儿的编辑态度、娴熟的文字技巧、敏锐的理论悟解力，相信与他合作的所有作者都会如我一样有至深的印象和感动。

金惠敏

2023 年 8 月 6 日于北京西三旗